潘 杰 ◎编著

新编 古代汉语

XINBIAN GUDAI HANYU

本书是 2020 年太原师范学院「课程思政」育人专项研究课题（KCSZ2021）
「课程思政理念下《古代汉语》教材建设研究」成果

知识产权出版社
全国百佳图书出版单位
——北京——

图书在版编目（CIP）数据

新编古代汉语 / 潘杰编著 . -- 北京：知识产权出版社，2022.8
ISBN 978-7-5130-8223-5

Ⅰ . 新…　Ⅱ .①潘…　Ⅲ .①古汉语—高等学校—教材　Ⅳ .① H109.2

中国版本图书馆 CIP 数据核字（2022）第 109718 号

内容提要

本书内容选编依托古汉语教学的重点内容——字词，充分利用古代文献的呈现形式，感受汉字汉语与中华文化密不可分的关系，在领会字词意义的过程中学习中华优秀传统文化。同时，本书根据师范院校的定位及汉语言文学专业培养目标，结合思想政治课程的具体要求进行内容选编，使知识传授、能力培养与价值引领相融合更具针对性和自主性。

本书适合汉语言文学专业学生阅读学习。

责任编辑：李　婧　　　　　　　　　　责任印制：孙婷婷

新编古代汉语
XINBIAN GUDAI HANYU

潘　杰　编著

出版发行　**知识产权出版社** 有限责任公司	网　　址：http://www.ipph.cn
电　话：010-82004826	http://www.laichushu.com
社　址：北京市海淀区气象路50号院	邮　编：100081
责编电话：010-82000860转8072	责编邮箱：lijing@cnipr.com
发行电话：010-82000860转8101	发行传真：010-82000893
印　刷：北京中献拓方科技发展有限公司	经　销：新华书店、各大网上书店及相关专业书店
开　本：720mm×1000mm　1/16	印　张：18.5
版　次：2022年8月第1版	印　次：2022年8月第1次印刷
字　数：260千字	定　价：98.00元

ISBN 978-7-5130-8223-5

前　言

本书主要为普通高等师范院校汉语言文学专业本科生掌握古代汉语知识而编写。本书将以汉语言文学专业特征为基点，依托古汉语教学的重点内容——字词，充分利用古典文献的呈现形式，使学生感受汉字、汉语与中华文化密不可分的关系，在领会字词意义的过程中接受中华优秀传统文化。同时根据师范院校定位及汉语言文学专业培养目标，并结合课程思政的具体要求进行文献选编，以期使知识传授、能力培养与思政融合更具针对性和自主性。

本书注重把课程思政作为自觉意识纳入选编原则；既重视知识体系，又充分考虑内容结构的学理性、思政性与新颖性，力图将专业层面的知识与思政育人的目标有机融合。

一、编写目的

就古代汉语教学而言，目前普通高等师范院校存在的主要问题：一是"无对象"的古代汉语；二是"不在"的古代汉语；三是"没有自我"的古代汉语。编写本书的主要目的就是要有效解决古代汉语教学中存在的这些问题。

"无对象"主要表现为三个方面。一是教学目标不具体。就古汉语而言不管什么专业，只要学习古代汉语，目的只有一个就是培养古书阅读能力；可怎样就算具备了古书阅读能力，却又没有量化标准，因此无法确定具体的考核评价体系，使教学目的成了一个无对象的"空"目的，自然目标无法达到。20 世纪 60 年代就有学者明确指出"学生学了以后，一般仍无阅读古书的能力。"❶ 这种现象在当前的古汉语教学中依然存在。二是使用的教材没针对性。无论是综合院校还是师范院校都在用王力主编的《古代汉语》。就教材的内容来看，许多内容并不适宜师范院校的教学目标。三是教学对象没有所指，尽管培养古书阅读能力是古汉语教学的目的，但不能因此就可以对教学主体不加区别，统一对待师范院校与综合性大学的古汉语教学目标，师范院校尤其是普通高等师范院校，因其培养目标是面向基础教育的语文教师，所以其古汉语教学目标重在培养学生的文言文的阅读和讲授能力，而综合性大学则是在古书阅读的基础上，重在培养学生对古代语言现象的研究能力。

由于古代汉语教学存在着"无对象"的问题，致使古代汉语教学必然体现为"不在"的特征，既不可能考虑到受众的接受心理，也无法顾及教学对象的现实需求。

同样还是由于古代汉语教学的"无对象"问题，势必导致古代汉语教学"没有自我"，普通高等师范院校的古代汉语与其他性质院校的古代汉语在课程体系及内容安排上几乎没有区别，师范院校的古汉语课程体系没有师范特色，其教学必然无针对性和适用性。

二、编写思路及依据

普通高等师范院校的人才培养方向定位在培养合格的中小学教师，汉语言文学专业即是培养合格的中小学语文教师，古代汉语教学的目的是培养未

---

❶ 蕴光. 古汉语教学应该以词汇为重点 [J]. 当代语言学，1962（7）.

来的具有文言文教学能力的语文教师，具体体现在理解和讲解文言文的能力上。因此，突出师范性是本书编写的思路，围绕培养方向是本书编写的依据。具体教学目标如图 1 所示。

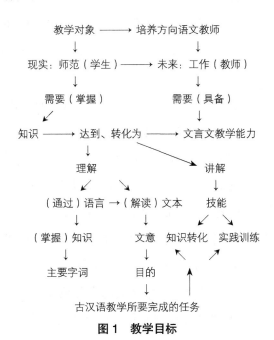

图 1　教学目标

构建高等师范院校古代汉语教学体系，具体包括教学目标的确立、教学内容的设置、教学方法的设计和考核及评价标准的制定；突出体现普通地方高等师范院校的特性，使古汉语教学具有针对性、有效性、实用性和适用性。

就高等师范院校汉语言文学专业的古代汉语课程而言，其学科性质是以工具性为特征，融知识、能力于一体，以提高学生文言文教学能力为目的。

古代汉语有两个要素：一是"古代"；二是"汉语"。据此古代汉语具有以下四个方面的特征：

（1）内容特征。"古代汉语"从语法角度分析是个偏正结构，"汉语"是中心词，"古代"是"修饰语"。这个表述说明了以下事实：

①"汉语"是"古代汉语"所侧重的"内容"要素。

②古代汉语以掌握汉语知识为目的。

③古代汉语是一种语言学习。

语言学习，其特点是需要建立语言感知系统，语言感知系统的建立需在量化标准的基础上完成，因此，学习古代汉语必须掌握一定数量的语言材料，以此建立语感。

（2）时代特征。修饰语"古代"，表明"汉语"的时代特性。由于语言的本质属性是声音，而声音具有易逝性特点，所以"古代"决定了古代汉语的存在形式是书面语言而非口语，并因此表明古代汉语的时间段应以有文字记录开始，即甲骨文起到五四运动止这一时段的汉语书面语言，是文言而非白话（时代特征在此仅侧重说明古代汉语的文献语言性质）。

根据时代特征，古代汉语语言材料只能是"文献"形式。文献选择要求从培养目标出发，力争满足教学主体的师范性需求。

（3）文化特征。古代汉语是中华文化的主要载体，同时又是中华文化的本体，通过学习、了解和接受传统文化，提高修养，丰富内涵，提升品位，健全人格。

（4）解读特征。古代汉语与现代汉语存在时代差异，需要了解和掌握古代汉语特有的解读知识和解读方法，提高解读能力。

三、地方普通高等师范院校教学目标

针对地方普通高等师范院校汉语言文学专业的培养方向——语文教师，其古代汉语教学的目标是培养文言文文本理解和讲解能力。

四、教学内容

教学内容是实现教学目标的载体，是实现目标的媒介和依托。根据古汉语教学目标及培养对象的特点——当代大学生群体，结合古汉语的学科性质和学科特点，本书确定以下四个方面的内容。

1. 学教篇——为学为师

针对师范教育的特点而设立。学生目前的生活状态——求学阶段（学生），未来的工作状态——工作阶段（教师）；满足其现实的学习需求，鼓励学生热爱学习，掌握学习方法；满足其未来的工作需求，明确教师的要求和教学的方法。

2. 知识篇——语言文字

针对古代汉语"语言性"的学科特点而设立。古汉语是语言性质，语言是工具性和人文性的统一。它是古典文学及古典文献学学习的前提条件和基础。由此可见，古代汉语课程中的汉语知识主要是为理解古代文献服务的，其功能主要体现在应用上。因此，决定了这部分内容的讲授，侧重于接受、掌握、运用，而不是研究。对于古典文献的理解而言，语言知识的关键内容体现在字词方面，但并非体现在对字词的理论研究方面，而是对字词知识的理解和应用方面。因此，对字词内容的讲解方法是集中讲解 900 个左右常用词，在具体词义分析中有针对性地渗透词汇理论，为理解和掌握词义及其发展演变服务，为掌握一定量的常用词服务，为理解古文内容服务。把知识学习与目标实现相结合。文字，直接讲解主要汉字部首的构形意图，通过具体的字形分析，阐述汉字结构理论，而非空讲理论。理论书籍以参考书目的形式出现。对于音韵知识只介绍原理、音理和学理，阐明音韵学在古书理解过程中的作用，使学生明确古书理解必须掌握的古音知识及运用方法。

本书的创新亮点表现在：把一直以来被排除在教学计划之外的常用字词列入课堂教学计划中，落实在课堂教学中，有步骤、有计划、有目的、有定量，并配有易于自学的字词学习内容。

3. 育人篇——为人处世

为大学生精神成长之需而设立。大学阶段是学生成长过程中的特定阶段，是人生价值、精神思想、感情认识形成和建立的关键时期，在此时期他们将会面临择偶、择业等重大选择，也必然会遇到各种问题，产生许多困惑。因此，通过本单元内容的学习，借助古圣先贤的智慧帮助学生解除思想困惑，为其确立积极的人生观、世界观和价值观，培养良好的道德风尚打下基础。另外，"育人"不仅是师范院校的突出特点，也是毕业生未来的工作重点。

现有的古代汉语教材在内容的选编上是以"经典"作为选文标准，但是其"经典"内容往往注重的是"经典文本"所处的时代精神，而没有抓住"经典"内容的精神含量、价值取向，对当今年轻群体的精神需求、价值需求所应产生的借鉴和作用未能关注。因其现实性的缺失，造成"经典文本"无"经典性"可言，使"经典"成为远离大学生、不被其接受的"难懂"内容。这也是古代汉语课不受学生欢迎的主要原因。本书在文献选取方面，特别注重文献内容与当今学生的"需求"紧密结合，注重文献内容在情感、价值、体验等方面的教育感化作用，满足学生的精神需求，解除其内心困惑，帮助他们树立正确的人生方向；使道德思想教育落在实处，通过润物细无声的方式教书育人。本书的编写体现了古代汉语与"传统文化及思政教育"的有机结合，发挥在"传统文化教育和研究"方面的学科特点与优长，实现了古代汉语教学在文化传播和思政教育方面的作用，增进了学生对传统文化内涵的深入了解，触动了学生的心灵，激发了学生的爱国热情，提高了学生的综合素质。唯有如此，才能使古代汉语教学针对"教学主体"的需求进行"有对象"的"本质"教学，以收到理想的教学效果。

4. 文化篇——综合素质

在引导学生了解中国古典文献知识的同时，让其领受古典文献知识承载的文化信息。就古代汉语而言，要想实现上述教学目标，把古代汉语与传统文化和思政教育有机结合是一个行之有效的方法。传统文化与思政教育的结合是时代赋予古代汉语课程的使命，是社会发展的需要，也是学科发展的有利时机。

"根据现代需要，用科学方法，学习和实践古人的有益教诲"，就是把古代文化当中的精华挖掘出来，加以改进和发展，就是"要从旧的里面得到新的东西"。❶"历史的规律是谁都不能违背的"❷，之所以要接受和学习传统文化，就是因为传统文化中保留了许多历史的规律，了解这些规律，遵循这些规律才能发展自我，在实现人生价值的同时促进社会的进步和发展。

"朝闻道夕死可矣"，可见"道"对人的重要性，经典文献中有许多值得现代人所闻的"道"。我们不求全面介绍传统文化，只需传"道"，传中华民族文化的精髓之道，为振兴中华文化做出应有的贡献。"怀念古代为的是教育今日。阅读古书而不知'以古鉴今，读书何用'？"因此弘扬传统文化为的是发展现代文化，这是古代汉语与思政教育结合的现实意义。这既是古代汉语教改的初衷，又是古代汉语与思政教育有机结合的目标和方向。借用鲁迅的方法就是"拿来主义"，把传统文化中的精髓拿来为现代服务，为现实服务，利用传统文化建立发展现代文化，建设文化强国。

古代汉语在这方面具有得天独厚的强大优势，这就更加坚定了古代汉语教改与思想教育结合的信心和决心。

在教学中紧密联系实际，一方面适应当前社会形势——建设文化强国，另一方面适应学生的现实需要——解决思想困惑，利用古代汉语与传统文化的天然联系，发挥古代汉语在传扬中国传统文化方面的学科优势，把古代汉语与思想教育有机地结合，使学生沐浴在传统文化之中，激发学生的学习热情，实现古代汉语教学的良好效果，真正实现"教学相长"。

林汉达曾说："教育，不只是把现成的知识传授给青年一代，更重要的是启发青年独立思考，立志把社会推向更进步的时代！"❸人的聪明是从反思中得来的。教学就是要教学生学会思考，触类旁通，会学会思，学思结合。在学中知不足，在知不足中深入学习；通过思考所学知识，实现能力的培养与提高的目标。

---

❶　周有光．拾贝集［M］．北京：世界图书出版有限公司，2011：239-240.

❷　周有光．拾贝集［M］．北京：世界图书出版有限公司，2011：245.

❸　转引自周有光．拾贝集［M］．北京：世界图书出版有限公司，2011：75.

五、教学方法

教学方法是教学目标实现的手段。教学方法的总原则是达到"教是为了不教",具体做法是在"授人以鱼"的同时"授人以渔"。重能力培养,在训练方法上需要仔细斟酌。需要明确能力是以知识为前提的,是在掌握了知识的基础上对知识的转化,由知识变为智能。通过作业布置,培养学生的学术意识,锻炼学生的思考能力和探究精神;通过学生问题的反馈,判断是否产生了预期的效果。针对文科特点,使学生对中国传统文化的主要内容有基本认识,以提高学生的文化素养。在积累相关知识的同时,通过训练帮助学生深入了解中华文化的精髓,以此增强学生的民族自信心与自豪感。

由于内容决定方法,因此针对教学内容所采取相应的教学方法是实现"培养能力为主体、掌握学法为要务"的目标,知识、能力、教育同步,引导、学习、训练同程,由此形成"导、学、练"三位一体的教学方法体系。

六、考核评价

围绕目标的实现进行有针对性的考查。例如,字词量是否达到,是否具有古文阅读能力和讲解能力,对语言知识的掌握能否体现在对文本的阅读理解上。考核检测就从每篇文献的具体要求中出题。

本书的主要特色表现在围绕师范教育的培养目标和方向,同时注重学生思想品德的培养,构建突出体现高等师范教育性质和特点并体现立德树人为基准点的古代汉语教学体系,目标明确,针对性强。文献的选编需要能够明确体现可操作的古代汉语教学方法。内容的安排以此为准绳,一切从实用出发,避免为"周而全"结果"空而泛",失去了实用性和针对性。

七、内容结构

围绕教学内容下设四个单元,每一单元有个总论,说明单元的设置意图、目的。为突出体现普通高等师范院校古代汉语是为培养学生具有文言文阅读（理解）和讲解（教学）能力的目标，单元内容由文献构成，每篇文献有具体的学习掌握要求，与目标一致，是训练的手段。按照师范院校培养目标的要求，把文献分为讲读、自读及拓展三种类型。讲读篇目以古注形式（体现原典阅读，同时又是古文文本的阅读训练）呈现；自读篇目以无注释内容或无标点的白文形式呈现，给教师讲解以极大的自由度；拓展篇目以参考书目的形式呈现，只列篇名出处。因为阅读理解古书的能力需要在查找文献及相关的学习过程中来实现。养成勤于动手的学习习惯，提高动手能力。要求学生把规定查找的文献找到，并且是最好的版本，把与此相关的学习数据找全，把内容吃透、弄懂，在理解权威专家所做的点、校、注、译之后，获取"知"，产生"感"。查找之后需要校对原典文献，在校对文献内容的过程中，训练学生的耐心和细心，树立信心和恒心。校对文献内容是一项非常寂寞而细致的工作，没有严谨的工作作风，怕麻烦、怕吃苦都是做不好的。治学首先应具备的优良品质就是能吃苦，耐得住寂寞，懂得学海无涯苦作舟的道理。了解版本知识及版本的重要性，在比较中加以辨别，提高判断能力；熟悉文献存在情况；掌握文献内容；内容确定之后是阅读理解原典文献，增长知识；感受和了解中华文化的博大精深；提高文化修养；提高写作表达能力；启迪心灵、陶冶情操、丰富思想；提升品位、高雅、高贵的品质；感悟人生、享受阅读；借鉴吸收前人的成果，启发思维，增长自己的智慧和才干。

　　每一篇文选都设有导学说明，在导学说明中体现教材的特征，即教法和学法建议。古代汉语文选选读的落脚点在古汉语方面，故其主体内容是以文选为纲，目的是使学生熟悉古代文献存在的形式，直接接触古代文献，在具体导学说明中突出古代语言知识要点。把知识点落实在每篇原典文献的阅读过程中，突出针对性和实效性。在学习要求中体现重点、难点，在教学目的中体现文选的选择意图，希望达到的目的，想要起到的作用。

　　按照"三个结合"的目标，设定古代汉语的基本结构框架。"三个结合"的目标是有层次的：首先，要掌握古代汉语的本体知识——文字、音韵、训诂等，这是实现目标的基础；其次，具备解读古典文献的能力，有了这个能力才能做到了解和掌握中国传统文化；最后，在消化运用传统文化的过程中提高自身修养，实现内容上的"三个结合"目的。四个单元的结构内容就是根据这个基本思路确立的，内容主要体现以下六个目的。

（1）学习——鼓励学生热爱学习，掌握科学而有效的学习方法。

（2）知识——主要通过介绍古代汉语的理论及语言知识，激发学生对祖国语言文字的热爱。

（3）道德——针对大学阶段学生所需要树立的道德观念，培养学生的美好品德。

（4）荣辱——弘扬爱国主义精神、民族精神。

（5）文化——使学生对中国传统文化的主要内容有所了解和认识。

（6）科学——展现中华民族对人类的发展和进步所做出的贡献，增强学生的民族自信心和自豪感。

八、关于本书的几点说明

（1）本书所选古文大多出自中华书局、商务印书馆及上海古籍出版社的版本，个别古文选自其他出版社的版本。

（2）本书古文采用繁体字是出于保持古文原貌的需要，因为古文中有些用字是生僻字，本就无简体字，而古文原貌往往是以繁体字的形式存在的，使用繁体字可以在保持古文原貌的基础上便于学习者对古文内容的阅读与学习。

（3）由于本书是高等师范院校古代汉语的学习用书，故编写目的是训练学生的古文阅读能力。书中有的古文引用了注疏内容，同样也是出于对古文阅读能力培养的考量，因为注疏仍是属于古文内容，也是古文学习的重要内容，且是古文内容理解的依据；同时注疏阅读还是训练古文阅读能力的重要手段，又可帮助原文内容的学习；不仅如此，选用了有注疏内容的古籍，还

可以直接体现文献古籍的原始样态。而书中有的古文只引原文，其目的是训
练学习者自己查找古注资料的能力。

潘　杰

2022 年 3 月 20 日

目 录

第一单元　学教篇——为学为师

　　本单元是针对师范教育的特点而设立的。师范院校的学生主要任务是学习，而学习需要掌握有效的方法，明确"为学"的目的。普通高等师范院校的教学定位主要体现在为基础教育培养师资，因此师范院校的学生既要学好专业知识，又要为今后能够胜任中小学教师工作做准备；既要了解"为学"的目的，还要明确"为师"的要求，所以本单元的内容侧重"学"和"教"两个方面，遴选了与"教""学"相关的十三篇文献。本单元的设立目的是通过对古代经典文献的阅读与学习，让学生掌握古代汉语相关知识的同时，感受古圣先贤学习的态度和方法，发奋读书，学有所成，成为一个有知识、有文化、有理想、有道德的人，成为一个于国家、社会有用的人。

一、荀子《劝学》

（一）教学目标

1.明确古文及权威释义的意义，培养充分利用古代注疏的习惯，达到熟悉古注的体例和方式、掌握注疏相关知识和内容的目的。体会王先谦《荀子集解》对理解文意的作用。

2.展示古汉语词汇类型及特点，掌握方法；体现语言在理解文本内容方面的作用，体会语言文字与文本阅读之间的关系。

（二）育人目标

1.通过对《劝学》原典文献的阅读，在掌握古代语言特征的基础上引导学生热爱学习，懂得后天学习的重要性，做一个热爱学习、善于学习的人。

2.总结《劝学》鼓励学习的相关内容。

（三）学习要点

1.反复阅读文本内容，体会古代汉语的语言特色。

2.查阅王先谦生平，认真阅读《荀子集解》，利用注释理解原文，了解古代文献存在的形式。

3.语言知识点。

（1）文字。

异体字：跂——企　谿——溪

通假字：涂——涂

（2）词汇。

比较下列词汇的古今异同，通过比较明确词汇在古今的不同特点，有针对性地理解和掌握古汉语词汇。

古有今无词：輮、潦、颎、槁、酰、蛾、蜓

古今皆有词：已、槁、暴、假、景、靖

迭音词：冥冥、昭昭、惛惛、赫赫

（3）语法。

"于"的用法。找出文中所有"于"的句子，比较其用法的异同，总结其用法。

（四）思考题

1. 写出《劝学》对自己的学习产生了哪些触动和影响？
2. 具体阐述《劝学》的现实意义。

（五）荀子《劝学》

君子曰：學不可以已。青，取之於藍而青於藍；冰，水為之而寒於水。木直中繩，輮以為輪，其曲中規。雖有槁暴，不復挺者，輮使之然也。故木受繩則直，金就礪則利。君子博學而日參省乎己，則知明而行無過矣。

故不登高山，不知天之高也；不臨深谿，不知地之厚也；不聞先王之遺言，不知學問之大也。干、越、夷、貉之子，生而同聲，長而異俗，教使之然也。《詩》曰："嗟爾君子，無恒安息。靖共爾位，好是正直。神之聽之，介爾景福。"神莫大於化道，福莫長於無禍。

吾嘗終日而思矣，不如須臾之所學也。吾嘗跂而望矣，不如登高之博見也。登高而招，臂非加長也，而見者遠。順風而呼，聲非加疾也，而聞者彰。假輿馬者，非利足也，而致千里。假舟楫者，非能水也，而絕江河。君子生非異也，善假於物也。

南方有鳥焉，名曰"蒙鳩"，以羽為巢，而編之以髮，繫之葦苕。風至苕折，卵破子死。巢非不完也，所繫者然也。西方有木焉，名曰"射干"，莖長四寸，生於高山之上，而臨百仞之淵。木莖非能長也，所立者然也。蓬生麻中，不扶而直。白沙在涅，與之俱黑。蘭槐之根是為芷，其漸之滫，君子不近，庶人不服。其質非不美也，所漸者然也。故君子居必擇鄉，遊必就士，所以防邪僻而近中正也。物類之起，必有所始。榮辱之來，必象其德。肉腐出蟲，魚枯生蠹。怠慢忘身，禍災乃作。強自取柱，柔自取束。邪穢在身，怨之所構。施薪若一，火就燥也。平地若一，水就溼也。草木疇生，禽獸羣焉，物各從其類也。是故質的張，而弓矢至焉；林木茂，而斧斤至焉；樹成蔭，而眾鳥息焉。醯酸，而蜹聚焉。故言有招禍也，行有招辱也，君子慎其所立乎！

積土成山，風雨興焉。積水成淵，蛟龍生焉。積善成德，而神明自得，聖心備焉。故不積蹞步，無以至千里；不積小流，無以成江海。騏驥一躍，不能十步；駑馬十駕，功在不舍。鍥而舍之，朽木不折；鍥而不舍，金石可鏤。螾無爪牙之利，筋骨之強，上食埃土，下飲黃泉，用心一也。蟹六跪而二螯，非蛇蟺之穴無可寄託者，用心躁也。是故無冥冥之志者，無昭昭之明。無惛惛之事者，無赫赫之功。行衢道者不至，事兩君者不容。目不能兩視而明，耳不能兩聽而聰。螣蛇無足而飛，梧鼠五枝而窮。《詩》曰："尸鳩在桑，其子七兮。淑人君子，其儀一兮。其儀一兮，心如結兮。"故君子結于一也。

昔者瓠巴鼓瑟而流魚出聽，伯牙鼓琴而六馬仰秣。故聲無小而不聞，行無隱而不形。玉在山而草木潤，淵生珠而崖不枯。為善不積邪，安有不聞者乎？

學惡乎始？惡乎終？曰：其數則始乎誦經，終乎讀禮。其義則始乎為士，終乎為聖人。真積力久則入，學至乎沒而後止也。故學數有終，若其義則不可須臾舍也。為之，人也；舍之，禽獸也。故《書》者，政事之紀也；《詩》者，中聲之所止也；《禮》者，法之大分，類之綱紀也。故學至乎禮而止矣。夫是之謂道德之極。《禮》之敬文也，《樂》之中和也，《詩》《書》之博也，《春秋》之微也，在天地之間者畢矣。

君子之學也，入乎耳，箸乎心，布乎四體，形乎動靜。端而言，蝡而動，一可以為法則。小人之學也，入乎耳，出乎口。口耳之間則四寸耳，曷足以美七尺之軀哉！古之學者為己，今之學者為人。君子之學也，以美其身；小人之學也，以為禽犢。故不問而告謂之傲，問一而告二謂之囋。傲，非也；囋，非也；君子如嚮矣。

學莫便乎近其人。《禮》《樂》法而不說，《詩》《書》故而不切，《春秋》簡而不速。方其人之習君子之說，則尊以徧矣，周於世矣。故曰學莫便乎近其人。學之經莫速乎好其人，隆禮次之。上不能好其人，下不能隆禮，安特將學雜識志，順《詩》《書》而已耳！則末世窮年，不免為陋儒而已。將原先王，本仁義，則禮正其經緯蹊徑也。若挈裘領，詘五指而頓之，順者不可勝數也。不道禮憲，以《詩》《書》為之，譬之猶以指測河也，以戈舂黍也，以錐飡壺也，不可以得之矣。故隆禮，雖未明，法士也；不隆禮，雖察辯，散儒也。

問楛者，勿告也。告楛者，勿問也。說楛者，勿聽也。有爭氣者勿與辯也。故必由其道至，然後接之，非其道則避之。故禮恭而後可與言道之方，辭順而後可與言道之理，色從而後可與言道之致。故未可與言而言謂之傲，可與言而不言謂之隱，不觀氣色而言謂之瞽。故君子不傲、不隱、不瞽，謹順其身。《詩》曰："匪交匪舒。天子所予。"此之謂也。

百發失一，不足謂善射；千里蹞步不至，不足謂善御。倫類不通，仁義不一，不足謂善學。學也者，固學一之也。一出焉，一入焉，涂巷之人也。其善者少，不善者多，桀、紂、盜跖也。全之盡之，然後學者也。

君子知夫不全不粹之不足以為美也。故誦數以貫之，思索以通之，為其人以處之，除其害者以持養之，使目非是無欲見也，使耳非是無欲聞也，使口非是無欲言也，使心非是無欲慮也。及至其致好之也，目好之五色，耳好之五聲，口好之五味，心利之有天下。是故權利不能傾也，羣眾不能移也，天下不能蕩也。生乎由是，死乎由是，夫是之謂德操。德操然後能定，能定然後能應，能定能應，夫是謂之成人。天見其明，地見其光，君子貴其全也。

二、《礼记·学记》

（一）教学目标

1. 通过对《礼记正义》内容的学习，直接感受古代注疏，体悟注疏对古文阅读的作用，理解注疏的体例及特点。

王力在《古代汉语·古书的注解（下）》中曾引阮元的一段话来说明阅读古书参阅注疏的重要性，他说："学习古代汉语，参阅古书的注解是十分必要的。我们读古书，能直接读白文（就是不附注解的文章）固然很好；如果能参考前人的注解来读，就能体会得更深刻。对先秦的文章，更是如此。阮元曾有一段话谈到读注解的重要：'窃谓士人读书，当从经学始，经学当从注疏始。空疏之士，高明之徒，读注疏不终卷而思卧者，是不能潜心研索，终身不知有圣贤诸儒经传之学矣。至于注疏诸义，亦有是有非；我朝经学最盛，诸儒论之甚详，是又在好学深思实事求是之士，由注疏而推求寻览之也。'"（见《十三经注疏·重刻宋板注疏总目录》）阮元的话不仅道出了阅读古注的重要性，而且还道出了读书的方法及读注的作用，在现代仍然具有启迪作用。

2. 通过古代注疏引出"训诂"概念，"训诂"即对古代文献内容的解释工作，"注疏"是训诂的基础。

（二）育人目标

1. 了解儒家关于教学相长、尊师重道、善学善问等教育思想。

2. 学习《礼记·学记》，将其中的教学原则与方法运用到学生的实际学习生活中。

3. 通过学习《礼记·学记》，体会古人的智慧及中华文化的博大精深。

（三）学习要点

1. 标点并直译经文及注疏，背诵全文。

2. 了解注疏的作者及年代，了解《礼记》的性质及相关情况，说明《礼记正义》的注释特点。

3. 体会注疏内容对理解文本内容的作用。

4. 阅读陆宗达、王宁的《训诂方法论》，王宁的《训诂学原理》，洪诚的《训诂学》，郭在贻的《训诂学》，掌握训诂及训诂学的相关知识，领悟训诂知识在古书阅读中的作用。阅读王力《古代汉语·古书的注解（上下）》。

5. 了解并掌握"十三经"及"十三经注疏"的相关概念及内涵。

6. 语言知识点。

归纳文中出现的各种文字、词汇和语法现象，通过现象总结其所体现的规律。

（四）思考题

1. 《学记》是怎样告诉人们为师为学的？

2. 什么样的老师才是良师？具备什么样的条件才能配得上"老师"的称号？作为老师应该注意些什么？在教学中应该注意些什么？

3. 《学记》指出了学生在学习上普遍存在的哪些缺点？其形成原因是什么？

4.谈谈学习之后的感受和启发。

（五）《礼记·学记》及注疏

《礼记·学记》较为系统地阐述了教育的目的、教学的原则和方法、教学制度、教师的地位和作用等，篇中强调尊师重教、教学相长、循序渐进、触类旁通、师德师风、择师之道等。

附釋音禮記注疏卷第三十六

學記第十八○陸曰鄭云學記者以其記人學教之義

【疏】正義曰按鄭目錄云名曰學記者以其記人學教之義此於別錄屬通論

禮記　鄭氏注　孔穎達疏

發慮憲求善良足以謏聞不足以動衆憲法也言發計慮當擬度於法式也求謂招來也謏之言小也動衆謂師役之事○憲音獻謏思了反徐所穆反聞音問聲聞度大各反就賢體遠足以動衆未足以化民就謂躬下之體猶親也○下戶嫁反君子如欲化民成俗其必由學乎所學者聖人之道在方策○策初革反○

【疏】發慮至學乎△○正義曰此一節明雖有餘善欲化民成俗不如學之為重○發慮憲者發謂起發慮謂謀慮憲謂法式也言有人不學而起發謀慮終不動衆舉動必能擬度於法式故云發慮憲○求善良者良亦善也又能招求善良之士○足以謏聞者謏之言小聞聲聞也言不學之人能有片識謀慮法式求善以自輔此是人身上小善故小有聲聞也○不足以動衆者衆謂師役也雖有以小善恩未被物若御軍動衆則不能故云不足以動衆也○就賢體遠者賢謂德行賢良屈下從就

之遠謂才藝廣遠心意能親愛之也〇足以動衆者以恩被於外故足以動衆也未
足以化民者雖復恩能動衆識見猶淺仁義未備故未足以化民也〇君子如欲化
民成俗者君謂君於上位子謂子愛下民謂天子諸侯及卿大夫欲教化其民成其
美俗非學不可故云其必由學乎學則博識多聞知古知今既身有善行示民軌儀
故可以化民成俗也 〇注憲法也言發計慮當擬度於法式也求謂招來也謏之言
小也動謂師役之事△〇正義曰憲法釋詁文謏之言小也言謏音近小△故云謏
之言小也云動衆謂師役之事者動衆以與化民相對化民事難動衆稍易故知是
師役之事〇注所學者聖人之道在方策〇正義曰鄭恐所學惟小小才藝之事故
云所學者聖人之道以其化民成俗非聖人之道不可云在方策者下篇文武之道
布在方策是也

〇玉不琢不成器人不學不知道是故古之王者建國君民教學為先△謂內則
設師保以教使國子學焉外則有大學庠序之官〇琢丁角反治玉曰琢太音泰後大學皆同〇
兌命曰念終始典于學其此之謂乎典經也言學之不舍業也兌當為說字之誤也高宗夢傅說求
而得之作說命三篇在尚書今亡〇兌依注作說音悅下兌命放此舍音捨兌當徒外反

【疏】玉不至謂乎△〇正義曰此一節論喻學之為美故先立學之事〇王者建國君
民教學為先者建國謂建立其國君民謂君長其民內則設師保外則設庠序以教之
故云教學為先〇兌命曰念終始典于學者記者明教學事重不可暫廢故引兌命以
證之言殷相傅說告高宗云意恒思念從始至終習經典於學也〇其此之謂乎者言
此經所謂教學為先則兌命念終始典于學也〇注典經至今亡〇正義曰典經也釋
言文學不舍業即經云△終始思念經典是不舍業也言高宗夢傅說者書序云高宗
夢得說作說命△三篇高宗殷王武丁其德高可尊故號高宗其事具尚書篇見在鄭
云今亡者鄭不見古文尚書故也

雖有嘉肴△弗食不知其旨也雖有至道弗學不知其善也旨美也○肴戶交反是
故學然後知不足教然後知困學則睹已行之所短教則見已道之所未達○睹丁古反行下孟反
下注德行同知不足然後能自反也知困然後能自強也故曰教學相長也自反求諸已也
自強脩業不敢倦○強其丈反又其良反下注同長丁兩反下注長稱長者皆同○兌命曰學學半其此
之謂乎言學人乃益已之學半○學學上胡孝反下如字學人胡孝反又音教○

【疏】雖有至謂乎△○正義曰此一節明教學相益○雖有嘉肴弗食不知其旨也者
嘉善也旨美也雖有嘉美之肴兼陳列于前若不食即不知其肴之美也○雖有至道
弗學不知其善也者至謂至極雖有至極大道若不學則不知大道之善○是故學然
後知不足之者△若不學之時諸事蕩然不知已身何長何短若學則知已之所短有
不足之處也○教然後知困者不教之時謂已諸事皆通若其教人則知已有不通而
事有困弊困則甚於不足矣○知不足然後能自反也者凡人皆欲嚮前相進既知不
足然後能自反嚮身而求諸已之困故反學矣○知困然後能自強也者凡人多有解
怠既知困弊然後能自強學其身不復解怠也○故曰教學相長也者謂教能長益於
善教學之時然後知已困而乃強之是教能長學善也學則道業成就於教益善是學
能相長也但此禮本明教之長學兌命曰學學半者上學為教音教下學者謂習也謂
學習也言教人乃是益已學之半也說命所云其此之謂乎言學習不可暫廢故引說
命以證之言恒思念從始至終習禮典于學也○

古之教者家有塾黨有庠術有序國有學術當為遂聲之誤也古者仕焉而已者歸教於
閭里朝夕坐於門門側之堂謂之塾周禮百家為黨萬二千五百家為遂黨屬於鄉遂在遠郊之外○塾音
熟一音育術音遂出注○比年入學學者每歲來入也○中年考校△中猶間也鄉遂大夫間歲則考
學者之德行道藝周禮三歲大比乃考焉○中徐丁仲反注同間間側之間下同比毗志反○一年視離
經辨志三年視敬業樂羣五年視博習親師七年視論學取友謂之小成九年知類
通達強立而不反謂之大成離經斷句絕也△辨志謂別其心意所趣鄉也知類知事義之比也強立
臨事不惑也不反不違失師道○樂五孝反又音嶽下不能樂學同斷句丁亂反別彼列反趣七住反鄉許亮
反比必履反一音必利反○夫然後足以化民易俗近者說服而遠者懷之此大學之道也

懷來也安也○說音悅記曰蛾子時術之其此之謂乎蛾蚍蜉也蚍蜉之子微蟲耳時術蚍蜉之所
為其功乃復成大垤○蛾魚起反注同本或作蟻蚍音毗蜉音孚爾雅云蚍蜉大蟻復扶又反垤大結反毛詩
傳云蟻冢也

【疏】古之至謂乎△○正義曰此二節明國家立庠序上下之殊并明入學年歲之差
○古之教者謂上代也○家有塾者此明學之所在周禮百里之內二十五家為閭同
共一巷巷首有門門邊有塾謂民在家之時朝夕出入恒受教於塾△故云家有塾白
虎通云古之教民百里皆有師△里中之老有道德者為里右師其次為左師教里中
之子弟以道藝孝悌仁義也○黨有庠者黨謂周禮五百家也庠學名也於黨中立學
教閭中所升者也○術有序者術遂也周禮萬二千五百家為遂遂有序亦學名於遂
中立學教黨學所升者也國有學者國謂天子所都及諸侯國中也周禮天子立四代
學以教世子及羣后之子△及鄉中俊選所升之士也而尊魯亦立四代學餘諸侯於
國△但立時王之學故云國有學也○比年入學者比年謂每年也謂年年恒入學也
○中年考校者中猶間也謂每間一歲鄉遂大夫考校其藝也○一年視離經辨志者
謂學者初入學一年鄉遂大夫於年終之時考視其業離經謂離析經理使章句斷絕
也○辨志謂辨其志意趣鄉習學何經矣○三年視敬業樂羣者謂學者入學三年考
校之時視此學者敬業謂藝業長者敬而親之樂羣謂羣居朋友善者願而樂之○五
年視博習親師者言五年考校之時視此學者博習謂廣博學習也親師謂親愛其師
○七年視論學取友者言七年考校之時視此學者論學謂學問嚮成論說學之是非
取友謂選擇好人取之為友謂之小成者比六年巳前其業稍成比九年之學其業小
故曰小成○九年知類通達強立而不反者謂九年考校之時視此學者言知義理事
類通達無疑強立謂專強獨立不有疑滯而不反謂不違失師教之道謂之大成此大
學之道也者言如此所論是大學賢聖之道理非小學技藝耳○記曰蛾子時術之者
謂舊人之記先有此語記禮者引舊記之言△故云蛾子時術之蟻子小蟲蚍蜉之子
時時術學衛土之事而成大垤猶如學者時時學問而成大道矣記之所云其此學問
之謂乎○注術當為遂聲之誤也古者仕焉而巳者歸教於閭里至在遠郊之外△○
正義曰此云術周禮作遂者此記與黨連文故知術當為遂以聲相近而錯誤也云古

者仕焉而已者歸教於閭里朝夕坐於門者已猶退也謂仕年老而退歸者案書傳說云大夫七十而致仕而退老歸其鄉里大夫為父師士為少師△新穀已入餘子皆入學距冬至四十五日始出學上老平明坐於右塾庶老坐於左塾餘子畢出然後皆歸夕亦如之云門側之堂謂之塾者爾雅釋宮文引周禮者證黨遂之異案周禮六鄉之內五家為比五比為閭四閭為族五族為黨為州△五州為鄉六遂之內五家為鄰五鄰為里四里為酇五酇為鄙五鄙為縣五縣為遂今此經六鄉舉黨六遂舉序則餘閭里以上皆有學可知故此注云歸教於閭里其比與鄰近止五家而已不必皆有學云遂在遠郊之外者案周禮遂人掌野之官百里之外故知遂在遠郊之外鄭注州長職云序州黨之學△則黨學曰序此云黨有庠者鄉學曰庠故鄉飲酒之義云主人拜迎賓于庠門之外注云庠鄉學也州黨曰序此云黨有庠者是鄉之所居黨為鄉學之庠不別立序凡六鄉之內州學以下皆為庠六遂之內縣學以下皆為序也皇氏云遂學曰庠與此文違其義非也庾氏云黨有庠謂夏殷禮非周法義或然也○注中猶間也鄉遂大夫間歲則考學者之德行道藝周禮三歲大比乃考焉△○正義曰間年謂下一年三年五年七年之類是也云鄉遂大夫間歲則考學者計學者入學多少之間歲非是鄉遂大夫間歲三年入學也云周禮三歲大比乃考焉者鄭引周禮三年大比考校則此中年考校非周禮也故周禮鄉大夫職云三年大比而興賢者能者皇氏云此中年考校亦周法非也皇氏又以此中年考校謂鄉遂學也下文云一年視離經辨志以下皆謂國學亦非也但應入大學者自國家考校之耳其未入大學者鄉遂大夫考校也○注蛾蚍蜉也蚍蜉之子按釋蟲云蚍蜉大螘小者螘是蟻為蚍蜉大者又云蟻子故云蚍蜉之子也

○大學始教皮弁祭菜示敬道也皮弁天子之朝朝服也祭菜禮先聖先師菜謂芹藻之屬○朝朝並直遙反芹音勤藻音早○宵雅肄三官其始也宵之言小也肄習也習小雅之三謂鹿鳴四牡皇皇者華也此皆君臣宴樂相勞苦之詩為始學者習之所以勸之以官且取上下相和厚○宵音消肄本又作肆同以二反注同樂音洛勞力告反又如字為于偽反入學鼓篋孫其業也鼓篋擊鼓警乃發篋出所治經業也孫猶恭順也○篋古恊反孫音遜注及下皆同警京領反○夏楚二物收其威也夏榎也楚荊也二者所以撲撻△犯禮者收謂收斂整齊之威威儀也○夏古雅反注同榎吐刀反爾雅云榎山榎撲普卜

反尚書云作教刑撻他達反○未卜禘不視學游其志也△禘大祭也天子諸侯既祭乃視學考校以
游眼學者之志意△○禘大計反獱音由本亦作游眼戶嫁反舊古雅反○時觀而弗語存其心也使
之悱悱憤憤然後啟發也○語魚庶反悱芳鬼反憤扶粉反一本直作悱憤幼者聽而弗問學不躐等
也學教也教之長釋○學胡孝反注同躐音里報反釋直吏反○此七者教之大倫也倫理也自大學
始教至此其義七也記曰凡學官先事士先志其此之謂乎官居官者也士學士也○

【疏】大學至謂乎△○正義曰此一節明天子諸侯教學大理凡有七種各依文解之
○大學始教者大學謂天子諸侯使學者入大學習先王之道矣熊氏云始教謂始立
學教皮弁祭菜者謂天子使有司服皮弁祭先聖先師以蘋藻之菜也○示敬道也者
崔氏云著皮弁祭菜蔬並是質素示學者以謙敬之道矣注祭菜至先師正義曰熊氏
云以注禮先聖先師之義解經始教謂始立學也若學士春始入學唯得祭先師故文
王世子云春官釋奠于其先師秋冬唯祭先師巳不祭先聖故大胥春釋菜合舞鄭云
釋菜禮先師是春始入學不祭先聖也皇氏云以為始教謂春時學始入學也△其義
恐非○宵雅肄三官其始也宵小也肄習也當祭菜之時便歌小雅習其三篇鹿鳴四
牡皇皇者華取其上下之官勸其始學之人使上下順序也故云官其始也亦謂以官
勸其始也○注宵之至和厚○正義曰宵音近小故讀從小按鄉飲酒禮燕禮皆歌鹿
鳴四牡皇皇者華又襄四年穆叔如晉歌小雅三篇故知鹿鳴四牡皇皇者華也云為
始學者習之所以勸之以官者小雅三篇皆君臣燕樂及相勞苦今為學者歌之欲使
學者得為官與君臣相燕樂各自勸勵故云所以勸之以官也此云始者謂學者始來
入學故云始入學習之也○入學鼓篋孫其業也○入學謂學士入學之時大胥之官
先擊鼓以召之學者既至發其筐篋以出其書故云鼓篋也所以然者欲使學者孫其
業謂恭順其所持經業○注鼓篋至業也○正義曰鼓謂擊鼓故大胥云用樂者以鼓
徵學士文王世子云大昕鼓徵所以警衆也文王世子云謂天子視學之時擊鼓警衆
也若是凡常入學用樂及為祭祀用樂者以鼓徵學士是也○夏楚二物收其威也學
者不勸其業師則以夏楚二物以笞撻之所以然者欲令學者畏之收斂其威儀也○
注夏榎至禮者○正義曰爾雅釋木云榎山檟△郭景純云今之山楸盧氏云撲作教
刑△是撲撻犯禮者○未卜禘不視學游其志也○夏氏云禘大祭在於夏天子諸侯

視學之時必在禘祭之後未卜禘謂未為禘也禘是大祭必先卜故連言之是未為禘
祭不視學所以然者欲游其學者之志謂優游縱暇學者之志不欲急切之故禘祭之
後乃視學考校優劣焉〇注禘大至考校〇正義曰禘大祭爾雅釋天文云天子諸侯
既祭乃視學者謂於夏祭之時既為禘祭之後乃視學考校當祭之年故云未卜禘不
視學若不當禘祭之年亦待時祭之後乃視學也此視學謂考試學者經業或君親往
或使有司為之非天子大禮視學也若大禮視學在仲春仲秋及季春故文王世子云
凡大合樂必遂養老注云大合樂謂春入學舍菜合舞秋頒學合聲於是時也天子則
視學焉月令季春大合樂天子率三公九卿而視學焉與此別也視學既在夏祭之後
則天子春秋視學亦應在春秋時祭之後此舉未卜禘不視學則餘可知也熊氏云此
禘謂夏正郊天視學謂仲春視學若郊天則不視學若如熊氏義禮不王不禘鄭注何
得云天子諸侯既祭乃視學既連諸侯言之則此禘非祭天熊說非也〇時觀而弗語
存其心也者△時觀謂教者時時觀之而不丁寧告語所以然者欲使學者存其心也
既不告語學者則心憤憤口悱悱然後啟之學者則存其心也〇幼者聽而弗問〇教
學之法若有疑滯未曉△必須問師則幼者但聽長者解說不得輒問推長者諮問幼
者但聽之耳〇學不躐等也者學教也躐踰越也言教此學者令其謙退不敢踰越等
差若其幼者輒問不推長者則與長者抗行常有驕矜今唯使聽而不問故云學不躐
等也〇此七者教之大倫也者倫理也言前七等之事是教學大理也〇記曰至謂乎
引舊記結上七事凡學謂學為官學為士者官先事士先志者若學為官則先教以居
官之事若學為士則先喻教以學士之志故先七事皆是教學居官及學士者〇其此
之謂乎者記者所云其此在上七事之謂乎

　　大學之教也時教必有正業退息必有居有居有常居也學不學操縵不能安弦操
縵雜弄〇操七刀反注同縵未但反雜徂合反不學博依△不能安詩博依廣譬喻也依或為衣〇依
於豈反注皆同不學雜服不能安禮雜服冕服皮弁之屬雜或為雅不興其藝不能樂學興之言
喜也歆也藝謂禮樂射御書數〇興虛應反歆許金反故君子之於學也藏焉修焉△息焉遊焉
藏謂懷抱之修習也息謂作勞休止之為息遊謂閒暇無事之為遊〇閒音閑夫然故安其學而親其
師樂其友而信其道△是以雖離師輔而不反△兌命曰敬孫務時敏厥修乃來其

此之謂乎敬孫敬道孫業也敏疾也厭其也學者務及時而疾其所脩之業乃來○樂其音嶽又音洛又五孝反離力智反○

【疏】大學至謂乎△○正義曰此一節論教學之道必當優柔寬緩不假急速遊息孫順其學乃成○大學之教也時者言教學之道當以時習之○教必有正業者正業謂先王正典非諸子百家是教必用正典教之也退息必有居者退息謂學者疲倦而暫休息有居謂學者退息必有常居之處各與其友同居△得相諮決不可雜濫也○學不學操縵不能弦者△此以下並正業積漸之事也此教樂也樂主和故在前然後須以積漸故操縵為前也操縵者雜弄也弦琴瑟之屬學之須漸言人將學琴瑟若不先學調弦雜弄則手指不便手指不便則不能安正其弦先學雜弄然後音曲乃成也○不學博依不能安詩者此教詩法者詩是樂歌故次樂也博廣也依謂依倚也謂依附譬喻也若欲學詩先依倚廣博譬喻若不學廣博譬喻則不能安善其詩以詩譬喻故也○不學雜服不能安禮者此教禮法也前詩後禮亦其次也雜服至皮弁至朝服玄端服屬之類△禮謂禮之經也△禮經正體在於服章以表貴賤今若欲學禮而不能明雜衣服則心不能安善於禮也不興其藝不能樂學者此總結上三事並先從小起義也興謂歆喜也故爾雅云歆喜興也藝謂操縵博依六藝之等若欲學詩書正典意不歆喜其雜藝則不能翫樂於所學之正道△○故君子之於學也藏焉脩焉息焉游焉者故謂因上起下之辭學雖積漸故君子之人為學之法恒使業不離身藏謂心常懷抱學業也脩謂脩習不能廢也息謂作事倦息之時而亦在學也游謂閒暇無事游行之時亦在於學言君子於學無時暫替也夫然故安其學而親其師者此明親師愛友也然如此也△若能藏脩游息游△無時暫替能如此者乃能安其所學業言安學業既深△必知此是深由本師△故至於親愛師也○樂其友者師既獲親而同志之友亦被於樂重然前三年樂羣五年親師親師在樂羣之後而此前親後樂友者△羣即友也為義然也前明始學故樂友在前此明學業已成故親師為首矣○而信其道者其道已道也既親師樂友已道深明心自說信不復虛妄一云信師友之道前安學故乃親師樂友後乃信道也○是以雖離師輔而不反也者輔即友也友主切磋是輔己之道深遠也離猶違也已道深明不復虛妄心自信之若假令違離師友獨在一處

而講說不違反於師友昔日之意旨此則強立不返也〇兌命曰者引尚書合結之〇
敬孫務時敏者此句結積習也當能敬重其道△孫順學業而務習其時疾速行之故
云敬孫務時敏敏猶疾速也〇厥脩乃來者此句結親師敬道也厥其也若敬孫以時
疾行不廢則其所脩之業乃來謂所學得成也所以尊師樂友其此之謂乎者兌命所
云其此經之謂乎

〇今之教者呻其佔畢多其訊△呻吟也佔視也畢簡謂之畢訊猶問也言今之師自不曉經
之義但吟誦其所視簡之文多其難問也呻或為慕訊或為誉〇呻音申一音親吟也佔敕沾反視也訊字又
作誶音信問也呻吟魚金反又作詾同難乃旦反誉才斯反又音紫言及于數其發言出說不首其義動云
有所法象而已〇數色住反進而不顧其安務其所誦多不惟其未曉使人不由其誠由用也使學
者誦之而為之說不用其誠教人不盡其材△材道也謂師有所隱也易曰兼三材而兩之謂天地人之
道〇其施之也悖其求之也佛教者言非則學者失問〇施始移反下同悖布內反佛本又作拂扶弗
反夫然故隱其學而疾其師苦其難而不知其益也隱不稱揚也不知其益若無益然〇雖
終其業其去之必速速疾也學不心解則亡之易〇去如字又起呂反解胡買反忘亡亮反之易以豉反
下文注皆同音〇教之不刑其此之由乎刑猶成也

【疏】今之至由乎△〇正義曰此一節論教者違法學者所以不成是今師之失故云
今之教者〇呻其佔畢者此明師惡也呻吟也佔視也畢簡也故釋器云簡謂之畢言
今之師不曉經義但詐吟長詠△以視篇簡而已多其訊者訊問難也既自不曉義理
而外不肯默然故假作問難詐了多疑言若已有解之然也〇言及于數者數謂法象
既不解義理若有所言而輒詐稱有法象也〇進而不顧其安者務欲前進誦習使多
而不曾反顧其義理之安不謂義理危辟而不自知也〇使人不由其誠者人謂學者
也由用也誠忠誠使學者誦文而已為之說義心皆不曉而猛浪△是不用己之忠誠
也〇教人不盡其材者材道也謂己既不曉其義而縱有所悟者又不能多恒恐人勝
之故凡有所知又為所隱惜不盡其道也〇其施之也悖者謂教者有上五者之短故
施教於人違背其理也〇其求之也佛者佛戾也教者佛戾也△教者既背違其理△
其學者求之則又違戾受學者心既不解求問於師師又不曉違戾義意也〇夫然故

隱其學而疾其師者由師教既悖而受者又違故受學者弟子不荷師教之德乃隱沒
其師之學而憎疾其師也苦其難而不知其益也者師說既不曉了故弟子受之苦其
難既難不解故不自知其有益○雖終其業其去之必速者學者勉力自強雖得終竟
其業為心不曉解其亡去之必速疾矣○教之不刑其此之由乎者刑猶成也言師教
弟子不成由此在上諸事故云其此之由乎其此之由在上謂此經文也以例推之前
文云其此之謂乎則是他書所云其此經之謂乎○注其發至而已○正義曰其發言
出說不有其義者首猶本也教者為弟子發言出說不本其義理謂不解此義之言也
云動云有所法象而已者既不解義理舉動所云則言此義有所法象猶若一則稱配
大一二則稱配二儀但本義不然浪為配當○注務其至未曉○正義曰務其所誦多
者謂師務欲得所誦使多釋經進也云不惟其未曉者惟思也不思其誦得未曉解者
釋經不顧其安也○注使學至其誠○正義曰使學者解經使人也而為之說解經不
用其誠也言師為學者而說不用其忠誠實之心以心不解誑惑學者○注材道至之
道○正義曰鄭恐材是材藝故以材為道道謂道理言教人道理引易曰者易說卦文
也但伏羲畫上法天下法地中法人謂之三材說卦云立天之道曰陰與陽立地之道
曰柔與剛立人之道曰仁與義三材各有其兩故云兼三材而兩之而有六爻也鄭引
之證材為道也注教者至失問△○正義曰教者言非是其施之也悖學者失問是其
求之也佛○

　　大學之法△禁於未發之謂豫未發情慾未生△謂年十五時○禁居鴆反欲音慾當其可
之謂時可謂年二十成人不陵節而施之謂孫不陵節謂不教長者才者以小教幼者鈍者以大也
施猶教也孫順也○鈍徒困反相觀而善之謂摩不並問則教者思專也摩相切磋也○摩莫波反徐亡
髮反思息吏反磋七多反此四者教之所由興也興起也○

【疏】大學至由興也△○正義曰此一節論教之得理則教興也○禁於未發之謂豫
者發謂情慾發也豫逆也十五以前情慾未發則用意專一學業易入為教之道當逆
防未發之前而教之故云禁於未發之謂豫○當其可之謂時者可謂年二十之時言
人年至二十德業已成言受教之端是時最可也○不陵節而施之謂孫者陵猶越也

節謂年才所堪施猶教也孫順也謂教人之法當隨其年才若年長而聰明者則教以
大事而多與之若年幼又頑鈍者當教以小事又與之少是不越其節分而教之所謂
孫順也從其人而設教也〇相觀而善之謂摩者善猶解也受學之法言人人競問則
師思不專故令弟子共推長者能者一人諮問餘小不能者但觀聽長者之問荅而各
得知解此朋友琢磨之益△故謂之摩也〇此四者教之所由興也者結上四者興起
也四事並是教成之所起也

〇發然後禁則扞格而不勝教不能勝其情慾△格讀如凍洛之洛△扞堅不可入之貌△〇
扞胡半反注同格胡客反又戶隔反扞格不入也注同勝音升又升證反洛胡客反下同此二字並從洛或水
旁作非一音戶各反時過然後學則勤苦而難成時過則思放也〇過姑臥反〇雜施而不孫則
壞亂而不脩小者不達大者難識學者所患也△壞音恠徐戶拜反△獨學而無友則孤陋而寡
聞△不相觀也燕朋逆其師燕猶褻也褻其朋友〇燕音鷰褻息列反下同燕辟廢其學△褻師之
譬喻〇辟音譬注反下罕辟同〇此六者教之所由廢也廢滅△

【疏】發然至廢也△〇正義曰此一節論學不依理教之廢耳〇發然後禁則扞格而
不勝者發謂情欲既生也扞謂拒扞也格謂堅強若情欲既發而後乃禁教則扞格於
教教之不復入也是教弱而欲強為教不勝矣〇時過然後學則勤苦而難成者〇時
過謂學時已過則心情放蕩雖欲追悔欲學△精明已散徒勤苦四體終難成也△〇
雜施而不孫則壞亂而不脩者雜施謂教雜亂無次越節則大才輕其小業小才苦其
大業並是壞亂之法不可復脩治也〇獨學而無友則孤陋而寡聞者獨學謂獨自習
學△而無朋友言有所疑無可設問則學識孤偏鄙陋△寡有所聞也〇燕朋逆其師
者以前四條皆反上教之所興此燕朋燕譬特加二條不與上相對燕朋謂燕褻朋友
不相遵敬△則違逆師之教道也〇燕譬廢其學者譬譬喻也謂義理鉤深或直言難
曉時須假設譬喻然後可解而墮學之徒好褻慢笑師之譬喻是廢學之道也〇此六
者教之所由廢也者結上六事是廢學之由前興有四後廢有六者庾云不褻朋友及
師之譬喻自是學者之常理若不為燕朋燕譬則亦不足以致興言若作此燕朋燕譬
則學廢晉矣〇注格讀至之洛〇正義曰言格是堅彊△譬如地之凍則堅彊難入故

云如凍洛之洛但今人謂地堅為洛也△

○君子既知教之所由興又知教之所由廢然後可以為人師也故君子之教喻也道而弗牽強而弗抑開而弗達道示之以道塗也抑猶雜也開為發頭角△○道音導注道示及下同強沈其良反徐其兩反下同為于偽反下為學者同道而弗牽則和強而弗抑則易開而弗達則思和易以思可謂善喻矣思而得之則深

【疏】君子至喻矣△○正義曰此一節明君子教人方便善誘之事○故君子之教喻也道而弗牽者喻猶曉也道猶示也牽謂牽偪師教既識學之廢興故教喻有節使人曉解之法但廣開道示語學理而已若人苟不曉知亦不偪急牽令速曉也○強而弗抑者抑雜也謂師微勸學者使神識堅強師當隨才而與之使學者不甚推抑其義而教之○開而弗達者開謂開發事端但為學者開發大義頭角而已亦不事事使之通達也○道而弗牽則和者此下三句釋上三事之所由也若心苟不曉而牽偪之則彼心必生忿恚師與弟子不復和親今若但示正道寬柔教之則彼心和而意乃覺悟也○強而弗抑則易者賀氏以為師但勸強其神識而不抑之令曉則受者和易和易亦易成也○開而弗達則思者但開發義理而不為通達使學者用意思念思得必深故云則思也○和易以思可謂善喻矣者結上三事之功若師能教弟子如此三事則可謂善教喻矣

○學者有四失教者必知之人之學也或失則多或失則寡或失則易或失則止此四者心之莫同也失於多謂才少者失於寡謂才多者失於易謂好問不識者失於止謂好思不問者○好呼報反下好思好述同○知其心然後能救其失也救其失者多與易則抑之寡與止則進之教也者長善而救其失者也

【疏】學者至者也○正義曰此一節明教者識學者之心而救其失也故云學者有四失教者必先知之人之學也或失則多者一失也假若有人才識淺小而所學貪多則終無所成是失於多也或失則寡者二失也或有人才識深大而所學務少徒有器調

而終成狹局是失於寡少也或失則易者三失也至道深遠非凡淺所能而人不知思
求唯好汎濫外問是失在輕易於妙道故云或失則易此是學而不思則罔○或失則
止者四失也人心未曉知而不肯諮問惟但止住而自思之終不能達其實理此失在
於自止也此是思而不學則殆○此四者心之莫同也者結前四失是由人心之異故
也○知其心然後能救其失也者結救失四事師既前識其四心之不同故後乃能隨
失而救之也教也者長善而救其失者也者使學者和易以思是長善使學者無此四
者之失是救失唯善教者能知之

善歌者使人繼其聲善教者使人繼其志言為之善者則後人樂放傚△○長丁丈反下
文及注同教如字一本作學胡孝反放方往反傚胡教反○其言也約而達微而臧罕譬而喻可
謂繼志矣師說之明則弟子好述之其言少而解臧善也○臧子郎反解胡買反下文注同○

【疏】善歌至志矣△○正義曰此一節論教者若善則能使學者繼其志於其師也言
學者繼師之志記者以善歌而比喻之故云善歌者使人繼其聲善歌謂音聲和美感
動於人心令使聽者繼續其聲也○善教者使人繼其志者設譬既畢故述其事而言
善教者必能使後人繼其志如善歌之人能以樂繼其聲如今人傳繼周孔是也○其
言也約而達者此釋所以可繼之事言善為教者出言寡約而義理顯達易解之○微
而臧者微謂幽微臧善也謂義理微妙而說之精善也○罕譬而喻者罕少也喻曉也
其譬罕少而聽者皆曉○可謂繼志矣者能為教如上則可使後人繼其志意不繼聲
而繼志者本為志設故不繼聲也○

○君子知至學之難易而知其美惡然後能博喻能博喻然後能為師能為師
然後能為長能為長然後能為君美惡說之是非也長達官之長○惡烏路反又如字故師也者
所以學為君也弟子學於師學為君是故擇師不可不慎也師善則善記曰三王四代唯其
師此之謂乎△四代虞夏殷周

【疏】君子至謂乎△○正義曰此一節明為師法君子謂師也教人至極之美可以為

君長之事〇君子知至學之難易者三王四代所以敬師隨器與之是至學之易隨失
而救之是至學之難〇而知其美惡者罕譬而喻言約而達是為美反此則為惡也〇
然後能博喻者博喻廣曉也若知四事為主觸類長之後乃得為廣有曉解也〇能博
喻然後能為師者前能廣解後乃可為人作師也〇能為師然後能為長者為師是學
優學優宜仕故能為一官之長也〇能為長然後能為君者既能治一官之長有功能
為一國之君也〇故師也者所以學為君也宵雅肄三官其始也師既有君德則弟子
就師可學為君之德故前云君子如欲化民成俗其必由學乎即是學能為君也〇是
故擇師不可不慎也者師善則能教弟子弟子則能為君故弟子必宜慎擇其師不可
取惡師也〇記曰三王四代唯其師者引舊記結此擇師之重也三王謂夏殷周四代
則加虞也言三王四代雖皆聖人而無不擇師為慎故云唯其師庾云舉四代以兼包
三王所以重言者以成其辭耳言人之從師自古而然師善則已善其此之謂乎者記
者證前云擇師不可不慎即此唯其師之謂也〇

　　〇凡學之道嚴師為難嚴尊敬也師嚴然後道尊道尊然後民知敬學是故君之
所不臣於其臣者二當其為尸則弗臣也當其為師則弗臣也尸主也為祭主也〇大學
之禮雖詔於天子無北面所以尊師也尊師重道焉不使處臣位也武王踐阼召師尚父而問焉
曰昔黃帝顓頊之道存乎意△亦忽不可得見與師尚父曰在丹書王欲聞之則齋矣王齋三日端冕師尚父
亦端冕奉書而入負屏而立王下堂南面而立師尚父曰先王之道不北面王行西折而南東面而立師尚父
西面道書之言〇顓音專頊許玉反與音餘齊側皆反下同奉芳勇反折之設反

【疏】凡學至師也△〇正義曰此一節論師德至善雖天子以下必須尊師〇是故君
之所不臣於其臣者二者二謂當其為尸及師則不臣也此文義在於師并言尸者欲
見尊師與尸同〇當其為尸則弗臣也者若不當其時則臣之案鈎命決云暫所不臣
者五謂師也三老也五更也祭尸也大將軍也此五者天子諸侯同之此唯云尸與師
者此經本意據尊師為重與尸相似故特言之所以唯舉此二者餘不言也又按鈎命
決云天子常所不臣者三唯二王之後妻之父母夷狄之君不臣二王之後者為觀其
法度故尊其子孫也不臣妻之父母者親與其妻共事先祖欲其歡心不臣夷狄之君

者此政教所不加謙不臣也諸侯無此禮○大學之禮雖詔於天子無北面所以尊師也者此證尊師之義也此人既重故更言大學也詔告也雖天子至尊當告授之時天子不使師北面所以尊師故也○注尊師至之言○正義曰武主踐阼以下皆大戴禮武王踐阼篇也云黃帝顓頊之道存乎意亦忽不可得見與者武王言黃帝顓頊之道恒在於意言意恒念之但其道超忽已遠亦恍惚不可得見與與語辭今檢大戴禮唯云帝顓頊之道無黃字或鄭見古本不與今同或後人足黃字耳云丹書者師說云赤雀所銜丹書也云端冕者謂衮冕也其衣正幅與玄端同故云端冕故皇氏云武王端冕謂衮冕也樂記魏文侯端冕謂玄冕也云師尚父亦端冕者案大戴禮無此文鄭所加也云西折而南東面者案大戴禮唯云折而東面此西折而南南字亦鄭所加云師尚父西面道書之言者皇氏云王在賓位師尚父主位故西面王庭之位若尋常師徒之教則師東面弟子西面與此異也其丹書之言案大戴禮云其書之言曰敬勝怠者強怠勝敬者亡瑞書云敬勝怠者吉怠勝敬者滅義勝欲者從欲勝義者凶與瑞書同矣凡事不強則枉不敬則不正枉者滅廢敬者萬世以仁得之以仁守之其量百世以仁得之以不仁守之其量十世△以不仁得之以不仁守之必傾其世王聞書之言惕然若懼退而為戒書於席之四端為銘及几鑑盂盤楹杖帶屨劍矛為銘銘皆各有語在大戴禮也

善學者師逸而功倍又從而庸之不善學者師勤而功半又從而怨之從隨也庸功也功之受其道有功於已○善問者如攻堅木先其易者後其節目及其久也相說以解不善問者反此言先易後難以漸入○說音悅善待問者如撞鐘叩之以小者則小鳴叩之以大者則大鳴待其從容然後盡其聲不善荅問者反此從讀如富父舂戈之舂舂容謂重撞擊也始者一聲而已學者既開其端意進而復問乃極說之如撞鐘之成聲矣從或為松○撞丈江反叩音口從依注讀為舂式容反父音甫重直用反復扶又反此皆進學之道也此皆善問善荅也○

【疏】善學至道也△○正義曰此一節明善學及善問并善荅不善荅之事○善學者師逸而功倍者受者聰明易入是為學之善故師體逸豫而弟子所解又倍於他人也○又從而庸之者庸亦功也所得既倍於他人故恒言我師特加功於我者△是從而

功之也○不善學者師勤而功半者此明劣者也已既闇鈍故師體勤苦而功裁半於

他人也○又從而怨之者已既闇鈍而不自責已不明乃反怨於師獨不盡意於我也

○善問者如攻堅木先其易者後其節目者此明能問者問謂論難也攻治也言善問

之人如匠善攻治堅木先斫治其濡易之處然後斫其節目其所問師之時亦先問其

易後問其難也○及其久也相說以解者言問者順理荅者分明故及其經久師徒共

相愛說以解義理○不善問者反此者若闇劣不解問之人則與能問者意反也謂先

問其難心且不解則荅問之人△不相喜說義又不通也故云反此矣○善待問者如

撞鐘叩之以小者則小鳴叩之以大者則大鳴者嚮明問此明荅也以為設喻譬善能

荅問難者△如鐘之應撞撞小則小鳴應之撞大則大鳴應之能荅問者亦隨彼所問

事之大小而荅之○待其從容然後盡其聲者又以鐘為喻也○不善荅問者反此者

謂不善荅他所問則反此上來之事或問小而荅大或問大而荅小或暫問而說盡此

皆無益於所問故云不善荅問者反此○此皆進學之道也者言上善問善荅此皆進

益學者之道也○注從謂至之舂○正義曰舂謂擊也以為聲之從容言鐘之為體以

待其擊每一舂而為一容然後盡其聲言善荅者亦待其一問△然後一答乃後盡說

義理也按左傳文十一年冬叔孫得臣敗狄於鹹獲長狄僑如富父終甥以戈　長狄

喉而殺之是也

○記問之學不足以為人師記問謂豫誦雜難雜說至講時為學者論之此或時師不心解或

學者所未能問○難乃旦反必也其聽語乎必待其問乃說之○力不能問然後語之語之而

不知雖舍之可也舍之須後○語魚據反下同舍音捨又如字下注同

【疏】記問之至舍之可也△○正義曰此一節論教者不可為記問之學又教人之時

不善教學者謂心未解其義而但逆記他人雜問而謂之解至臨時為人解說則先述

其所記而示人以其不解無益學者故云不足以為人師○必也其聽語乎者聽語謂

聽其問者之語既不可記問遂說教人之時必待學者之問聽受其所問之語然後依

問為說之也○力不能問然後語之者若受業者才力苟不能見問待憤憤悱悱之間

則師然後乃示語之矣○語之而不知雖舍之可也者弟子既不能問因而語之語之

不能知且舍住待後別更語之可也○

> 良冶之子必學為裘仍見其家鋼補穿鑿之器也補器者其金柔乃合有似於為裘○冶音也鋼音固穿字又作窅音窅川鑿在洛反良弓之子必學為箕仍見其家橈角幹也橈角幹者其材宜調調乃三體相勝△有似於為楊柳之箕○箕音基注同橈而小反下同曲屈也一音乃孝反幹古旦反勝音升任也一本作稱尺證反始駕馬者反之△車在馬前以言仍見則貫即事易也○始駕者一本作始駕馬者貫古患反習也○君子察於此三者可以有志於學矣仍讀先王之道則為來事不惑

【疏】良冶至於學矣△正義曰此一節論學者數見數習其學則善故三譬之此為第一譬良善也冶謂鑄冶也○裘謂衣裘也言積言善冶之家△其子弟見其父兄世業鈎鑄金鐵使之柔合以補冶破器皆令全好故此子弟仍能學為袍裘補續獸皮片片相合以至完全也○良弓之子必學為箕者此第二譬亦世業者箕柳箕也言善為弓之家使幹角撓屈調和成其弓故其子弟亦覩其父兄世業仍學取柳和軟撓之成箕也○始駕馬者反之車在馬前者此第三譬明新習者也始駕者謂馬子始學駕車之時反之者駕馬之法大馬本駕在車前今將馬子繫隨車後而行故云反之車在馬前所以然者此駒既未曾駕車若忽駕之必當驚奔今以大馬牽車於前而繫駒於後使此駒日日見車之行其駒慣習而後駕之不復驚也言學者亦須先教小事操縵之屬然後乃示其業則道乃易成也○君子察於此三者可以有志於學矣者結上三事三事皆須積習非一日所成君子察此三事之由則可有志於學矣△○

> ○古之學者比物醜類以事相況而為之醜猶比也醜或為之計△鼓無當於五聲五聲弗得不和水無當於五色五色弗得不章學無當於五官五官弗得不治師無當於五服五服弗得不親當猶主也五服斬衰至緦麻之親○當丁浪反主也下及注皆同治直吏反○

【疏】古之至不親△○正義曰此一節論弟子當親師之事各依文解之○比物醜類者既明學者仍見舊事又須以時事相比方也物事也言古之學者比方其事以醜類謂以同類之事相比方則事學乃易成既云古學如斯則今學豈不然○鼓無當於五

聲五聲弗得不和者〇此經論師道之要△以餘事譬之此以下四章皆上比物醜類
也鼓革也當主也五聲宮商角徵羽言鼓之為聲不宮不商故言無當於五聲而宮商
等之五聲不得鼓則無諧和之節故云弗得不和也所以五聲必鼓者為俱是聲類也
若奏五聲必求鼓以和之而已即是比類也〇水無當於五色五色弗得不章者水謂
清水也五色青赤黃白黑章明也言清水無色不任五色之限無主青黃而五色畫績
者不得水則不分明故云弗得不章也五色是其水之出也故五色須水亦其類也〇
學無當於五官五官弗得不治者本學先王之道也五官金木水火土之官也夫學為
官之理本求博聞強識非主於一官△而五官不得學則不能治故云弗得不治也故
化民成俗必由學乎能為師然後能為君長故官是學之類也〇師無當於五服五服
弗得不親者師教之師也五服斬衰也齊衰也大功也小功也緦麻也師於弟子不當
五服之一也而弟子之家若無師教誨則五服之情不相和親也故云弗得不親是師
情有在三年之義故亦與親為類

〇君子大德不官謂君也〇大道不器謂聖人之道不如器施於一物大信不約謂若胥命
于蒲無盟約〇約徐於妙反沈于暑反注同〇大時不齊或時以生或時以死〇齊如字察於此四者
可以有志於學矣本立而道生言以學為本則其德於民無不化於俗無不成〇三王之祭川也皆
先河而後海或源也△或委也此之謂務本源泉所出也△委流所聚也始出一勺卒成不測〇
原本又作源委於偽反注同勺時酌反

【疏】君子至務本△〇正義曰此一節論學為曰也大德不官者大德謂聖人之
德也官謂分職在位者△聖人在上垂拱無為不治一官故云大德不官也不官而為
諸官之本〇大道不器者大道亦謂聖人之道也器謂物堪用者夫器各施其用而聖
人之道弘大無所不施故云不器不器而為諸器之本也論語云君子不器又云孔子
博學而無所成名是也〇大信不約者大信謂聖人之信也約謂期要也大信不言而
信孔子曰予欲無言天何言哉四時行焉不言而信是大信也大信本不為細言約誓
故云不約也不約而為諸約之本也大時不齊者大時謂天時也齊謂一時同也天生
殺不共在一時猶春夏華卉自生薺麥自死秋冬草木自死而薺麥自生故云不齊也

不齊為諸齊之本也○察於此四者可以有志於本矣者結之也若能察此在上四者
之事則人當志學為本也庾云四者謂不官為羣官之本不器為羣器之本不約為羣
約之本不齊為羣齊之本言四者莫不有本人亦以學為本也○三王之祭川也皆先
河而後海或源也或委也者言三王祭百川之時皆先祭河而後祭海也或先祭其源
或後祭其委河為海本源為委本皆曰川也故揔云三王之祭川源委謂河海之外諸
大川也○此之謂務本者先祭本是務重其本也本小而後至大是小為大本先學然
後至聖是學為聖本也○注謂若至盟約○正義曰案桓公三年夏齊侯衞侯胥命于
蒲左氏云不盟也杜云不歃血也案彼直以言語相告命非大信之事引之者取其不
盟之一邊而與此不約相當故引證○注源泉至不測○正義曰皇氏以為河海之外
源之與委也今依用焉或解云源則河也委則海也申明先河而後海義亦通矣云始
出一勺卒成不測者中庸篇云水一勺之多及其不測鮫龍生焉△是其始一勺也後
至不測也猶言學初為積漸後成聖賢也△

附1:《论语·学而》

有子曰:"其為人也孝弟,而好犯上者,鮮矣;不好犯上,而好作亂
者,未之有也。君子務本,本立而道生。孝弟也者,其為仁之本與!"

附2:《老子·四十一章》

上士聞道,勤而行之;中士聞道,若存若亡;下士聞道,大笑之。不
笑不足以為道。故建言有之:明道若昧;進道若退;夷道若纇;上德若
谷;大白若辱;廣德若不足;建德若偷;質真若渝;大方無隅;大器晚
成;大音希聲;大象無形;道隱無名。夫唯道,善貸且成。

附3:《老子·四十五章》

大成若缺,其用不弊。大盈若沖,其用不窮。大直若屈,大巧若
拙,大辯若訥。躁勝寒,靜勝熱。清靜為天下正。

三、《论语·学而》

（一）教学目标

了解孔子的教育思想，从中体会学习方法和学习目的。

（二）育人目标

1.从所选内容总结孔子的教育思想。

2.归纳孔子的为学为师之道。

3.写出学习体会和感受，着重说明对自己的学习有怎样的启发。结合实际说明这些教育思想的现实作用和意义。

（三）学习要点

1.查阅《十三经注疏·论语注疏》，依据注疏理解文本，体会古注对理解文本的作用。掌握《论语注疏》的注释方法，总结其注释体例和特点，结合杨伯峻的《论语译注》，比较古今注释的异同，体会今注对古注的依赖关系。

2.阅读《论语》全书。

3.语言知识点。

（1）文字。

古今字：说—悦

（2）词汇。

掌握"朋""友""愠"词义的古今异同。

（3）语法。

掌握"不亦……乎？"的用法。

（四）思考题

1. 什么叫做"学"？

2. 什么叫做"好学"？

3. 结合《论语》相关内容谈谈自己的理解和认识。

4. 领悟古人"学"的目的和意义。

（五）《论语·学而》附注疏

> 子曰：學而時習之，不亦說乎？
>
> 馬曰："子者，男子之通稱，謂孔子也。"王曰："時者，學者以時誦習之。誦習以時，學無廢業，所以爲說懌。"
>
> 有朋自遠方來，不亦樂乎？
>
> 包曰："同門曰朋。"
>
> 人不知而不慍，不亦君子乎？
>
> 慍，怒也。凡人有所不知，君子不怒。

【疏】子曰學而至君子乎○正義曰此章勸人學爲君子也子者古人稱師曰子子男子之通稱此言子者謂孔子也曰者說文云詞也從口乙聲亦象口氣出也然則曰者發語詞也以此下是孔子之語故以子曰冠之或言孔子曰者以記非一人各以意載無義例也白虎通云學者覺也覺悟所未知也孔子曰學者而能以時誦習其經業使無廢落不亦說懌乎學業稍成△能招朋友有同門之朋從遠方而來與已講習不亦樂乎既有成德凡人不知而不怒之不亦君子乎言誠君子也君子之行非一此其一行耳故云亦也○注馬曰子者至說懌○正義曰云子者男子之通稱者經傳凡敵者相謂皆言吾子或直言子稱師亦曰子是子者男子有德之通稱也云謂孔子者嫌爲

他師故辨之公羊傳曰子沈子曰何休云沈子稱子冠氏上者著其爲師也不但言子
曰者辟孔子也其不冠子者他師也然則書傳直言子曰者皆指孔子以其聖德著聞
師範來世不須言其氏人盡知之故也若其他傳受師說後人稱其先師之言則以子
冠氏上所以明其爲師也子公羊子子沈子之類是也若非已師而稱他有德者則不
以子冠氏上直言某子若高子孟子之類是也云時者學者以時誦習之者皇氏以爲
凡學有三時一身中時學記云發然後禁則扞格而不勝△時過然後學則勤苦而難
成故內則云十年出就外傳居宿於外學書計十有三年學樂誦詩舞勺十五成童舞
像是也二年中時王制云春秋教以禮樂冬夏教以詩書鄭玄云春夏陽也詩樂者聲
聲亦陽也秋冬陰也書禮者事事亦陰也互言之者皆以其術相成又文王世子云△
春誦夏弦秋學禮冬讀書鄭玄云誦謂歌樂也弦謂以絲播時△陽用事則學之以聲
陰用事則學之以事因時順氣於功易也△三日中時△學記云故君子之於學也藏
焉脩焉息焉遊焉是日日所習也言學者以此時誦習所學篇簡之文及禮樂之容日知
其所亡月無忘其所能所以爲說懌也譙周云悅深而樂淺也一曰在丙曰說在外曰樂
言亦者凡外境適心則人心說樂可說可樂之事其類非一此學而時習有朋自遠方來
亦說樂之事耳故云亦猶易云亦可醜也亦可喜也○注包曰同門曰朋○正義曰鄭玄
注大司徒云同師曰朋同志曰友然則同門者同在師門以授學者也朋即羣黨之謂故
子夏曰吾離羣而索居鄭玄注云羣謂同門朋友也此言有朋自遠方來者即學記云三
年視敬業樂羣也同志謂同其心意所趣鄉也朋疏而友親朋來既樂友即可知故略不
言也○注慍怒至不怒○正義曰云凡人有所不知君子不怒者其說有二一云古之學
者爲已已得先王之道含章內映而他人不見不知而我不怒也一云君子易事不求備
於一人故爲教誨之道若有人鈍根不能知解者君子恕之而不慍怒也

子夏曰：賢賢易色；

孔曰：子夏弟子卜商也。言以好色之心好賢則善。

事父母，能竭其力；事君，能致其身。

孔曰：盡忠節不愛其身。

與朋友交，言而有信。雖曰未學，吾必謂之學矣。

【疏】子夏曰至學矣○正義曰此章論生知美行之事賢賢易色者上賢謂好尚之也下賢謂有德之人易改也色女人也女有姿色男子悅之故經傳之文通謂女人爲色人多好色不好賢者能改易好色之心以好賢則善矣故曰賢賢易色也事父母能竭其力者謂小孝也言爲子事父雖未能不匱但竭盡其力服其勤勞也事君能致其身者言爲臣事君雖未能將順其美匡救其惡但致盡忠節不愛其身若童汪踦也△與朋友交言而有信者謂與朋友結交雖不能切磋琢磨但言約而每有信也雖曰未學吾必謂之學矣者言人生知行此四事雖曰未嘗從師伏膺學問然此爲人行之美矣雖學亦不是過故吾必謂之學矣○注孔曰子夏弟子卜商○正義曰案史記仲尼弟子傳云卜商字子夏衛人也少孔子四十四歲孔子既沒居西河教授爲魏文侯師

> 子曰：君子食無求飽，居無求安；
>
> 鄭曰：學者之志，有所不暇。
>
> 敏於事而慎於言，就有道而正焉，可謂好學也已。
>
> 孔曰：敏，疾也。有道，有道德者。正，謂問事是非。

【疏】子曰君子至也已○正義曰此章述好學之事君子食無求飽居無求安者言學者之志樂道忘飢△故不暇求其安飽也敏於事而慎於言者敏疾也言當敏疾於所學事業則有成功說命曰敬遜務時敏△厥脩乃來是也學有所得又當慎言說之就有道而正焉者有道謂有道德者正謂問其是非言學業有所未曉當就有道德之人正定其是之與非易文言曰問以辨之是也可謂好學也已者揔結之也言能行在上諸事則可謂之爲好學也

> 子貢曰："貧而無諂，富而無驕，何如？"子曰："可也；
>
> 孔曰：未足多。
>
> 未若貧而樂，富而好禮者也。"
>
> 鄭曰：樂謂志於道不以貧爲憂苦。△
>
> 子貢曰："詩云：'如切如磋，如琢如磨'，其斯之謂與？"

△孔曰：能貧而樂道富而好禮者，能自切磋琢磨。

子曰："賜也，始可與言詩已矣，告諸往而知來者。"

△孔曰：諸，之也。子貢知引詩以成孔子義，善取類。故然之往告之以貧而樂道來答以切磋琢磨。

【疏】子曰至來者○正義曰此章言貧之與富皆當樂道自脩也貧而無諂富而無驕何如者乏財曰貧佞說爲諂多財曰富傲逸爲驕言人貧多佞說富多傲逸若能貧無諂佞富不驕逸子貢以爲善故問夫子曰其德行何如子曰可者此夫子答子貢也時子貢富志怠於學故發此問意謂不驕而爲美德故孔子抑之云可也言未足多未若貧而樂富而好禮者也者樂謂志於善道不以貧爲憂苦好謂閑習禮容△不以富而倦略此則勝於無諂無驕故云未若言不如也子貢曰詩云如切如磋如琢如磨其斯之謂與者子貢知師勵已故引詩以成之此衞風淇奧之篇△美武公之德也治骨曰切象曰瑳△玉曰琢石曰磨道其學而成也聽其規諫以自脩如玉石之見琢磨子貢言貧而樂道富而好禮其此能切磋琢磨之謂與子曰賜也始可與言詩已矣者子貢知引詩以成孔子義善取類故呼其名而然之告諸往而知來者者△此言可與言詩之意諸之也謂告之往以貧而樂道富而好禮則知來者切磋琢磨所以可與言詩也

四、《孟子·告子上》

（一）教学目标

明确学习应该采取一心一意的态度，只有如此才能学到真正的知识和本领。

（二）育人目标

联系实际，思考学习态度与学习结果之间的关系。

（三）学习要点

1.查阅《十三经注疏·孟子注疏》、宋朱熹《四书集注·孟子章句》、清焦循《孟子正义》、杨伯峻《孟子译注》，了解和熟悉有关《孟子》的古代注疏情况及注疏内容，通过古今注释理解文本内容。

2.语言知识点。

（1）文字。

或—惑　暴—曝　与—欤

（2）词汇。

数、缴

（3）语法。

判断句：弈秋，通国之善弈者也。（名词性谓语句）

疑问句：为是其智弗若与？（"与"后来写作"欤"，疑问词，特点是疑问意味不强）

宾语前置句：惟弈秋之为听。（惟……之……，"惟"表强调，"之"帮助复指前置宾语）

（四）《孟子·告子上》

孟子曰："無或乎王之不智也。雖有天下易生之物也，一日暴之，十日寒之，未有能生者也。吾見亦罕矣，吾退而寒之者至矣，吾如有萌焉何哉！今夫弈之為數，小數也；不專心致志，則不得也。弈秋，通國之善弈者也。使弈秋誨二人弈：其一人專心致志，惟弈秋之為聽；一人雖聽之，一心以為有鴻鵠將至，思援弓繳而射之，雖與之俱學，弗若之矣。為是其智弗若與？曰：非然也。"

五、刘知几《史通·自叙》

（一）教学目标

1. 了解刘知几学习的过程和经历，从中体会其读书和学习的方法。

2. 引导学生从刘知几的学习方法中得到借鉴和启发。

（二）育人目标

1. 了解《史通·自叙》内容中作者的经历，从中感悟人生。

2. 了解刘知几的生平及对古代典籍研究所做出的贡献，丰富学生的文学常识，感受中华历史文化的魅力。

（三）学习要点

1. 词汇（重点词语）。

（1）纨绮——冰纨绮绣，代指少年时代。

（2）家君——对别人称自己的父亲。

（3）先君——自称去世的父亲。

（4）实录——中国历代所修每个皇帝统治时期的编年大事记。

（5）洎年登弱冠——洎（jì），及，到。幼冠，《礼记·曲礼上》："二十曰弱冠。"弱，年少。古代男子二十岁行冠礼，故指男子二十岁左右。

（6）班、范两《汉》——指班固的《汉书》和范晔的《后汉书》。

（7）赧（nǎn）然——因羞愧而脸红的样子。

（8）年已过立——过了"而立"之年。语出《论语·为政》"三十而立"。后称三十岁为"而立之年"。

（9）龃龉（jǔ yǔ）——上下齿不相配合，比喻意见不合、不融洽。

（10）涟洏（ěr）——犹"涟涟"，泪流不止的样子。

2. 文字。

（1）通假字。

"已"通"以"，"辨"通"辩"，"纪"通"记"，"维"通"唯"

"于"通"于"，"见"通"现"，"沈"通"沉"，"菁"通"精"

（2）古今字。

假—借，嘿—默

（3）异体字。

愿—愿（乐意；希望），讽—诵（诵读）

3. 语法（具体）。

（1）词类活用。

先君奇其意（先君以其意为奇）

（2）特殊句式。

见用于时　被动句

谁知予者（知予者谁）　宾语前置

则嘲以恐盖酱瓿（bù）　宾语前置

颇获誉于当时（于当时颇获誉）　介词短语做补语

其有暗合于古人者（其有于古人暗合者）　宾语前置

不是过也（不过是也）　宾语前置

而莫之见赏（"见"表被动）

见用于时（"见"表被动）

（3）常见虚词。

掌握"而""之""矣""也""嗟乎"的用法。

（四）思考题

1. 结合文选内容谈谈学习与兴趣的关系。

2. 结合对《史通·自叙》的理解，你认为作者的学习经验有哪些值得借鉴的地方？

3. 通过对作者自叙的学习，了解自叙的写法，尝试写一篇自叙。

4. 理清文章脉络，把握文章中心要意，翻译全文。

（五）刘知几《史通·自叙》

予幼奉庭訓，早遊文學。年在紈綺，便愛《古文尚書》。每苦其辭艱瑣，難為諷讀。雖屢逢捶撻，而其業不成。嘗聞家君為諸兄講《春秋左氏傳》，每廢書而聽。逮講畢，即為諸兄說之。因竊歎曰："若使書皆如此，吾不復怠矣。"先君奇其意，於是始授以《左氏》，暮年而講誦都畢。于時年甫十有二矣。所講雖未能深解，而大義略舉。父兄欲令博觀義疏，精此一經。辭以獲麟已後，未見其事，乞且觀餘部，以廣異聞。次又讀《史》《漢》《三國志》。既欲知古今沿革，曆數相承，於是觸類而觀，不假師訓。自漢中興已降，迄乎皇家實錄，年十有七，而窺覽略周。其所讀書，多因假賃，雖部帙殘缺，篇第有遺，至於敘事之紀綱，立言之梗概，亦粗知之矣。

但於時將求仕進，兼習揣摩，至於專心諸史，我則未暇。洎年登弱冠，射策登朝，於是思有餘閑，獲遂本願。旋遊京洛，頗積歲年，公私借書，恣情披閱。至如一代之史，分為數家，其間雜記小書，又競為異說，莫不鑽研穿鑿，盡其利害。加以自小觀書，喜談名理，其所悟者，皆得諸襟腑，非由染習。故始在總角，讀班、謝、兩《漢》，便恠《前書》不應有《古今人表》，《後書》宜為更始立紀。當時懵者，共責以童子何知，而敢輕議前哲。於是赧然自失，無辭以對。其後見《張衡》《范曄集序》，果以二史為非。其有暗合於古人者，蓋不可勝紀。始知流俗之士，難與之言。凡有異同，蓄諸方寸。

及年過而立，言悟日多，常恨時無同好，可與言者。惟東海徐堅，晚與之遇，相得甚歡，雖古者伯牙之識鍾期，管仲之知鮑叔，不是過也。復有永城朱敬則、沛國劉允濟、吳興薛謙光、河南元行沖、陳留吳兢、壽春裴懷古，亦以言議見許，道術相知。所有推揚，得盡懷抱。每云："德不孤，必有鄰，四海之內，知我者不過數子而已矣。"

昔仲尼以虜聖明哲，天縱多能，觀史籍之繁文，懼覽之者之不一，刪《詩》為三百篇，約史記以脩《春秋》，讚《易》道以黜八索，述《職方》以除九丘，討論墳、典，斷自唐、虞，以訖于周。其文不刊，為後王法。自茲厥後，史籍逾多，苟非命世大才，孰能刊正其失？嗟予小子，敢當此任！其於史傳也，嘗欲自班、馬已降，迄于李、令狐、顏、孔諸書，莫不因其舊義，普加釐革。但以無夫子之名，而輒行夫子之事，將恐驚末俗，取咎時人，徒有其勞，而莫之見賞。所以每握管歎息，遲回者久之。非欲之而不能，實能之而不欲也。

既朝廷有知意者，遂以載筆見推。由是三為史臣，再入東觀。每惟皇家受命，多歷年所，史官所編，粗惟記錄。至於紀傳及志，則皆未有其書。長安中年，會奉詔預脩《唐史》。及今上即位，又勅撰《則天大聖皇后實錄》。凡所著述，嘗欲行其舊議。而當時同作諸士及監修貴臣，每與其鑿枘相違，齟齬難入。故其所載削，皆與俗沉浮。雖自謂依違苟從，然猶大為史官所嫉。嗟乎！雖任當其職，而吾道不行；見用於時，而美志不遂。鬱怏孤憤，無以寄懷。必寢而不言，嘿而無述，又恐歿世之後，誰知予者。故退而私撰《史通》，以見其志。

昔漢世劉安著書，號曰《淮南子》。其書牢籠天地，博極古今，上自太公，下至商鞅。其錯綜經緯，自謂兼於數家，無遺力矣。然自《淮南》已後，作者絕無。必商確而言，則其流又眾。蓋仲尼既歿，微言不行；史公著書，是非多謬。

由是百家諸子，詭說異辭，務為小辨，破彼大道，故楊雄《法言》生焉。儒者之書，博而寡要，得其糟粕，失其菁華。而流俗鄙夫，貴遠賤近，傳茲牴牾，自相欺惑，故王充《論衡》生焉。民者，冥也，冥然罔知，率彼愚蒙，墙面而視。或訛音鄙句，莫究本源，或守株膠柱，動多拘忌，故應劭《風俗通》生焉。五常異稟，百行殊軌，能有兼偏，知有長短。苟隨才而任使，則片善不遺，必求備而後用，則舉世莫可，故劉劭《人物志》生焉。夫開國承家，立身立事，一文一武，或出或處，雖賢愚壤隔，善惡區分，苟時無品藻，則理難錯綜，故陸景《典語》生焉。

詞人屬文，其體非一，譬甘辛殊味，丹素異彩，後來祖述，識殊圓通，家有詆訶，人相掎摭，故劉勰《文心》生焉。

若《史通》之為書也，蓋傷當時載筆之士，其道不純。思欲辨其指歸，殫其體統。夫其書雖以史為主，而餘波所及，上窮王道，下摻人倫，總括萬殊，包吞千有。自《法言》已降，迄于《文心》而往，以納諸胸中，曾不蒂芥者矣。

夫其為義也，有與奪焉，有褒貶焉，有諷刺焉。其為貫穿者深矣，其為網羅者密矣，其所商略者遠矣，其所發明者多矣。蓋談經者惡聞服、杜之嗤，論史者憎言班、馬之失。而此書多譏往哲，喜述前非。獲罪於時，固其宜矣。猶冀知音君子，時有觀焉。尼父有云："罪我者《春秋》，斯之謂也。"

昔梁徵士劉孝標作《敘傳》，其自比於馮敬通者有三。而予輒不自揆，亦竊比於揚子雲者有四焉。何者？揚雄嘗好雕蟲小伎，老而悔其少作。餘幼喜詩賦，而壯都不為，恥以文士得名，期以述者自命。其似一也。揚雄草《玄》，累年不就，當時聞者，莫不哂其徒勞。余撰《史通》，亦屢移寒暑。悠悠塵俗，共以為愚。其似二也。揚雄撰《法言》，時人競尤其妄，故作《解嘲》以訓之。余著《史通》，見者亦互言其短，故作《釋蒙》以拒之。其似三也。揚雄少為范逡、劉歆所重，及聞其撰《太玄經》，則嘲以恐蓋醬瓿。然范、劉、之重雄者，蓋貴其文彩若《長揚》《羽獵》之流耳。如《太玄》深奧，理難探賾。既絕窺踰，故加譏誚。余初好文筆，顏獲譽於當時。晚談史傳，遂減價于知己。其似四也。夫才唯下劣，而跡類先賢。是用銘之於心，特以自慰。

抑猶有遺恨，懼不似揚雄者有一焉。何者？雄之《玄經》始成，雖為當時所賤，而桓譚以為數百年外，其書必傳。其後張衡、陸績果以為絕倫參聖。夫以《史通》方諸《太玄》，今之君山，即徐、朱等數君是也。後來張、陸，則未之知耳。嗟乎！倘使平子不出，公紀不生，將恐此書與糞土同捐，煙爐俱滅。後之識者，無得而觀。此予所以撫卷漣洏，淚盡而繼之以血也。

六、韩愈《进学解》

（一）教学目标

通过对韩愈《进学解》文章内容的学习，树立正确的学习态度。

（二）育人目标

通过韩愈的《进学解》了解古人的智慧，体会文中所蕴含的教与学的道理及方法，感受中华传统文化的魅力。

（三）学习要点

1. 直译并背诵全文。

2. 查阅《昌黎先生集》，了解韩愈的文章内容。

3. 语言知识点。

（1）词汇。

掌握“爬罗剔（tī）抉、纂[zuǎn]言者必钩其玄、补苴（jū）罅（xià）漏、跋（bá）前踬（zhì）后、宋（máng）、桷（jué）、欂栌（bólú）、闑（niè）、扂（diàn）、楔（xiè）”等词汇的古义和今义，辨别古今异义，了解其用法积累词汇。

（2）文字。

通假字：繇通由，亡通无，畯通俊，庳（bēi 卑）通卑

古今字：受—授

（3）语法。

词类活用：师、群等名词活用动词，小、明等形容词的活用，习的使动用法等等。

（四）思考题

1. 学业的精荒与行为的成毁是由什么决定的？

2. 针对学生的质问，联系现实谈谈你对学习的认识。

3. 面对言之凿凿的逼问，你该怎样面对学习呢？

4. 韩愈为何仕途不顺，你认为选拔人才应该遵循怎样的标准与原则？写一篇不少于500字的读后感。

5. 为什么韩愈要把牢骚之话借弟子之口说出，自己却看似心平气和地称颂朝廷、自责自嘲？

6. 文章哪些地方谈到了学习问题？对你有何启示？

（五）韩愈《进学解》（节选）

國子先生晨入太學，招諸生立館下，誨之曰：“業精於勤，荒於嬉；行成於思，毀於隨。方今聖賢相逢，治具畢張。拔去兇邪，登崇畯良。占小善者率以錄，名一藝者無不庸。爬羅剔抉，刮垢磨光。蓋有幸而獲選，孰云多而不揚？諸生業患不能精，無患有司之不明；行患不能成，無患有司之不公。”

　　言未既，有笑于列者曰："先生欺余哉！弟子事先生，於茲有年矣。先生口不絕吟於六藝之文，手不停披於百家之編；記事者必提其要，纂言者必鉤其玄；貪多務得，細大不捐；焚膏油以繼晷，恒兀兀以窮年。先生之業，可謂勤矣。觝排異端，攘斥佛老；補苴罅漏，張皇幽眇；尋墜緒之茫茫，獨旁搜而遠紹，障百川而東之，迴狂瀾於既倒。先生之於儒，可謂有勞矣。沉浸醲郁，含英咀華，作為文章，其書滿家。上規姚姒，渾渾無涯，周誥殷《盤》，佶屈聱牙，《春秋》謹嚴，《左氏》浮誇，《易》奇而法，《詩》正而葩，下逮《莊》《騷》，太史所錄；子雲相如，同工異曲。先生之於文，可謂閎其中而肆其外矣。少始知學，勇於敢為；長通於方，左右具宜。先生之於為人，可謂成矣。然而公不見信於人，私不見助於友。跋前躓後，動輒得咎。暫為禦史，遂竄南夷。三年博士，冗不見治。命與仇謀，取敗幾時。冬暖而兒號寒，年豐而妻啼飢。頭童齒豁，竟死何裨？不知慮此，而反教人為？"

　　先生曰："吁！子來前。夫大木為杗，細木為桷，欂櫨、侏儒，椳、闑、扂、楔，各得其宜，施以成室者，匠氏之工也。玉札、丹砂，赤箭、青芝，牛溲、馬勃，敗鼓之皮，俱收並蓄，待用無遺者，醫師之良也。登明選公，雜進巧拙，紆餘為妍，卓犖為傑，校短量長，惟器是適者，宰相之方也。昔者孟軻好辯，孔道以明，轍環天下，卒老於行。荀卿守正，大論是弘。逃讒於楚，廢死蘭陵。是二儒者，吐辭為經，舉足為法，絕類離倫，優入聖域，其遇於世何如也？今先生學雖勤而不繇其統，言雖多而不要其中，文雖奇而不濟於用，行雖修而不顯於眾，猶且月費俸錢，歲靡廩粟。子不知耕，婦不知織。乘馬從徒，安坐而食。踵常途之役役，窺陳編以盜竊。然而聖主不加誅，宰臣不見斥，茲非其幸歟？動而得謗，名亦隨之。投閒置散，乃分之宜。若夫商財賄之有亡，計班資之崇庳，忘己量之所稱，指前人之瑕疵，是所謂詰匠氏之不以杙為楹，而訾醫師以昌陽引年，欲進其豨苓也。"

七、韩愈《师说》

（一）教学目标

1. 通过文本阅读了解"老师"的作用。

2. 了解语法与词汇的关系。

（二）育人目标

通过韩愈《师说》内容的学习，了解古人"为师"的原则，体会文中所蕴含的教与学的观点，感受中华民族"尊师重道"的文化传统。

（三）学习要点

1. 直译并背诵原文。

2. 语言知识点。

（1）文字：庸。

（2）词汇：贻族齿师道相。

（3）语法。

注意古汉语中"所以"的用法："师者，所以传道、受业、解惑也。"

注意区别"孰"在古今汉语中的不同意思。

（四）思考题

1. 学习要以什么样的人为老师？

2.为人师的条件是什么？

3.学生对待老师的态度应该是怎样的？

4.师道之说说明了什么？

5.联系实际谈谈自己的看法。

6.“耻学于师”这一句在表达上与现代汉语有什么不同？

7.在“句读之不知，惑之不解，或师焉，或不焉，小学而大遗，吾未见其明也”这一句中，“或……或……”的用法与现代汉语有什么不同？

8.体会“乎”“欤”在表现疑问语气方面的异同，并总结其用法。

（五）韩愈《师说》

古之學者必有師。師者，所以傳道、受業、解惑也。人非生而知之者，孰能無惑？惑而不從師，其為惑也終不解矣。生乎吾前，其聞道也固先乎吾，吾從而師之；生乎吾後，其聞道也亦先乎吾，吾從而師之。吾師道也，夫庸知其年之先後生於吾乎？是故無貴無賤，無長無少，道之所存，師之所存也。

嗟乎！師道之不傳也久矣！欲人之無惑也難矣！古之聖人，其出人也遠矣，猶且從師而問焉；今之眾人，其下聖人也亦遠矣，而恥學於師。是故聖益聖，愚益愚；聖人之所以為聖，愚人之所以為愚，其皆出於此乎！

愛其子，擇師而教之，於其身也，則恥師焉，惑矣！彼童子之師，授之書而習其句讀者，非吾所謂傳其道解其惑者也。句讀之不知，惑之不解，或師焉，或不焉，小學而大遺，吾未見其明也。巫醫樂師百工之人，不恥相師，士大夫之族，曰師曰弟子云者，則群聚而笑之。問之，則曰：“彼與彼年相若也，道相似也。”位卑則足羞，官盛則近諛（yú）。嗚呼！師道之不復可知矣！巫醫樂師百工之人，君子不齒，今其智乃反不能及，其可怪也歟（yú）！

聖人無常師，孔子師郯（tán）子、萇弘、師襄、老聃（dān）。郯子之徒，其賢不及孔子。孔子曰："三人行，則必有我師。"是故弟子不必不如師，師不必賢於弟子。聞道有先後，術業有專攻，如是而已。

李氏子蟠（pán），年十七，好古文，六藝經傳，皆通習之，不拘於時，學於餘。余嘉其能行古道，作《師說》以貽之。

八、柳宗元《答韦中立论师道书》

（一）教学目标

1. 通过文本阅读，明确老师在教书育人过程中的重要作用，尤其是好老师对学生的重要性。之所以重要是因为名师往往有亲身经历，有值得借鉴且有效的方法，有可汲取的宝贵经验。

2. 了解柳宗元文章的风格特点，感受唐宋古文八大家所呈现出的后世典范的正统文言的特点。

（二）育人目标

1. 通过文章内容的学习，了解当时社会的"为师"态度。

2. 从文中的具体案例中体会作者"取其名而去其实"的为师方法，并将这些"为师"之道运用于实际教学。

3. 学习"为文之道"，明确作文的目的，引起学生思考。

（三）学习要点

1. 直译并背诵全文。

2. 查阅《河东先生集》，了解柳宗元文章的内容，体会其作品的语言特色。

3. 语言知识点。

（1）词汇。

"白""辱""相""仆""恒""则""吠""被""噬""已""炫""谪""咈"
"僵""仆""惯""抑""造""荐""笏""曳""却""聊""佞""诬""谀""徒"
"掉""剽""怠""昏""昧""矜""偃""塞""奥""廉""挈挈""呶呶""炳炳"
"烺烺""恢恢然""怃然""怫然""苍黄"

（2）语法。

被动句：为外廷所笑。（为……所……）乃幸见取（见）。

直见爱甚故然耳！（见）

虚词：假令、是、者、矣、耶、何哉

"所""者"结构：吠所怪也。

独为所不为也。

然后始信前所闻者。

词类活用：不以病乎？亦以病吾子。

选择问句：凡若此者，果是耶？非耶？有取乎？抑其无取乎？

（四）思考题

1. 作为老师该如何教学生读书？读什么书？

2. 阅读古代经典文献的作用是什么？

3. 文章写作有什么方法？

4. 写出读后感。

（五）柳宗元《答韦中立论师道书》

二十一日宗元白。

辱书云欲相师。仆道不篤，業甚淺近，環顧其中，未見可師者。雖常好言論，爲文章，甚不自是也。不意吾子自京師來蠻夷間，乃幸見取。僕自卜固無取；假令有取，亦不敢爲人師。爲衆人師且不敢，況敢爲吾子師乎？

孟子稱"人之患在好爲人師"。由魏、晉氏以下，人益不事師。今之世不聞有師。有，輒嘩笑之，以爲狂人。獨韓愈奮不顧流俗，犯笑侮，收召後學，作《師說》，因抗顏而爲師。世果羣怪聚罵，指目牽引，而增與爲言辭。愈以是得狂名，居長安，炊不暇熟，又挈挈而東。如是者數矣。屈子賦曰："邑犬羣吠，吠所怪也。"僕往聞庸、蜀之南，恒雨少日，日出則犬吠，余以爲過言。前六七年，僕來南，二年冬，幸大雪踰嶺，被南越中數州。數州之犬，皆蒼黄吠噬狂走者累日，至無雪乃已，然後始信前所聞者。今韓愈既自以爲蜀之日，而吾子又欲使吾爲越之雪，不以病乎？非獨見病，亦以病吾子。然雪與日豈有過哉？顧吠者犬耳！度今天下不吠者幾人，而誰敢衒怪於羣目，以召鬧取怒乎？

僕自謫過以來，益少志慮。居南中九年，增腳氣病，漸不喜鬧。豈可使呶呶者早暮咈吾耳，騷吾心？則固僵仆煩憒，愈不可過矣！平居望外遭齒舌不少，獨欠爲人師耳！

抑又聞之，古者重冠禮，將以責成人之道，是聖人所尤用心者也。數百年來，人不復行。近有孫昌胤者，獨發憤行之。既成禮，明日造朝，至外廷，薦笏言於卿士曰："某子冠畢。"應之者咸憮然。京兆尹鄭叔則，怫然曳笏却立，曰："何預我邪？"廷中皆大笑。天下不以非鄭尹而快孫子，何哉？獨爲所不爲也。今之命師者大類此。

吾子行厚而辭深，凡所作，皆恢恢然有古人形貌。雖僕敢爲師，亦何所增加也？假而以僕年先吾子，聞道著書之日不後，誠欲往來言所聞，則僕固願悉陳中所得者。吾子苟自擇之，取某事去某事則可矣。若定是非以教吾子，僕材不足，而又畏前所陳者，其爲不敢也決矣！吾子前所欲見吾文，既悉以陳之。非以耀明於子，聊欲以觀子氣色，誠好惡如何也。今書來，言者皆大過。吾子誠非佞譽誣諛之徒，直見愛甚故然耳！

始吾幼且少，爲文章，以辭爲工。及長，乃知文者以明道，是固不苟爲炳炳烺烺，務采色，誇聲音，而以爲能也。凡吾所陳，皆自謂近道，而不知道之果近乎遠乎？吾子好道而可吾文，或者其於道不遠矣。故吾每爲文章，未嘗敢以輕心掉之，懼其剽而不留也；未嘗敢以怠心易之，懼其弛而不嚴也；未嘗敢以昏氣出之，懼其昧沒而雜也；未嘗敢以矜氣作之，懼其偃蹇而驕也。抑之欲其奧，揚之欲其明。疏之欲其通，廉之欲其節。激而發之欲其清，固而存之欲其重。此吾所以羽翼夫道也。本之《書》以求其質；本之《詩》以求其恒；本之《禮》以求其宜；本之《春秋》以求其斷；本之《易》以求其動。此吾所以取道之原也。參之穀梁氏以屬其氣；參之孟、荀以暢其支；參之莊、老以肆其端；參之《國語》以博其趣；參之《離騷》以致其幽；參之太史公以著其潔。此吾所以旁推交通，而以爲之文也。

凡若此者，果是邪？非邪？有取乎？抑其無取乎？吾子幸觀焉，擇焉，有餘以告焉。苟亟來以廣是道，子不有得焉，則我得矣，又何以師云爾哉？取其實而去其名，無招越蜀吠怪，而為外廷所笑，則幸矣。宗元白。

九、曾巩《宜黄县学记》

（一）教学目标

了解为学之重要性，学之目的、学之内容与学之作用。

（二）育人目标

1. 领会社会治乱与教育的关系。

2. 思考学校教育与人才培养的关系。

（三）学习要点

1. 直译并背诵全文。

2. 查阅《曾巩集》，了解曾巩的文章内容及写作风格，体会唐宋八大家的语言特色。

3. 语言知识点。

词汇："移""弦歌洗爵""俯仰之容""升降之节体""耳目""手足措""祭祀""乡射""恭让""进材""论狱""劝惩""勉""戒""不率""邪僻""放肆""刚柔""缓急""乡邻""族党"

（四）思考题

1. 古代学校育人的重点是什么？

2. 学校的作用是什么？

3. 理解文章内容，写读后感。

（五）曾巩《宜黄县学记》

古之人，自家至於天子之國，皆有學，自幼至於長，未嘗去於學之中。學有《詩》《書》六藝、弦歌洗爵、俯仰之容、升降之節，以習其心體、耳目、手足之舉措；又有祭祀、鄉射、養老之禮，以習其恭讓；進材、論獄、出兵授捷之法，以習其從事。師友以解其惑，勸懲以勉其進，戒其不率，其所爲具如此。而其大要，則務使人人學其性，不獨防其邪僻放肆也。雖有剛柔緩急之異，皆可以進之中，而無過不及。使其識之明，氣之充於其心，則用之於進退語默之際，而無不得其宜；臨之以禍福死生之故，無足動其意者。爲天下之士，爲所以養其身之備如此，則又使知天地事物之變，古今治亂之理，至於損益廢置，先後始終之要，無所不知。其在堂户之上，而四海九州之業、萬世之策皆得，及出而履天下之任，列百官之中，則隨所施爲，無不可者。何則？其素所學問然也。

蓋凡人之起居、飲食、動作之小事，至於修身爲國家天下之大體，皆自學出，而無斯須去於教也。其動於視聽四支者，必使其洽於內；其謹於初者，必使其要於終。馴之以自然，而待之以積久。噫！何其至也。故其俗之成，則刑罰措；其材之成，則三公百官得其士；其爲法之永，則中材可以守；其入人之深，則雖更衰世而不亂。爲教之極至此，鼓舞天下，而人不知其從之，豈用力也哉？

及三代衰，聖人之制作盡壞，千餘年之間，學有存者，亦非古法。人之體性之舉動，唯其所自肆，而臨政治人之方，固不素講。士有聰明樸茂之質，而無教養之漸，則其材之不成，固然。蓋以不學未成之材，而爲天下之吏，又承衰弊之後，而治不教之民。鳴呼！仁政之所以不行，賊盜刑罰之所以積，其不以此也歟！

宋興幾百年矣。慶曆三年，天子圖當世之務，而以學爲先，於是天下之學乃得立。而方此之時，撫州之宜黃猶不能有學。士之學者，皆相率而寓於州，以群聚講習。其明年，天下之學復廢，士亦皆散去，而《春秋》釋奠之事，以著於令，則常以廟祀孔氏，廟不復理。皇祐元年，會令李君詳至，始議立學，而縣之士某某與其徒，皆自以謂得發憤於此，莫不相勵而趨爲之。故其材不賦而美，匠不發而多。其成也，積屋之區若干，而門序正位，講藝之堂、棲士之舍皆足。積器之數若干，而祀飲寢食之用皆具。其像孔氏而下，從祭之士皆備。其書、經、史、百氏、翰林子墨之文章，無外求者。其相基會作之本末，總爲日若干而已，何其周且速也！

當四方學廢之初，有司之議，固以謂學者人情之所不樂。及觀此學之作，在其廢學數年之後，唯其令之一唱，而四境之內響應而圖之，如恐不及，则夫言人之情不樂於學者，其果然也與？

　　宜黄之學者，固多良士。而李君之爲令，威行愛立，訟清事舉，其政又良也。夫及良令之時，而順其慕學發憤之俗，作爲宮室教肄之所，以至圖書器用之須，莫不皆有，以養其良材之士。雖古之去今遠矣，然聖人之典籍皆在，其言可攷，其法可求，使其相與學而明之，禮樂節文之詳，固有所不得爲者。若夫正心修身，爲國家天下之大務，則在其進之而已。使一人之行脩移之於一家，一家之行脩移之於鄉鄰族黨，則一縣之風俗成，人材出矣。教化之行，道德之歸，非遠人也，可不勉與！縣之士來請曰："願有記！"其記之。十二月某日也。

十、顾炎武《与友人论学书》

（一）教学目标

明确阅读古代经典的方法和目的。

（二）育人目标

1.通过学习文中出现的文化常识，丰富学生的古代文化知识，如：《易传》、《孟子》、性命等。

2.将"博学而笃志，切问而近思"的观念贯彻到日常学习生活中，在学习中注重实学。

（三）学习要点

1.直译并背诵全文。

2.查阅贺长龄、魏源等编《清经世文编》(中华书局 1992 年版),了解相关内容,扩大阅读范围。

3.语言知识点。

词汇:"允""挑""辜""笃""禄""忮""被""弥""区区""予"

(四)思考题

1."学"是为了什么?

2."为学"到底该"学"些什么?

3."为学"最重要的内容是什么?

4.怎样阅读古籍?

5.古代圣贤"为学"之道的核心内容是什么?

6.谈谈本文"论学"的感想及在学习方面的启发。

(五)顾炎武《与友人论学书》

比往来南北,頗承友朋推一日之長,問道於盲。竊歎夫百餘年以來之爲學者,往往言心言性,而茫乎不得其解也。

命與仁,夫子之所罕言也;性與天道,子貢之所未得聞也。性命之理,著之《易傳》,未嘗數以語人。其答問士也,則曰:"行己有恥";其爲學,則曰:"好古敏求";其與門弟子言,舉堯舜、相傳所謂"危微精一"之說,一切不道,而但曰:"允執其中,四海困窮,天禄永終。"嗚呼!聖人之所以爲學者,何其平易而可循也!故曰:"下學而上達。"顏子之幾乎聖也,猶曰:"博我以文。"其告哀公也,明善之功,先之以博學。自曾子而下,篤實無若子夏,而其言仁也,則曰:"博學而篤志,切問而近思。"今之君子則不然,聚賓客門人之學者數十百人,"譬諸草木,區以別矣",而一皆與之言心言性,舍多學而識,以求一貫之方,置四海之困窮不言,而終日講"危微精一"之說,是必其道之高於夫子,而其弟子之賢於子貢,挑東魯而直接二帝之心傳者也。我弗敢知也。

《孟子》一書，言心言性，亦諄諄矣，乃至萬章、公孫丑、陳代、陳臻。周霄、彭更之所問，與《孟子》之所答者，常在乎出處、去就、辭受、取與之間。以伊尹之元聖，堯舜其君其民之盛德大功，而其本乃在乎千駟一介之不視不取。伯夷、伊尹之不同於孔子也，而其同者，則以"行一不義，殺一不辜，而得天下不爲"。是故性也，命也，天也，夫子之所罕言，而今之君子之所恒言也；出處、去就、辭受、取與之辨，孔子、孟子之所恒言，而今之君子所罕言也。謂忠與清之未至於仁，而不知不忠與清而可以言仁者，未之有也；謂不恔不求之不足以盡道，而不知終身於恔且求而可以言道者，未之有也。我弗敢知也。

愚所謂聖人之道者如之何？曰"博學於文"，曰"行己有恥"。自一身以至於天下國家，皆學之事也；自子臣弟友以至出入、往來、辭受、取與之間，皆有恥之事也。恥之於人大矣！不恥惡衣惡食，而恥匹夫匹婦之不被其澤，故曰："萬物皆備於我矣，反身而誠。"

鳴呼！士而不先言恥，則爲無本之人；非好古而多聞，則爲空虛之學。以無本之人，而講空虛之學，吾見其日從事於聖人而去之彌遠也。雖然，非愚之所敢言也，且以區區之見，私諸同志，而求起予。

十一、彭端淑《为学》

（一）教学目标

了解"为学"的做法。

（二）育人目标

1. 通过学习古人的遣词造句及语言文学方面的相关知识，激发学生对祖国语言文字的热爱。

2. 了解古人的学习经历与过程，学习古人的优良品德。

（三）学习要点

1. 直译并背诵全文。

2. 查阅《白鹤堂集》，了解彭端淑所有文章的内容及写作特点。

3. 写出读后感，即对文章内容的理解。

4. 语言知识点。

（1）词汇。

"亦""语""越""鄙"

（2）语法。

"吾欲之南海，何如？"这句话中"之"的词性及语义。

以告富者。（介词宾语省略）

（四）思考题

1. 本文中心论点是什么？

2. 蜀鄙二僧的故事告诉我们什么道理？

3. 体会中国古人的智慧，感悟中国文化的博大精深，对中国传统文化有什么思考？

（五）彭端淑《为学》

天下事有难易乎？为之，则难者亦易矣；不为，则易者亦难矣。人之为学有难易乎？学之，则难者亦易矣；不学，则易者亦难矣。

　　吾资之昏，不逮人也；吾材之庸，不逮人也；旦旦而学之，久而不殆焉，迄乎成，而亦不知其昏与庸也。吾资之聪，倍人也，吾材之敏，倍人也，屏弃而不用，其与昏与庸无以异也。圣人之道，卒於鲁也传之。然则昏庸聪敏之用，岂有常哉？

　　蜀之鄙有二僧：其一贫，其一富。贫者语於富者曰："吾欲之南海，何如？"

　　富者曰："子何恃而往？"曰："吾一瓶一钵足矣。"富者曰："吾数年来欲买舟而下，犹未能也。子何恃而往！"

　　越明年，贫者自南海还，以告富者。富者有惭色。

　　西蜀之去南海，不知几千里也，僧之富者不能至而贫者至焉。人之立志，顾不如蜀鄙之僧哉！是故聪与敏，可恃而不可恃也；自恃其聪与敏而不学者，自败者也。昏与庸，可限而不可限也；不自限其昏与庸，而力学不倦者，自力者也。

十二、戴震《与姚孝廉姬传书》

（一）教学目标

1. 明确严谨的态度对治学的重要性。

2. 了解阅读古书的作用。

（二）育人目标

1. 了解古人追求真理的态度和方法。

2. 通过学习文选总结出来的经验和求取知识的诚恳态度及方法，感悟中华文化的博大精深，增强学生对中华文化的认知。

（三）学习要点

1. 直译并背诵全文。

2. 查阅《戴震集》，了解戴震的所有文章及内容。

3. 语言知识点。

词汇："觏""克""斯""蕆""畦""缴""闳""巨""绳""坳""杪"

（四）思考题

1. 什么是"十分之见"？

2. 怎样阅读古书才是正确的读书方法？

3. "十分之见"的读书方法怎样做才能达到？

4. "立志闻道"可以避免怎样的错误？

5. 什么叫"学友"？

6. 谈谈读书与思考的关系。

4. 写读后感。

（五）戴震《与姚孝廉姬传书》

日者，紀太史曉嵐欲刻僕所為《考工記圖》，是以向足下言欲改定，足下應詞非所敢聞，而意主不必汲汲成書。僕於時若雷霆驚耳，自始知學，每憾答人成書太早，多未定之說。今足下以是規教，退不敢忿，自賀得師。何者？凡僕所以尋求於遺經，懼聖人之緒言，闇汶於後世也。然尋求而獲，有十分之見，有未至十分之見。所謂十分之見，必徵之古而靡不條貫，合諸道而不留餘議，鉅細畢究，本末兼察。若夫依於傳聞以擬其是，擇於眾說以裁其優，出於空言以定其論，據於孤證以信其通。雖溯流可以知源，不目覩淵泉所導，循根可以達杪，不手披枝肆所歧，皆未至十分之見也。以此治經，失不知為不知之意，而徒增一惑，以滋識者之辨之也。

先儒之學，如漢鄭氏、宋程子張子朱子，其為書至詳博，然猶得失中判。其得者，取義遠，資理閎，書不克盡言，言不克盡意。學者深思自得，漸近其區，不深思自得，斯草薉於畦而茅塞其陸。其失者，卽目未覩淵泉所導，手未披枝肆所歧者也。而為說轉易曉學者，淺涉而堅信之，用自滿其量之能容受，不復求遠者閎者，故誦法康成、程、朱不必無人，而皆失康成、程、朱於誦法中，則不志乎聞道之過也。誠有能志乎聞道，必去其兩失，殫力於其兩得。既深思自得而近之矣，然後知孰為十分之見，孰為未至十分之見。如繩繩木，笤昔以為直者，其曲於是可見也；如水準地，笤以為平者，其坳於是可見也。夫然後傳其信，不傳其疑，疑則闕，庶幾治經不害。

僕於《考工記圖》，重違知己之意，遂欲刪取成書，亦以其義淺，特考核之一端，差可自決。足下之教，其敢忽諸！至欲以僕為師，則別有說，非徒自顧不足為師，亦非謂所學如足下，斷然以不敏謝也。古之所謂友，固分師之半。僕與足下，無妨交相師，而參互以求十分之見，苟有過則相規，使道在人，不在言，斯不失友之謂，固大善。昨辱簡，自謙太過，稱夫子，非所敢當之，謹奉繳。承示文論延陵季子處，識數語，並《考工記圖》呈上，乞教正也。

十三、章学诚《师说》

（一）教学目标

了解老师的两种类型：可易之师和不可易之师，明确其内容所指，以及对学生的作用。

（二）育人目标

1. 通过文选内容的学习，了解先人所经历的事情，从中感受古人的智慧，树立诚实守信的美德。

2. 通过文选内容的学习，品味古人的遣词用句，激发学生对祖国语言文字的热爱。

（三）学习要点

1. 直译并背诵全文。

2. 查阅章学诚的《文史通义》，了解章学诚的所有作品及风格。

3. 语言知识点。

词汇："尸""祝""俎""豆""别裁""斧正""去""究""艺""梓人""綦""琢雕""红女""絺绣""隅坐""严""昭""罔""幰"

（四）思考题

1. 章学诚《师说》的内容主旨是什么？

2. 老师需要注意的问题是什么？

（五）章学诚《师说》

韩退之曰："師者，所以傳道授業解惑者也。"又曰："師不必賢於弟子，弟子不必不如師。""道之所在，師之所在也。"又曰："巫醫百工之人，不恥相師。"而因怪當時之人：以相師為恥，而曾巫醫百工之不如。韓氏蓋為當時之敝俗而言之也，未及師之究竟也。《記》曰："民生有三，事之如一，君、親、師也。"此為傳道言之也。授業解惑，則有差等矣。業有精粗，惑亦有大小，授且解者之為師，固然矣，然與傳道有間矣。巫醫百工之相師，亦不可以概視也。蓋有可易之師與不可易之師，其相去也，不可同日語矣。知師之說者，其知天乎？蓋人皆聽命於天者也，天無聲臭，而俾君治之；人皆天所生也，天不物物而生而親則生之；人皆學於天者也，天不諄諄而誨而師則教之。然則君子而思事天也，亦在謹事三者而已矣。

人失其道，則失所以為人，猶無其身，則無所以為生也。故父母生而師教，其理本無殊異。此七十子之服孔子，所以可與之死，可與之生，東西南北，不敢自有其身。非情親也，理勢不得不然也。若夫授業解惑，則有差等矣。經師授受，章句訓詁；史學淵源，筆削義例，皆為道體所該。古人"書不盡言，言不盡意"。竹帛之外，別有心傳，口耳轉受，必明所自，不啻宗支譜系不可亂也。此則必從其人而後受，苟非其人，即己無所受也，是不可易之師也。學問專家，文章經世，其中疾徐甘苦，可以意喻，不可言傳。此亦至道所寓，必從其人而後受，不從其人，即己無所受也，是不可易之師也。苟如是者，生則服勤，左右無方，沒則屍祝俎豆，如七十子之於孔子可也。至於講習經傳，旨無取於別裁；斧正文辭，義未見其獨立；人所共知共能，彼偶得而教我；從甲不終，不妨去而就乙；甲不我告，乙亦可詢，此則不究於道，即可易之師也。雖學問文章，亦末藝耳。其所取法，無異梓人之恭琢雕，紅女之傳絺繡，以為一日之長，拜而禮之，隨行隅坐，愛敬有加可也。必欲嚴昭事之三而等生身之義，則責者罔，而施者亦不由衷矣。

巫醫百工之師，固不得比於君子之道，然亦有說焉。技術之精，古人專業名家，亦有隱微獨喻，得其人而傳，非其人而不傳者，是亦不可易之師，亦當生則服勤，而沒則尸祝者也。古人飲食，必祭始為飲食之人，不忘本也；況成我道德術藝，而我固無從他受者乎？至於"弟子不必不如師，師不必賢於弟子"，則觀所得為何如耳。所爭在道，則技曲藝業之長，又何沾沾而較如不如哉？

嗟夫！師道失傳久矣。有志之士，求之天下，不見不可易之師；而觀於古今，中有怦怦動者，不覺囅然而笑，索焉不知涕之何從，是亦我之師也。不見其人，而於我乎隱相授受，譬則孤子見亡父於影像，雖無人告之，夢寐必將有警焉。而或者乃謂古人行事，不盡可法，不必以是為屍祝也。夫禹必祭鯀，尊所出也；兵祭蚩尤，宗創制也。若必選人而宗之，周、孔乃無遺憾矣。人子事其親，固有論功德，而祧禰以奉大父者邪？

第二单元　知识篇——语言文字

　　本单元内容是针对"古代汉语"的时代（古代）特性与内容（汉语）特性，从古代汉语学科特点——古代汉民族所使用的语言角度而设立的。尽管古代汉语仍然是汉语，但其个性特征和表现内容还是有别于现代汉语的，因此需要进行专门学习。（古汉语课程侧重掌握的是以先秦口语为基础的上古汉语书面语言）

　　古书阅读，除了语言知识，还要对古代社会生活有所了解，这就需要借助古人对其文化内容的阐发来实现，所以训诂知识是极其重要的，通过训诂学习可以了解训诂的状态及训诂的成果，了解训诂的方式方法、体例、术语，这些知识是阅读古书、理解古书内容的前提，也是充分利用训诂研究成果解决语言文字相关问题的关键。

　　教学方法指导：

　　对本单元知识内容的处理，教师应以介绍知识为主，目的是让学生掌握知识，为阅读古书服务。所以讲授的立足点不在于研究，而在于介绍。以研究为目的对待古汉语知识，从运用掌握古汉语知识到阅读理解古书内容，其目的要求皆不相同。以研究为目的是为了探寻知识对象本身的特点、规律，从而系统地把握古代文化知识。以运用为目的则是为了了解已有的研究结果（最好是有定论的结论），直接运用于古文阅读，解决古书阅读中出现的语言文字问题。虽然研究与运用相辅相成，但是从不同角度掌握时，其侧重点是不同的。研究是在问题中探索发现，运用是把探索中得出的结论运用到实际问题解决中。从古汉语学习角度，掌握已有规律和结论，主要是运用知识提高阅读能力，体现知识与能力之间的相互关系。

例如，音韵学知识在古代汉语学习中的作用仅仅是为了理解文字方面的古音通假现象，不是去研究音韵学，在理解了音韵学的原理后，能够会用、会查有关古今字音对照手册类的工具书。文字学知识，分析字形结构主要是为了确定字词本义以明确词义间的相互关系，从而有效地掌握词义为阅读古书服务。

总之，针对普通高等师范院校的古代汉语教学中，对语言文字的理论培养知识主要侧重于实用方面，以服务理解文本内容为宗旨，注重实际应用效果。

一、荀卿《荀子·正名》

（一）教学目标

明确语言约定俗成的名实关系。

（二）育人目标

1. 通过古人对名实关系的认识和看法，感受古人的智慧。

2. 从思考语言本体问题层面思考汉语的特点，激发学生对祖国语言的热爱。

（三）学习要点

1. 查找《荀子·正名》原文，直译全文。

2. 阅读链接：问题解决途径——利用王先谦《荀子集解》注释内容帮助理解原文。为的是阅读第一手材料，理解古文要以古代权威解释为依据，习惯利用古代注疏内容，熟悉古注的体例和方式，掌握注疏知识和内容。

（四）思考题

1. 《正名》中荀子对"名"的符号性质和作用的阐述是怎样的？

2. 《荀子·正名》中荀子认为命名的原则是什么？

3. 在论述"制名之枢要"的过程中，荀子提出的有关正确使用名称的原则和方法是什么？

（五）荀卿《荀子·正名》

　　後王之成名：刑名從商，爵名從周，文名從禮。散名之加於萬物者，則從諸夏之成俗曲期，遠方異俗之鄉則因之而爲通。

　　散名之在人者：生之所以然者謂之性。性之和所生，精合感應，不事而自然謂之性。性之好、惡、喜、怒、哀、樂謂之情。情然而心爲之擇謂之慮。心慮而能爲之動謂之僞。慮積焉能習焉而後成謂之僞。正利而爲謂之事。正義而爲謂之行。所以知之在人者謂之知。知有所合謂之智。智所以能之在人者謂之能。能有所合謂之能。性傷謂之病。節遇謂之命。是散名之在人者也，是後王之成名也。

　　故王者之制名，名定而實辨，道行而志通，則愼率民而一焉。故析辭擅作名以亂正名，使民疑惑，人多辨訟，則謂之大姦，其罪猶爲符節、度量之罪也。故其民莫敢託爲奇辭以亂正名。故其民愨；愨則易使，易使則公。其民莫敢託爲奇辭以亂正名，故壹於道法而謹於循令矣。如是，則其迹長矣。迹長功成，治之極也，是謹於守名約之功也。

　　今聖王沒，名守慢，奇辭起，名實亂，是非之形不明，則雖守法之吏，誦數之儒，亦皆亂也。若有王者起，必將有循於舊名，有作於新名。然則所爲有名，與所緣以同異，與制名之樞要，不可不察也。

　　異形離心交喩，異物名實玄紐，貴賤不明，同異不別；如是，則志必有不喩之患，而事必有困廢之禍。故知者爲之分別，制名以指實，上以明貴賤，下以辨同異。貴賤明，同異別，如是則志無不喩之患，事無困廢之禍，此所爲有名也。

　　然則何緣而以同異？曰：緣天官。凡同類、同情者，其天官之意物也同，故比方之疑似而通，是所以共其約名以相期也。形體、色、理、以目異，聲音清濁、調竽、奇聲以耳異，甘、苦、鹹、淡、辛、酸、奇味以口異，香、臭、芬、鬱、腥、臊、洒、酸、奇臭以鼻異，疾、養、滄、熱、滑、鈹、輕、重以形體異，說、故、喜、怒、哀、樂、愛、惡、欲以心異。心有徵知。徵知，則緣耳而知聲可也，緣目而知形可也，然而徵知必將待天官之當簿其類，然後可也。五官簿之而不知，心徵之而無說，則人莫不然謂之不知，此所緣而以同異也。

然後随而命之：同則同之，異則異之，單足以喻則單，單不足以喻則兼，單與兼無所相避則共，雖共不爲害矣。知異實者之異名也，故使異實者莫不異名也，不可亂也，猶使異實者莫不同名也。故萬物雖衆，有時而欲徧舉之，故謂之物。物也者，大共名也。推而共之，共則有共，至於無共然後止。有時而欲徧舉之，故謂之鳥獸。鳥獸也者，大別名也。推而別之，別則有別，至於無別然後止。名無固宜，約之以命，約定俗成謂之宜，異於約則謂之不宜。名無固實，約之以命實，約定俗成謂之實名。名有固善，徑易而不拂，謂之善名。物有同狀而異所者，有異狀而同所者，可別也。狀同而爲異所者，雖可合，謂之二實。狀變而實無別而爲異者，謂之化；有化而無別，謂之一實。此事之所以稽實定數也。此制名之樞要也。後王之成名，不可不察也。

“見侮不辱”，“聖人不愛己”，“殺盜非殺人也”，此惑於用名以亂名者也。驗之所以爲有名，而觀其孰行，則能禁之矣。“山淵平”“情欲寡”“芻豢不加甘，大鐘不加樂”，此惑於用實，以亂名者也。驗之所緣以同異，而觀其孰調，則能禁之矣。“非而謁楹有牛，馬非馬也”，此惑於用名以亂實者也。驗之名約，以其所受悖其所辭，則能禁之矣。凡邪說辟言之離正道而擅作者，無不類於三惑者矣。故明君知其分而不與辨也。

夫民易一以道，而不可與共故。故明君臨之以埶，道之以道，申之以命，章之以論，禁之以刑。故其民之化道也如神，辨埶惡用矣哉！今聖王沒，天下亂，姦言起，君子無埶以臨之，無刑以禁之，故辨說也。實不喻然後命，命不喻然後期，期不喻然後說，說不喻然後辨。故期、命、辨、說也者，用之大文也，而王業之始也。名聞而實喻，名之用也。累而成文，名之麗也。用、麗俱得，謂之知名。名也者，所以期累實也。辭也者，兼異實之名以論一意也。辨說也者，不異實名以喻動靜之道也。期命也者，辨說之用也。辨說也者，心之象道也。心也者，道之工宰也。道也者，治之經理也。

心合於道，說合於心，辭合於說，正名而期，質請而喻。辨異而不過，推類而不悖，聽則合文，辨則盡故。以正道而辨姦，猶引繩以持曲直，是故邪說不能亂，百家無所竄。有兼聽之明，而無奮矜之容；有兼覆之厚，而無伐德之色。說行則天下正，說不行則白道而冥窮，是聖人之辨說也。《詩》曰：“顒顒卬卬，如珪如璋，令聞令望，豈弟君子，四方為綱。”此之謂也。

辭讓之節得矣，長少之理順矣；忌諱不稱，祅辭不出，以仁心說，以學心聽，以公心辨。不動乎眾人之非譽，不治觀者之耳目，不賂貴者之權埶，不利傳辟者之辭。故能處道而不貳，吐而不奪，利而不流，貴公正而賤鄙爭，是士君子之辨說也。《詩》曰：“長夜漫兮，永思騫兮。大古之不慢兮，禮義之不愆兮，何恤人之言兮。”此之謂也。

君子之言，涉然而精，俛然而類，差差然而齊。彼正其名，當其辭，以務白其志義者也。彼名辭也者，志義之使也，足以相通則舍之矣。苟之，姦也。故名足以指實，辭足以見極，則舍之矣。外是者，謂之訒，是君子之所棄，而愚者拾以為己寶。故愚者之言，芴然而粗，嘖然而不類，誻誻然而沸。彼誘其名，眩其辭，而無深於其志義者也。故窮藉而無極，甚勞而無功，貪而無名。故知者之言也，慮之易知也，行之易安也，持之易立也。成則必得其所好，而不遇其所惡焉。而愚者反是。《詩》曰：“為鬼為蜮，則不可得；有靦面目，視人罔極。作此好歌，以極反側。”此之謂也。

凡語治而待去欲者，無以道欲而困於有欲者也。凡語治而待寡欲者，無以節欲而困於多欲者也。有欲無欲，異類也，生死也，非治亂也。欲之多寡，異類也，情之數也，非治亂也。欲不待可得，而求者從所可。欲不待可得，所受乎天也；求者從所可，受乎心也。所受乎天之一欲，制於所受乎心之多，固難類所受乎天也。人之所欲，生甚矣；人之所惡，死甚矣；然而人有從生成死者，非不欲生而欲死也，不可以生而可以死也。故欲過之而動不及，心止之也。心之所可中理，則欲雖多，奚傷於治！欲不及而動過之，心使之也。心之所可失理，則欲雖寡，奚止於亂！故治亂在於心之所可，亡於情之所欲。不求之其所在，而求之其所亡，雖曰我得之，失之矣。

性者，天之就也；情者，性之質也；欲者，情之應也。以所欲為可得而求之，情之所必不免也；以為可而道之，知所必出也。故雖為守門，欲不可去，性之具也。雖為天子，欲不可盡。欲雖不可盡，可以近盡也；欲雖不可去，求可節也。所欲雖不可盡，求者猶近盡；欲雖不可去，所求不得，慮者欲節求也。道者，進則近盡，退則節求，天下莫之若也。

凡人莫不從其所可，而去其所不可。知道之莫之若也，而不從道者，無之有也。假之有人而欲南無多，而惡北無寡，豈為夫南者之不可盡也，離南行而北走也哉？今人所欲無多，所惡無寡，豈為夫所欲之不可盡也，離得欲之道而取所惡也哉？故可道而從之，奚以損之而亂！不可道而離之，奚以益之而治！故知者論道而已矣，小家珍說之所願皆衰矣。

凡人之取也，所欲未嘗粹而來也；其去也，所惡未嘗粹而往也。故人無動而不可以不與權俱。衡不正，則重縣於仰而人以為輕，輕縣於俛而人以為重，此人所以惑於輕重也。權不正，則禍託於欲而人以為福，福託於惡而人以為禍，此亦人所以惑於禍福也。道者，古今之正權也，離道而內自擇，則不知禍福之所託。

易者以一易一，人曰無得亦無喪也；以一易兩，人曰無喪而有得也；以兩易一，人曰無得而有喪也。計者取所多，謀者從所可。以兩易一，人莫之為，明其數也。從道而出，猶以一易兩也，奚喪！離道而內自擇，是猶以兩易一也，奚得！其累百年之欲，易一時之嫌，然且為之，不明其數也。

有嘗試深觀其隱而難其察者，志輕理而不重物者，無之有也；外重物而不內憂者，無之有也。行離理而不外危者，無之有也；外危而不內恐者，無之有也。心憂恐則口銜芻豢而不知其味，耳聽鐘鼓而不知其聲，目視黼黻而不知其狀，輕煖平簟而體不知其安。故嚮萬物之美而不能嗛也，假而得問而嗛之，則不能離也。故嚮萬物之美而盛憂，兼萬物之利而盛害。如此者，其求物也，養生也？粥壽也？故欲養其欲而縱其情，欲養其性而危其形，欲養其樂而攻其心，欲養其名而亂其行。如此者，雖封侯稱君，其與夫盜無以異；乘軒戴絻，其與無足無以異。夫是之謂以己為物役矣！

心平愉，則色不及傭而可以養目，聲不及傭而可以養耳，蔬食菜羹而可以養口，麤布之衣、麤紃之履而可以養體，屋室、廬庾、葭稾蓐、尚机筵而可以養形。故無萬物之美而可以養樂，無埶列之位而可以養名。如是而加天下焉，其為天下多，其私樂少矣，夫是之謂重己役物。

無稽之言，不見之行，不聞之謀，君子慎之。

二、《尔雅·释诂第一》

（一）教学目标

1. 了解古书注解的历史和类型。

2. 认识古代著名的考据学家及相关注本。

3. 学会辨识和阅读理解注本中的注和疏。

4. 了解《十三经注疏》以及《尔雅·释诂》中注解的相关知识。

（二）育人目标

1. 通过文选内容的学习，使学生了解古书注解知识特点的同时，从中感受中国古代语言的趣味和魅力。

2. 通过对《尔雅·释诂》的阅读学习，体会古代考据学家和经学家对中国文化传承所付出的辛苦，激励学生努力学习。

3.通过学习《尔雅·释诂》，借助古代考据学家对汉语、汉字的分析研究，感悟祖国语言文字之美，由此潜移默化地增强学生的文化自信心和民族自豪感。

（三）学习要点

1.阅读链接：问题解决途径——利用《十三经·尔雅注疏》的注释内容帮助理解原文。目的是掌握第一手材料，习惯利用古代注疏内容阅读文选，熟悉古注的体例和方式，掌握注疏知识及相关内容。

2.归纳阅读材料主要内容，了解《尔雅》一书的内容及作用，明确《尔雅》的性质。

3.明确词义的古今异同，建立词义发展变化的意识，初步探寻词汇演进的各种原因。

4.翻译文选，掌握《尔雅·释诂》中出现的固定用法、字词解释和文学知识。

（四）思考题

1.古书注解中的"注"有几种说法？分别是什么？表示什么？

2.古书注解中的"疏"有几种说法？分别是什么？表示什么？

3.思考古书注解中的句子有什么特点？是什么句式？

4.思考《尔雅·释诂》中郭璞的注与邢昺的疏有什么特点。

5.《尔雅·释诂》里的判断句有几种类型？

（五）《尔雅·释诂·释诂第一》

> 釋詁第一

[疏] 釋曰釋解也詁古也古今異言解之使人知也釋言則釋詁之別故爾雅敘篇

云釋詁釋言通古今之字△古與今異言也第次也一數之始也以其作最在先故為第一此篇相承以為周公作但其文有周公後事故先儒共疑焉或曰仲尼子夏所增足也或曰當周公時有之今無者或在散亡之中然則詩書所有非周公所釋乃後人依放故言雅記而為之文故與之同郭氏因即援據以成其義若言胡不承權輿及緇衣之蓆兮此秦康鄭武之詩△在周公之後明矣其義猶今為文採摭故事以為辭耳則此篇所載悉周公時所有何足怪也其諸篇所次舊無明解或以為有親必須宮室宮室既備事資器用今謂不然何則造物之始莫先兩儀而樂器居天地之先豈天地乃樂器所資乎蓋以先作者居前增益者處後作非一時故題次無定例也其篇之名義逐篇具釋此不繁言此書之作以釋六經之言而字別為義無復章句今而作疏亦不分科段所解經文若其易了及郭氏未詳者則闕而不論其稍難解則援引經據及諸家之說以證之郭氏之注多采經記若其通見可曉者則但指篇目而已而或書名僻異義旨隱奧者則具載彼文以袪未寤者耳

初哉首基肇祖元胎俶落權輿始也尚書曰三月哉生魄詩曰令終有俶又曰俶載南畝又曰訪予落止又曰胡不承權輿胚胎未成△亦物之始也其餘皆義之常行者耳此所以釋古今之異言通方俗之殊語○肇音兆俶昌叔切

【疏】初哉至始也○釋曰皆初始之異名也初者說文云從衣從刀裁衣之始也哉者古文作才說文云才草木之初也以聲近借為哉始之哉首者頭也首之始也基者說文云牆始築也肇者說文作肁始開也祖者宗廟之始也元者善之長也長即始義胎者人成形之始也俶者動作之始也落者木葉隕墜之始也權輿者天地之始也天圓而地方因名云此皆造字之本意也及乎詩書雅記所載之言則不必盡取此理但事之初始俱得言焉他皆倣此【注】尚書至殊語○釋曰云尚書曰三月哉生魄者康誥文云詩曰令終有俶者大雅既醉文又曰俶載南畝者周頌載芟文又曰訪予落止者周頌訪落文又曰胡不承權輿者秦風權輿文云胚胎未成亦物之始也者說文云胚婦孕一月也胎婦孕三月也然則尚未成形而為形之始故曰胚胎未成亦物之始物則形也云其餘皆義之常者耳者謂初首基肇祖元也通見詩書故曰義之常行

云此所以釋古今之異言通方俗之殊語者楊雄說方言云△皆古今語也初別國不相往來之言也今或同而舊書雅記故俗語不失其方而後人不知故為之作釋也郭彼注云謂作釋詁釋言是也

三、钱绎《方言笺疏》

（一）教学目标

1. 学习《方言笺疏》中训诂术语的含义。

2. 理解方言词语的地域分布，辨析词义的细微差别。

（二）育人目标

了解方言调查要以实地考察为基准，建立语言研究的科学意识，明确汉语一脉相承的事实，激发对祖国语言的敬仰与热爱。

（三）学习要点

1. 阅读链接：问题解决途径——利用钱绎《方言笺疏》内容帮助理解原文内容。阅读第一手材料，理解古文要以古代权威解释为依据，习惯对古代注疏内容的利用，熟悉古注的体例和方式，掌握注疏知识和内容。

2. 了解《方言》一书的内容及作用，明确《方言》的性质。

3. 了解方言与普通话的关系，古语与今语的关系。

（四）思考题

1.《方言》中解说用语的特定含义是什么？

2.《方言》和《尔雅》作为训诂学著作，其异同点表现在哪里？

3.通过本篇文选的学习，谈谈你在语言研究方面获得了哪些启示？

（五）钱绎《方言笺疏》

娥嬿好也秦曰娥注：言娥娥也宋魏之間謂之嬿注：言嬿嬿也秦晉之間凡好而輕者謂之娥自關而東河濟之間謂之媌注：今關西人亦呼好爲媌或謂之姣注：言姣潔也趙魏燕代之間曰姝注：亦四方通語或謂之妦注：言妦容也自關而西秦晉之故都曰妍注：秦舊都今扶風雍邱也晉舊都今太原晉陽縣也其俗通呼好爲妍好其通語也音義：嬿音盈媌莫交反姣音狡姝昌朱反又音株妦音蜂妍五千反一作忓○案音株上舊本無又字今從戴本補俗本無一作忓三字盧本有之云凡言一作某者疑出於晁公武子止氏案晁讀書志云予傳方言本於蜀中後用國子監刊行本校之多所是正其疑者兩著之据此則爲晁所加無疑矣今亦無攷姑仍其舊箋疏：娥者說文秦晉謂好曰娙娥卷二云美貌謂之娥注云言娥娥也列子楊朱篇鄉有處子之娥姣者史記外戚傳邢夫人號娙娥漢先生郭輔碑娥娥三妃行追太姒古詩十九首娥娥紅粉妝宋玉神女賦其狀裁裁何可極言娥與裁字異義同嬿者廣雅嬿好也廣韻嬿美好貌史記趙世家吳廣女名娃嬴重言之則曰嬴嬴廣雅嬴嬴容也嬴嬿古今字古詩十九首盈盈樓上女李善注盈與嬴古字通自關而西河濟之間謂之媌者史記高帝紀沛公西畧地入關與諸將約先入定關中者王之索隱引韋曜云函谷武關也又三輔舊事云西以散關爲限東以函谷爲界三關之中謂之關中漢書地理志宏農郡宏農故秦函谷關晉書地理志宏農郡漢置宏農本函谷關漢武帝遷於新安今河南陜州靈寶縣是關西謂靈寶及閿鄉以西也說文媌目裏好也列子周穆王篇簡鄭衞之處子娥媌靡曼者張湛注娥媌姣好也姣者說文姣好也廣雅媌姣好也玉篇姣妖媚也荀子非相篇古者桀紂長巨姣美楊倞注姣好也列子楊朱篇云豐屋美服厚味姣色楚辭九歌靈偓褰以姣服史記蘇秦傳後有長姣美人鹽鐵論殊路篇夫醜者自以爲姣故不飾通作佼陳風月出篇佼人憭兮釋文佼字又作姣好也墨子尚賢中篇面目佼好則使之姝者說文姝好也邶風靜女篇彼姝者子宋玉神女賦貌盈盈以莊姝兮說文妦好也引詩靜女其妦人姝

佳好也亦引詩靜女其姝今邶風靜女篇作姝毛傳姝美色也廣雅袾姝好也姝娷
袾古字並通姅者廣雅姅好也卷十三姚娩好也注云謂姅娩也說文娩好也鄭風
丰篇子之丰兮毛傳丰豐滿也釋文方言作姅丰姅亦同注言姅容者玉篇姅容好
貌廣韻丰茸美好也姅容姅娩丰茸皆語之轉耳義並同也自關而西秦晉之故都
曰妍者史記秦本紀德公元年初居雍城大鄭宮徐廣曰今縣在扶風正義引括地
志岐州雍縣南七里故雍城秦德公大鄭宮城也漢書地理志右扶風雍秦德公都
之晉書地理志扶風郡雍縣今陝西鳳翔府鳳翔縣是其處雍縣故城在縣南班固
云雍縣有五畤亦在今縣南雍山在縣西北三十里雍水出焉漢書地理志太原郡
晉陽故唐國周成王滅唐封弟叔虞晉志作太原國晉陽今山西太原府太原縣其
地也縣甕山在縣西南十里一名龍山班固曰晉陽龍山在西北晉水所出東入汾
今山麓有晉祠祀唐叔虞卽水發源處廣雅妍好也玉篇同陸機文賦序妍蚩好惡
可得而言李善注妍蚩亦好惡也說文妍慧也慧與好義相近妍一作忓廣雅忓好
也善也曹憲並音汗玉篇忓善也善與好義亦相近下卷二云媖好也玉篇同又音
午漢切媖與忓聲近義同

四、刘歆《与扬雄书从取方言》

（一）教学目标

1. 了解《与扬雄书从取方言》及其注解的相关知识。

2. 了解《方言》成书的原因。

（二）育人目标

1. 通过对《与扬雄书从取方言》文选的阅读学习，领会语言交流的技巧。

2.感受刘歆搜集各地方言所付出的辛苦。

（三）学习要点

1.查找《与扬雄书从取方言》原文，直译全文。

2.阅读链接：利用《扬雄集校注》内容帮助理解原文内容。阅读第一手材料，理解古文要以古代权威解释为依据，习惯对古代注疏内容的利用，熟悉古注的体例和方式，掌握注疏知识和内容。

（四）思考题

1.文章开头为什么要提田仪和陈征、骆驿犯罪的事情？

2.《方言》是怎样产生的？

（五）刘歆《与扬雄书从取方言》

歆叩頭，昨受詔宓五官郎中。田儀與官婢陳徵、駱驛等私通，盜刷越巾事，卽其夕竟歸府，詔問三代周秦軒車使者、遒人使者呂歲八月巡路，宋代語僮謠歌戲，欲得其最目。因從事郝隆宋之有日，篇中但有其目，無見文者。歆先君數為孝成皇帝言：當使諸儒共集訓詁，《爾雅》所及、《五經》所詁，不合《爾雅》者，詁輶為病，及諸經氏之屬，皆無證驗。博士至呂窮世之博學者，偶有所見，非徒無主而生是也。會成帝未呂為意，先君又不能獨集，至於歆身，修軌不暇，何偟更創？屬聞子雲獨採集先代絕言、異國殊語，呂為十五卷，其所解略多矣，而不知其目。非子雲澹雅之才，沈鬱之思，不能經年銳積呂成此書，良為勤矣。歆雖不遘過庭，亦克識先君雅訓。三代之書，蘊藏於家，直不計耳。今聞此，甚為子雲嘉之已。今聖朝曙心典誥，發精於殊語，欲呂驗玆四方之事，不勞戎馬高車之使，坐知僑俗，適子雲攘意之秋也。不呂是時發倉廩以振贍，殊無為明語，將何獨掣之寶？上呂忠信明於上，下呂置恩於罷朽，所謂知蓄積、善佈施也。蓋蕭何造律、張蒼推厤，皆成之於帷幕，貢之於王門，功列於漢室，名流乎無窮。誠以隆秋之時，收藏不殆，饑春之歲，散之不疑，故至於此。今謹使密人奉手書，願頗與其最目，得使入錄，令聖朝曶明明之典！歆叩頭，叩頭。

五、扬雄《答刘歆书》

（一）教学目标

1. 掌握文中重点字词以及语法现象。

2. 理解《答刘歆书》表达的内容。

3. 激发学生对古汉语学习的兴趣。

4. 了解扬雄在创作《方言》过程中的科学方法与严谨态度。

（二）育人目标

1. 通过文选内容的学习，使学生在了解古人经历的同时，学习古人在为人处世中的各种美好品德。

2. 通过《答刘歆书》的阅读与理解，感受文言文的表达特点，加深对祖国语言文字的认识。

3. 了解《方言》的写作背景和成书过程，深刻认识扬雄在《方言》产生过程中的贡献。

（三）学习要点

1. 查找扬雄《答刘歆书》原文，直译全文。

2.阅读链接：利用《汉魏六朝百家集》内容帮助理解原文内容。

3.通过这篇珍贵的方言学史资料，了解扬雄调查方言的经过。

（四）思考题

1.从扬雄的《答刘歆书》中说明扬雄的语言学思想。

2.在《答刘歆书》的内容中，体现了扬雄怎样的人生态度和处事方法？

3.如何理解《答刘歆书》中"輶轩之使"和"悬诸日月不刊之书也"的含义？

（五）扬雄《答刘歆》

　　雄叩頭，賜命謹至，又告以田儀事，事窮竟白，案顯出，甚厚，甚厚。田儀與雄同鄉里，幼稚為鄰，長艾相愛，視凱動精采，似不為非者。故舉至日，雄之任也。不意淫跡污暴于官朝，令舉者懷報而低眉，任者含聲而冤舌。知人之德，堯猶病諸，雄何慙焉！叩頭，叩頭。

　　又勒以《殊言》十五卷，君何由知之？謹歸誠底里，不敢違信。雄少不師章句，亦于五經之訓所不解。嘗聞先代輶軒之使、奏籍之書，皆藏於周秦之室；及其破也，遺棄無見之者。獨蜀人有嚴君平，臨邛林閭翁孺者，深好訓詁，猶見輶軒之使所奏言。翁孺與雄外家牽連之親，又君平過誤，有以私遇，少而與雄也；君平財有千言耳。翁孺梗概之法畧有。翁孺往數歲死，婦蜀郡掌氏子，無子而去。而雄始能草文，先作《縣邸銘》《王佴頌》《階闥銘》及《成都城四隅銘》。蜀人有楊莊者，為郎，誦之于成帝。成帝好之，以為似相如，雄遂以此得外見。此數者皆都水君嘗見也，故不復奏。雄為郎之歲，自奏少不得學，而心好沈博絕麗之文；願不受三歲之奉，且休脫直事之縣，得肆心廣意，以自克就。有詔可不奪奉，令尚書賜筆墨錢六萬，得觀書于石室。如是後一歲，作《繡補》《靈節》《龍骨》之銘，詩三章。成帝好之，遂得盡意。故天下上計、孝廉及內郡衛卒會者，雄常把三寸弱翰，齎油素四尺，以問其異語，歸即以鉛摘次之于槧，二十七歲于今矣。而語言或交錯相反，方覆論思，詳悉集之，燕其疑。

張伯松不好雄賦頌之文，然亦有以奇之。常為雄道，言其父及其先君熹典訓，屬雄以此篇目，頗示其成者。伯松曰："是縣諸日月不刊之書也。"又言恐雄為《太玄經》，由鼠坻之與牛場也；如其用，則實五稼，飽邦民；否則，為牴糞，棄之于道矣。而雄般之。伯松與雄獨何德慧，而君與雄獨何譖隙，而當匿乎哉！其不勞戎馬高車，令人君坐悼幕之中，知絕遐異俗之語，典流于昆嗣，言列于漢籍，誠雄心所絕極，至精之所想遘也扶。聖朝遠照之明，使君宋此，如君之意，誠雄散之之會也。死之日，則今之榮也。不敢有貳，不敢有愛。少而不以行立于鄉里，長而不以功顯于縣官，著訓于帝籍，但言詞、博覽、翰墨為事。誠欲崇而就之，不可以遺，不可以怠。即君必欲脅之以威，陵之以武，欲令入之于此，此又未定，未可以見。今君又終之，則繼死以從命也。而可且寬假延期，必不敢有愛。雄之所為，得使君輔貢于明朝，則雄無恨，何敢有匿？唯執事圖之。長監于規，繡之，就死以為小，雄敢行之。謹因還使，雄叩頭，叩頭。

六、許慎《说文解字·叙》

（一）教学目标

1. 理解文选的主要内容，掌握文中的重点字词句。

2. 学习并掌握文字学的相关概念。

3. 了解汉字中的文化内涵。

4. 培养学生对汉字的热爱。

（二）育人目标

1.通过《说文解字·叙》的学习，使学生体会汉字的魅力，以此增强民族文化自信。

2.通过对《说文解字·叙》的内容体会，了解汉字的特点及规律。

（三）学习要点

1.查找原文，直译全文。

2.阅读链接：查看《说文解字》的相关内容，从中了解《说文解字》的体例、内容及作用。

3.了解汉字的发展历史及汉字的结构理论。

（四）思考题

1.解释《说文解字·叙》中"叙"的含义。

2.阐述《说文解字·叙》在中国文字学史上的作用和意义。

（五）许慎《说文解字·叙》

古者庖犧氏之王天下也，仰則觀象於天，俯則觀法於地，視鳥獸之文，與地之宜，近取諸身，遠取諸物，於是始作《易》八卦，以垂憲象。及神農氏，結繩為治而統其事，庶業其繁，飾偽萌生。黃帝之史倉頡，見鳥獸蹏远之迹，知分理之可相別異也，初造書契。百工以乂，萬品以察，蓋取諸夬。"夬，揚于王庭。"言文者，宣教明化於王者朝廷，"君子所以施祿及下，居德則忌也。"倉頡之初作書也，蓋依類象形，故謂之文。其後形聲相益，即謂之字。文者，物象之本。字者，言孳乳而浸多也。著於竹帛謂之書。書者，如也。以迄五帝三王之世，改易殊體，封於泰山者，七十有二代，靡有同焉。

《周禮》：八歲入小學，保氏教國子，先以六書。一曰指事。指事者，視而可識，察而可見，上、下是也。二曰象形。象形者，畫成其物，隨體詰詘，日、月是也。三曰形聲。形聲者，以事為名，取譬相成，江、河是也。四曰会意。会意者，比類合誼，以見指撝，武、信是也。五曰轉注。轉注者，建類一首，同意相受，考、老是也。六曰假借。假借者，本無其事，依聲託事，令、長是也。

及宣王太史籀，著大篆十五篇，與古文或異。至孔子書六經，左丘明述春秋傳，皆以古文，厥意可得而說也。其後諸侯力政，不統於王。惡禮樂之害己，而皆去其典籍。分為七國，田疇異畝，車涂異軌，律令異法，衣冠異制，言語異聲，文字異形。

秦始皇帝初兼天下，丞相李斯乃奏同之，罷其不與秦文合者。斯作倉頡篇，中車府令趙高作爰歷篇，太史令胡毋敬作博學篇，皆取史籀大篆，或頗省改，所謂小篆者也。是時，秦燒滅經書，滌除舊典。大發隸卒，興役戍，官獄職務繁。初有隸書，以趣約易，而古文由此絕矣。

自爾秦書有八體：一曰大篆，二曰小篆，三曰刻符，四曰蟲書，五曰摹印，六曰署書，七曰殳書，八曰隸書。漢興有艸書。尉律：學僮十七已上始試。諷籀書九千字乃得為吏。又以八體試之，郡移太史并課。最者以為尚書史。書或不正，輒舉劾之。今雖有尉律，不課，小學不修，莫達其說久矣。

孝宣時，召通倉頡讀者，張敞從受之。涼州刺史杜業、沛人爰禮、講學大夫秦近，亦能言之。孝平時，徵禮等百餘人，令說文字未央廷中，以禮為小學元士。黃門侍郎揚雄采以作訓纂篇。凡倉頡以下十四篇，凡五千三百四十字，羣書所載，略存之矣。

及亡新居攝，使大司空甄豐等校文書之部。自以為應制作，頗改定古文。時有六書：一曰古文，孔子壁中書也。二曰奇字，即古文而異者也。三曰篆書，即小篆，秦始皇帝使下杜人程邈所作也。四曰佐書，即秦隸書。五曰繆篆，所以摹印也。六曰鳥蟲書，所以書幡信也。壁中書者，魯恭王壞孔子宅，而得《禮記》《尚書》《春秋》《論語》《孝經》。又北平侯張倉獻《春秋左氏傳》，郡國亦往往於山川得鼎彝，其銘即前代之古文，皆自相似。雖叵復見遠流，其詳可得略說也。

而世人大共非訾，以為好奇者也，故詭更正文，鄉壁虛造不可知之書，變亂常行，以燿於世。諸生競逐說字，解經誼，稱秦之隸書為倉頡時書，云："父子相傳，何得改易！"。乃猥曰："馬頭人為長，人持十為斗，虫者屈中也。"廷尉說律，至以字斷法："苛人受錢，苛之字止句也。"若此者甚衆，皆不合孔氏古文，謬於史籀。俗儒鄙夫，翫其所習，蔽所希聞。不見通學，未嘗覩字例之條。怪舊埶而善野言，以其所知為秘妙，究洞聖人之微恉。又見《倉頡篇》中"幼子承詔"，因號："古帝之所作也，其辭有神僊之術焉。"其迷誤不諭，豈不悖哉！

《書》曰："予欲觀古人之象。"言必遵修舊文而不穿鑿。孔子曰："吾猶及史之闕文，今亡矣夫！"蓋非其不知而不問。人用己私，是非無正，巧說衺辭，使天下學者疑。蓋文字者，經藝之本，王政之始，前人所以垂後，後人所以識古。故曰："本立而道生"。知天下之至嘖而不可亂也。

今叙篆文，合以古籀。博采通人，至于小大。信而有證，稽譔其說。將以理羣類，解謬誤，曉學者，達神恉。分別部居，不相雜廁。萬物咸覩，靡不兼載。厥誼不昭，爰明以諭。其稱《易》，孟氏；《書》，孔氏；《詩》，毛氏；《禮》《周官》《春秋左氏》《論語》《孝經》，皆古文也。於其所不知，蓋闕如也。

七、许慎《说文解字·一部》

（一）教学目标

1. 了解并熟悉《说文解字》的内容、体例及特点。

2. 通过对《说文解字》内容的研读，感受许慎对汉字研究的贡献。

（二）育人目标

1. 通过文选内容的学习，使学生体会汉字的魅力，增强学生对中华民族文化的认同与自信。

2. 激发学生学习古汉语的兴趣及对祖国语言文字的热爱。

（三）学习要点

1. 查找原文，直译全文。

2. 阅读链接：利用《说文解字注》内容帮助理解原文。阅读段玉裁《说文解字注·一部》的相关内容，并从中了解其解说内容及对理解《说文解字》的作用。

3. 掌握段注的训诂方式和特点。

（四）思考题

1. 分辨"一""元""天""丕""吏""玉""读"七个字的"六书"所属，并分析说明其构形与构意间的关系。

2.将许慎《说文解字》与段玉裁《说文解字注》中关于"天的解释", 分析阐述两者的异同,指出两本书之间的关系。

3.思考《说文解字》与《说文解字注》对古汉语学习的作用。

(五)许慎《说文解字·一部》

一 一 惟初太始,道立於一,造分天地,化成萬物。凡一之屬皆从一。 弌 古文一。

元 元 始也。从一从兀。徐鍇曰:元者,善之長也,故从一。

天 夫 顚也。至高無上,从一大。

丕 丕 大也。从一不聲。

吏 吏 治人者也。从一从史,史亦聲。徐鍇曰:吏之治人心,主於一,故从一。

八、许慎《说文解字·玉部·玉》

(一)教学目标

1.通过《说文解字》对"玉"字义的解释,感受汉字文化的内涵。

2.通过对《说文解字》释义方式及特点的了解,明确汉字形体与意义的统一关系,充分认识汉字的表意性特点。

(二)育人目标

1.通过文选内容的学习,使学生体会汉字的魅力,增强学生对民族文化的认同与自信心。

2.激发学生学习古汉语的兴趣及对祖国语言文字的热爱。

（三）学习要点

1. 查找原文，直译全文。

2. 阅读链接：利用《说文解字注》内容帮助理解原文。阅读段玉裁《说文解字注·玉部·玉》的相关内容，并从中了解段玉裁对"玉"词义内容的解释。

3. 掌握段注的训诂方式和特点。

（四）思考题

1. 翻译《说文解字》对"玉"字的解释，领会汉字的形义关系。

2. 就《说文解字》对"玉"字义的解说，谈谈中国人对"玉"的认识。

（五）许慎《说文解字·玉部·玉》

玉 王 石之美。有五德：潤澤以溫，仁之方也；䚡理自外，可以知中，義之方也；其聲舒揚，專以遠聞，智之方也；不橈而折，勇之方也；銳廉而不技，絜之方也。象三玉之連。｜，其貫也。凡玉之屬皆從玉。陽冰曰："三畫正均如貫玉也。"魚欲切 𤣬 古文玉。

九、段玉裁《说文解字注·一部·天》

（一）教学目标

1. 了解《说文解字》和《说文解字注》的关系。

2.通过对《说文解字注》的研读，了解段玉裁在汉语字词研究方面的贡献。

（二）育人目标

1.通过文选内容的学习，使学生感受汉字的魅力，并对汉字及汉字文化产生兴趣。

2.由许慎的《说文解字》到段玉裁《说文解字注》，使学生了解学术发展的过程，激发对中国传统语言文字学的敬仰与热爱。

（三）学习要点

1.查找原文，直译全文。

2.阅读链接：利用《说文解字注》内容帮助理解许慎《说文解字》的原文。通过阅读段注的相关内容，了解段注在理解《说文解字》内容方面的作用。

3.掌握段注的训诂方式和特点。

（四）思考题

1.通过《说文解字注》对"一""元""天""丕""吏""玉""读"七个字的注释，分别梳理其词义系统。

2.阐述《说文解字注》对《说文解字》研究的成就及在古汉语学习方面的作用。

（五）段玉裁《说文解字注·一部·天》

天：顚也。此以同部曡韵爲訓也。凡"門，聞也""户，護也""尾，微也""髮，拔也"，皆此例。凡言"元，始也""天，顚也""丕，大也""吏，治人者也"，皆於六書爲轉注而微有差别。"元""始"可互言之，"天""顚"不可倒言之。蓋求義則轉移皆是，舉物則定名難假，然其爲訓詁則一也。"顚"者，人之"頂也"，以爲凡高之稱；"始"者，"女之初也"，以爲凡起之稱。然則"天"亦可爲凡顚之稱，臣於君、子於父、妻於夫、民於食，皆曰"天"是也。至高無上，从"一""大"。"至高無上"，是其大無有二也，故从"从'一''大'"。於六書爲会意。凡会意，合二字以成語。如"一""大""人""言""止""戈"皆是。他前切。十二部。

十、段玉裁《说文解字注·言部·读》

（一）学习要求

1. 对比《说文解字》与《说文解字注》对"读"字义的解释，分析其解说方式，从中感受二者的异同。

2. 掌握《说文解字注》的内容、体例及特点。

（二）掌握要求

通过《说文解字注》内容的研读，感受汉字文化，感受古代学术的博大精深，增强学生的文化自信与民族自豪感。

（三）学习要点

1. 查找原文，直译全文。

2. 阅读链接：查看《说文解字》的相关内容，从中了解《说文解字》的内容。

（四）思考题

1. 通过段玉裁《说文解字注》对"读"的解释，理解并说明"读"在古代的意义，感受词义的古今变化。

2. 找出许慎《说文解字》与段玉裁《说文解字注》关于"言"的解释，分析阐述两者的异同，说明两部书之间的关系。

（五）段玉裁《说文解字注·言部·读》

讀：籀書也。籀，各本作誦，此淺人改也，今正。《竹部》曰：籀，讀書也。讀與籀疊韵而互訓。《邶風傳》曰：讀，抽也。《方言》曰：抽，讀也。葢"籀""抽"古通用。《史記》：紬《史記》石室金匱之書。字亦作紬。抽繹其義薀，至於無窮，是之謂讀。故卜筮之辭曰籀，謂抽繹易義而爲之也。尉律：學僮十七巳上始試，諷籀書九千字，乃得爲吏。諷謂背其文，籀謂能繹其義。大史公作《史記》，曰：余讀高祖侯功臣，曰大史公讀列封至便侯，曰大史公讀秦楚之際，曰余讀諜記，曰大史公讀《春秋》曆譜諜，曰大史公讀秦記，皆謂紬繹其事以作表也。漢儒注經，斷其章句爲讀。如《周禮》注鄭司農讀火絶之，《儀禮》注舊讀昆弟在下，舊讀合大夫之妾爲君之庶子，女子子嫁者未嫁者是也。擬其音曰讀，凡言讀如、讀若皆是也。易其字以釋其義曰讀，凡言讀爲、讀曰，當皆是也。人所誦習曰讀，如《禮記》注云周田觀文王之德，博士讀爲厥亂勸寧王之德是也。諷誦亦爲讀，如禮言讀賵、讀書，《左傳》公讀其書皆是也。諷誦亦可云讀，而讀之義不止於諷誦。諷誦止得其文辭，讀乃得其義薀。自以誦書改籀書而讀書者尟矣。《孟子》云："誦其詩，讀其書。"則互文見義也。从言賣聲。徒谷切。三部。

十一、王先谦《释名疏证补·释言语》

（一）教学目标

1. 感受词与词之间的语源关系。

2. 认识训诂学在学习和掌握词义中的作用。

3. 掌握声训的训诂方式和特点，理解"因声求义"的内涵。

（二）育人目标

1. 通过本篇文选内容的学习，使学生了解《释名》是"声训"方法的集大成者，明确其所训释的对象不仅侧重于文献语言，更侧重日常名物事类，故其所释名物涉及社会生活方方面面，从天文、地理到人事、习俗都有所反映，进而感受语言与生活的关系。

2. 通过《释名·释言语》内容的学习，激发学生对祖国语言文字——汉语汉字的热爱之情。

（三）学习要点

1. 查找原文，直译全文。

2. 阅读链接：问题解决途径——利用《释名疏证补》的内容帮助理解原文内容。

3. 词汇：积累常见的文言文词语，并能追根溯源，通过把握词与词之间的语源关系从而更好地理解词的含义。

（四）思考题

1. 训诂的含义是什么？

2. 说说你对汉语特点及其规律的把握。

3.《释名·释言语》对我们学习生活中了解汉语有何帮助？

（五）王先谦《释名疏证补·释言语》

道導也所以通導萬物也葉德炯曰淮南繆稱訓道者物之所導也

德得也得事宜也畢沅曰德說文作惪云外得於人內得於己也从直从心然則今通作德別也
王啟原曰禮樂記德者得也賈子新書道術施行得理謂之德

文者畢沅曰當云文彣也會集眾采以成錦繡會集眾字以成詞誼畢沅曰誼本皆作義
乃威義字也說文義己之威義也從我從羊鄭注周禮肆師云故書儀爲義鄭司農云義讀爲儀古者書儀但
爲義今時所謂義爲誼然則此當作誼如文繡然也

武舞也征伐動行如物鼓舞也故樂記曰發揚蹈厲太公之志也畢沅曰樂記鄭注
發揚蹈厲所以象威武時也

仁忍也好生惡殺畢沅曰說文引商書無有作敢然則此好當作敢俗通用好字無別矣善含忍
也畢沅曰廣韻引作善惡含忍也一切經音義引作善惡含忍之也御覽引曰仁忍也性惡殺好善含忍之也

誼畢沅曰本皆作義辯說見上宜也裁制事物使合宜也畢沅曰說文誼人所宜也從言宜宜
亦聲案春秋繁露仁義法篇曰春秋之所治人與我也所以治人與我者仁與義也以仁安人以義正我故仁
之爲言人也義之爲言我也言名以別矣據董子所言義從我我亦聲漢人說字亦有異同義字不必定非但
此訓宜自與說文合漢書凡義字多作誼故今定作誼

禮體也得事體也畢沅曰廣韻引作得其事體也御覽引作言得之體也又禮記禮器曰禮也
者猶體也體不備君子謂之不成人設之不當猶不備也得事體乃所謂當乃所謂備也

智畢沅曰說文𣉻從白亐知今省作智知也無所不知也

信申也言以相申束使不相違也畢沅曰御覽引無言以二字皮錫瑞曰儀禮士相見禮注
古文伸作信毂梁范甯解云信申字古今所共用

孝好也愛好父母畢沅曰說文從心先聲俗皆作愛別如所說好也畢沅曰爾雅善父母爲孝

孝經說曰孝畜也畜養也畢沅曰禮記祭統曰孝者畜也順於道不逆於倫是之謂畜此所引孝經說

蓋孝經緯援神契之文曰庶人孝曰畜畜者含畜爲義庶人含情受樸躬耕力作以畜其德則其親獲安故曰

畜也

　　慈字也字愛物也王先慎曰說文慈愛也字乳也愛也徐鍇云左傳大不字小字愛也

　　友有也相保有也王先慎曰荀子大略篇友者所以相有也楊注友與有同義白虎通三綱六紀

篇友者有也左傳季友鹽鐵論殊路篇引作季有論語學而顏淵釋文並云有本作友二字義同故通用公羊

定四年傳朋友相衞相衞卽相保也

　　恭拱也自拱持也亦言供給事人也畢沅曰御覽引作亦言供給事人恭謽也案說文龏給

也後人皆作供不作龏或以龏代恭字用

　　悌弟也畢沅曰說文無悌字古通用弟古孝經有悳字見汗簡

　　敬謽也恒自肅謽也王先慎曰毛詩大雅旣敬旣戒鄭注周禮夏官序用韓詩作旣儆旣戒微卽謽

字見一切經音義難鳴序夙夜謽戒釋文謽本作敬是敬謽二字古通用常武箋云敬之言謽也說文敬肅也

　　慢漫也畢沅曰說文無漫字當借用曼漫漫心無所限忌也蘇輿曰詩蕩傳滔漫也釋文本又

作慢慢漫同漫漫爲無涯際之皃見文選甘泉賦注故云心無所限忌

　　通洞也無所不貫洞也葉德炯曰淮南原道訓與天地鴻洞高注洞通也王充論衡超奇上通下

達故曰洞歷

　　達徹也葉德炯曰說文通達也漢書高帝紀通侯諸將注引應劭云通亦徹也此因達有通訓故又

以徹訓達

　　敏閔也進斂無否滯之言也故汝潁言敏如閔也畢沅曰如本皆作曰從段校本改蘇

輿曰說文敏疾也卽無否滯之義又禮中庸注云敏勉也凡事勉則疾速無滯義相成書君奭偁孔傳閔勉也

是敏閔同有勉意閔又同罠罠勉連文罠亦勉也進斂當作進取進取亦罠勉之意取斂形近而譌先謙曰吳

校斂作取

　　篤畢沅曰篤古作竺築也築堅實稱也蘇輿曰釋詁篤厚也厚則堅實義相成說文築擣也凡擣

築務堅實故云

　　厚畢沅曰古作垕後也有終後也先謙曰俗薄則罔終惟厚者能有終後也故靑徐人言厚

如後也畢沅曰如本皆作曰亦從段校本改王啟原曰禮記檀弓有後木注謂魯孝公子惠伯之後據世

本則惠伯名鞏字厚左傳之厚成叔其後也禮記作後左氏或又作邱字皆假借字經典多假後爲後故厚後

音訓相通

薄迫也單薄相偪迫也畢沅曰偪從人畐聲俗書從辵非先謙曰輕少之薄與偪近之薄本二義此通爲一

懿優也言奧優也畢沅曰胡本作優奧蘇輿曰小爾雅廣詁懿深也詩七月毛傳懿筐深筐也孔疏懿者深邃之言此以奧優釋懿蓋取深邃之義本書釋天陰蔭也氣在內奧蔭也奧蔭即深邃之旨說文優彷彿也禮祭義釋文優音愛微見兒正義優獘靅見也爾雅釋言薆隱也優薆字同垃與深邃義合

良量也葉德炯曰海內北經大封國有文馬名曰吉量注量一作良是良量字通量力而動不敢越限也先謙曰賈子道術篇安柔不苛謂之良與此義近

言宣也宣彼此之意也先謙曰大戴記四代篇發志爲言說文直言曰言論難曰語宣達彼此之意是直言也

語斂也斂己所欲說也畢沅曰藝文類聚引同御覽引作斂己所說述也

說述也宣述人意也畢沅曰今本作序述之也據廣韻御覽引改

序抒也抒抒其實也畢沅曰今本抒作杼抒作拽從段校本改蘇輿曰序與斂同本書釋典蓺斂抒也抒洩其實宣見之也抒抒猶抒洩

抌泄也發泄出之也也先謙曰此以世聲之字通訓荀子非相篇牽引則用抌說文抌捈也捈臥引也發泄出之办引而伸之之意故抌泄義可相通一切經音義甘五引廣雅云泄發也文選魏都賦注泄猶出也

發撥也撥使開也葉德炯曰說文茇下云春艸根枯引之而發土爲撥此義所本體曲禮衣毋撥鄭注發揚也與此轉注又發撥古字本通詩長發元王桓撥釋文引韓詩作元王桓發

撥播也播使移散也畢沅曰移古作迻先謙曰吳校作亦言播也播使移散也合上爲一條

導陶也陶演己意也蘇輿曰史記司馬相如傳正義導導引也本書釋姿容引演也下文演訓延延亦引也是導演同義文選七發注引韓詩章句云陶暢也暢與引義相屬陶演己意猶云暢引己意

演延也言蔓延而廣也葉德炯曰說文演長流也延長行也二字同一義訓

頌容也畢沅曰古者兒之容亦作頌史記樂書物之頌也漢書儒林傳魯徐生善爲頌又頌禮甚嚴後人乃以容盛之容爲儀容不能變矣斂說其成功之形容也畢沅曰詩斂曰頌者美盛德之形容以其成功告於神明者也

讚畢沅曰此說文所無古者讚美之贊不从言漢書紀傳之贊可證諸本加言傍者蓋讚字之誤此實

當作讀讀與錄聲相近也葉德炯曰畢說非也贊古音近醍周禮酒正注如今鄭白矣釋文鄭亦作醍是也錄

古音近角禮記喪大記注綠當爲角聲之誤也是也贊錄雙聲故取以爲訓錄也省錄之也

　　銘畢沅曰說文無銘字鄭康成注儀禮士喪禮曰今文銘爲名又注周禮小祝云銘今或作名然則

銘乃古文名也名也記名其功也畢沅曰周禮司勳云凡有功者銘書於王之大常禮記祭統銘者自名

也自名以稱揚其先祖之美而明著之後世者也葉德炯曰此鐘鼎銘之銘左襄公十九年傳作林鐘而銘魯

功焉是也與典藝篇之銘別

　　勒刻也刻識之也葉德炯曰禮月今物勒工名鄭注勒刻也書序疏引易通卦驗鄭注刻謂刻后

而記識之也

　　紀記也記識之也葉德炯曰紀記二字古通廣雅釋詁二均訓識也此與後釋經典記也紀紀誌

之也爲轉注

　　識幟也畢沅曰幟乃說文新附字非古也詩小雅云織文鳥章箋云織徽織也然則古通用織昌試

反有章幟可按視也蘇輿曰史記高祖紀索隱幟或作識或作志是識幟字同幟之本義爲旌旗之屬軍

事以旌旗爲幖識也史記索隱又引字詁云幟幖也引申爲凡有幖記者之稱

　　視是也察其是非也畢沅曰此重出已見釋姿容惟少一其字王先慎曰古視示二字通用此視

蓋即示字說文示天垂象見吉凶所以示人也吉凶既著是非自明則示有明察是非之義與釋姿容視是也

察是非也說同義別後人示皆改視並此作示之本字亦誤改之畢云重出疑非先謙曰視是也吳校作亦言

是也合上爲一條

　　是嗜也人嗜樂之也蘇輿曰顏氏家訓音辭篇南人呼是爲砥此訓是嗜音亦近砥

　　非排也人所惡排去也葉德炯曰說文非違也排擠也而淮南脩務訓立是廢非注非惡也又而

非學者多注非者不善之詞均足與此相發明

　　基據也在下物所依據也葉德炯曰詩南山有臺傳基本也說文基牆始也本與牆均從下至

上故此云物所依據

　　業捷也事捷乃有功業也蘇輿曰論語敏則有功何晏集解引孔氏云應事疾則多成功與此

義合

　　事傳也傳立也凡所立之功也故青徐人言立曰傳也畢沅曰傳字本皆作偉誤周禮

天官太宰六曰事典以富邦國以任百官注任猶傳也陸德明云傳側吏反猶立也疏云東齊人物立地中爲

傳案史記張耳傳莫敢傳刃公之腹中正義云東方人以物臿地中爲傳皆與此云青徐人言立合故定爲傳

字王啟原曰按禮記仲尼燕居雖在畎畎之中事之聖人已注事之謂立置於位也郊特牲信事人也注事猶

立也此二事皆借義以事爲之漢書蒯通傳不敢事刃公之腹者注李奇曰東方人以物臿地中爲事亦祇作

事後漢書張衡傳思玄賦丁厥子而傳刃則作借蓋事有數義後人別制借字皮錫瑞曰考工記輸入鄭司農

注泰山平原所樹立物曰菑聲如截管子輕重篇春有以劃耕又借載十萬是事借制菑聲近義同管子齊人

泰山平原齊地正與青徐言合

　　功攻也攻治之乃成也王啟原曰周齊侯鎛鐘銘肇敏於戎攻此義當爲功而作攻秦嶧山刻石

功戰曰作此義當爲功而作功功二字通

　　取趣也蘇輿曰莊子齊物論趣舍不同釋文本或作取趣取字同事之有可取者人爭趣之故訓

取爲趣趣與趨同先謙曰吳校云下脫舍一條

　　名明也畢沅曰莊子釋文引作鳴也先謙曰荀子正名篇制名以指實上以明貴賤下以辨同異是

名訓爲明之義也作鳴亦通繁露深察名號篇鳴而命施謂之名名之爲言鳴與命也據下文作明爲是名

實使分明也王啟原曰呂本名實下有事字

　　號呼也葉德炯曰越語韋昭注號呼也以其善惡呼名之也葉德炯曰白虎通號篇號者功之

表也所以表功明德號令臣下者也

　　善演也演盡物理也先謙曰善演疊韻左曰昭二年傳孔疏演謂其辭以演說之文選西都

賦注引蒼頡篇演引也其言引伸物理莫不曲盡斯爲善矣

　　惡抌也抌困物也葉德炯曰說文亞醜也象人局背之形與困抌義近惡從亞得聲故有此義也

　　好巧也蘇輿曰月令鄭注淫巧謂奢偽怪好也以怪好釋巧與此轉注如巧者之造物無不皆

善人好之也先謙曰說文巧技也專主造物者言

　　醜臭也如物臭穢也畢沅曰今本脫物字據廣韻引增穢當作薉從艸歲聲俗作禾傍著歲非

　　遲積也不進之言也先謙曰說文遲徐行也易繫辭下傳虞注隤安也

　　疾戚也有所越戚也葉德炯曰說文越度也戚斷也此云越戚蓋疾行居人之先也

　　緩浣也斷也持之不急則動搖浣斷自放縱也孫詒讓曰莊子天下篇云椎拍輐斷與物

宛轉又云而不免於魭斷郭注云魭斷無圭角也史記陸賈傳集解引孟康云刓刓斷無復廉鍔也浣斷與輐

斷魭斷刓斷並聲近字通

　　急及也畢沅曰公羊隱元年傳及猶汲汲也則及亦有急意王啟原曰說文彶急行也从彳及聲毛

詩新臺序公子伋卽春秋傳之急子說文急从心及聲是从及者多有急義故急得爲及操切之使相逮

及也畢沅曰初學記御覽引操切上皆有言字

　　巧攷也畢沅曰攷今通作考假借字也據義當爲攷攷合異類共成一體也畢沅曰異漢魏叢
書本作意非王啟原曰巧攷古通書金縢予仁若考史記魯周公世家考作巧是其證周禮冬官述百工之事
謂之考工記亦取攷合眾類之義

　　拙屈也使物否屈不爲用也畢沅曰屈當作詘蘇輿曰墨子貴義篇不利於人謂之拙案物否
屈不爲用卽不利於人

　　燥焦也畢沅曰焦本皆作燋俗蘇輿曰廣雅釋詁燥乾也乾亦焦也春秋繁露循天之道篇爲熱則
焦沙爛石亦燥爲焦之義

　　淫涅也畢沅曰說文涅淫也

　　疆壨也王先慎曰疆強之本字也說文疆弓有力也強疆之借字也說文強蚚也此爾雅釋蟲所云
強醜捋也壨說文界也从田三其界畫也此別一義而其字實相通用說文強籀文从蚰从疆左襄二十四年
傳蓬啟疆楚語文作蓬啟疆詩萬壽無疆白石神君頌作萬壽無壨蓋古強弱字只用彊疆界字則用壨自隸
俗行而彊壨之本字俱廢矣先謙曰吳校壨作僵

　　弱蚰也又言委也畢沅本多脫又字今從胡本蘇輿曰廣雅釋言蚰縮也本書辱蚰也言折蚰
也折蚰卽縮蚰娃與弱義合說文委隨也楚詞哀時命歙愁悴而委惰兮委隨委惰娃弱意

　　能該也無物不兼該也葉德炯曰說文能熊屬足似鹿从肉㠯聲能獸堅中故稱賢能而彊壯稱
能傑也按賢能傑故能兼該此本義也能古音同台與該壨韻

　　否鄙也畢沅曰尚書堯典否德忝帝位史記作鄙德忝帝位論語予所否者論衡引作予所鄙者然
則否與鄙者義同

　　鄙劣不能有所堪成也

　　躁燥也物燥乃動而飛揚也畢沅曰一切經音義再引一引作言物燥卽動而飛揚也一引作
如物燥則飛揚也

　　靜整也王先慎曰說文整從正正亦聲故整有正義禮月令注整正列也莊子人間世正則靜史記
老子列傳清靜自正故靜訓爲整

　　逆畢沅曰說文逆迎也从辵屰聲屰不順也从屮下凵屰之也當此作屰而俗通作逆遻不從
其理先謙曰吳校作言不從其理則生殿遻不順也畢沅曰三遻字亦別當作㖧說文㖧从叩屰屰亦聲
然則㖧有屰意且得屰聲史記趙良曰千人之諾諾不如一士之諤諤謂逆耳之言也亦當作㖧先謙曰殿遻

二字又見本書釋姿容釋宮室篇亦作殿鄂鄂遷字同

順循也循其理也畢沅曰說文順理也王啟原曰說文循行順也廣雅順也三文義同皮錫瑞曰儀禮大射儀順左右隈注今文順爲循月令順彼遠方呂氏春秋順作循

清青也葉德炯曰清青古通白虎通八風清明者青芒也呂覽序意青拜水經注六引作清泭去濁遠穢色如青也葉德炯曰說文瀓水之皃按水瀓則色青也

濁瀆也汁滓演瀆也畢沅曰瀆亦黷字之別王啟原曰瀆卽川瀆之瀆海瀆俱以承流惡濁爲義前云海晦也主承穢濁風俗通云尚書大傳禮三正記江河淮濟爲四瀆瀆者通也所以通中國垢濁民陸居殖五穀也白虎通云四瀆瀆者濁也中過垢濁發源東注海其功著大故稱瀆也由此言之溝瀆亦以納濁而名之故濁轉訓瀆也

貴歸也物所歸仰也汝潁言貴聲如歸往之歸也葉德炯曰歸貴古聲同論語先進詠而歸鄭注本作詠而饋是也以西域字母求之貴歸同出見字紐見爲牙音之全清等成國書在神珙以前而汝潁之聲豫合如此則字母者乃中士之正聲也

賤踐也卑下見踐履也蘇輿曰廣雅釋言賤卑也案人居卑下爲人指使猶地居卑下爲人踐履此以譬況成義者

榮猶熒也熒熒照明貌也畢沅曰一切經音義引作榮猶熒熒然照明之貌言其光潤者也又引作榮猶熒熒然照明之貌也

辱衄也言折衄也先謙曰說文衄鼻出血也引伸爲凡挫傷之稱文選吳都賦注衄折傷也奏彈曹景宗注衄折挫也辱人者挫傷之亦謂之折辱史記項羽紀輕折辱秦吏卒是也故辱言折衄矣

禍毀也言毀滅也先謙曰禍之爲毀其義自明或以二字聲不近爲疑案詩汝墳釋文齊人謂火曰燬釋言孫炎注方言有輕重故謂火爲燬也案毀燬聲同火禍聲同火燬禍毀齊人並以爲聲近字故取以爲訓成國用其鄉音也

福富也畢沅曰禮記郊特牲富也者福也其中多品如富者也畢沅曰禮記祭統福者備也多品故云備也皮錫瑞曰說文苑引河間獻王曰五福以富爲首是今文尚書作九五福一曰富也王引之說尚書惟詫于富當作惟詫于福則富可假借爲福

進引也引而前也畢沅曰前漢魏叢書本作進非先謙曰詩常武箋進前也說文丨上下通也引而上行讀若囟引而下行讀若退徐鍇云中從丨引而上行音進案非特音同義亦與此文相發

退墜也畢沅曰禮記檀弓退人若將隊諸淵隊本字俗加土

　　贏累也恆累于人也畢沅曰累本作纍从系畾聲俗省畾爲田失其聲矣皮錫瑞曰易大壯羸其

角釋文鄭虞作纍古纍羸通禮玉藻喪容纍纍注羸憊貌也

　　健建也能有所建爲也先謙曰秦策章昭注健者強也廣雅釋詁建立也立功立事皆謂之立見

後漢周章傳注古人強而仕謂年力有爲也

　　哀愛也愛乃思念之也皮錫瑞曰呂氏春秋報更篇人主胡可以不務哀士高誘注哀愛也詩序

哀 窕哀字亦當訓愛

　　樂畢沅曰勒各反樂畢沅曰五敎反下同也使人好樂之也葉德炯曰樂字古有二音一讀如禮

樂之樂此正音也引申之則爲喜樂之樂一讀如樂山樂水之樂此變言也凡音之轉變皆以音之疾徐輕重

爲之後世四聲之法蓋卽昉此詩溱洧樂與謔藥均揚之水樂與襫沃均晨風樂與櫟駮均此讀如喜樂之樂

也關雎鐘鼓樂之與左右芼之均南有嘉魚嘉賓式燕以樂與烝然罩罩均韓侯莫如韓樂與靡國不到均正

月樂與詔炤慘虐均抑抑威儀樂與慘蔎敎虐均此讀如樂山樂水之樂也此二字亦當析爲二音證之於詩

知均書相承樂一讀五敎反者皆本周秦均矣

　　委萎也萎蕤就之也葉德炯曰說文委隨也周語四曰蕤賓章昭注蕤委蕤柔兒也淮南天文訓

音此蕤賓高誘注蕤賓五月也陰氣委蕤在下似人主委蕤猶萎蕤

　　曲局也相近局也王啟原曰詩正月不敢不局傳局曲也方言五所以行棊謂之局或謂之曲詩

采綠與髪曲局曲局連文義同先謙曰陶靖節詩雙難招近局近局二字本此案局卽近也文選魏文帝與吳

質書塗路雖局官守有限李注爾雅曰局近蓋小爾雅文局訓近曲亦訓近故成國以局釋曲靖節遊斜川詩

序云與二三鄰曲同遊斜川又詩云鄰曲時時來鄰曲若今言鄰近矣

　　蹤畢沅曰足傍箸從亦俗字說文蹝車迹也當作蹝從也人形從之也蘇輿曰詩羔羊傳委蛇行

可從迹也釋文從字又作蹤漢書張湯傳上問變事從迹安起顏注從讀曰蹤是蹤從字同人行形隨則有蹤

可見公羊隱八年傳何注從隨行也

　　跡積也積累而前也畢沅曰說文無跡字當作迹蘇輿曰說文迹步處也从辵亦聲或从足責字

作蹟積說文聚也从衣責聲是蹟積竝从責得聲荀子勸學篇故不積頤步無以至千里卽此積累而前之意

　　扶傅也傅近之也蘇輿曰傅與附同漢書天文志注引晉灼云扶附也方言扶護也下云將救護

之也亦從扶聲近之字取義

　　將畢沅曰案說文戕訓扶此當作戕俗通作將救護之也蘇輿曰詩樛木福履將之鄭箋將猶扶助

也廣雅釋言將扶也荀子成相篇吏請將之楊注將持也扶助扶持竝與救護義近但以本書例之將下疑有

奪文

縛薄也使相薄著也畢沅曰著當作箸蘇輿曰說文縛束也从系尃聲本書薄迫也單薄相偪迫也相偪迫迫卽束縛之義易說卦釋文引陸注云薄相附薄也薄著猶云附著

束促也相促近也先謙曰說文促迫也迫近也廣雅釋詁促近也是促近義通束縛則見迫於人故束訓爲促晉司馬彪詩侷傄見迫束束猶束促也唐韓愈詩豈必局束爲人鞿局之言近局束猶促近也

覆孚也如孚甲之在物外也葉德炯曰釋器罦覆車也此亦覆有孚義之證蘇輿曰周語韋昭注孚覆也與此轉注詩大田箋方謂孚甲始生孔疏孚者米外之粟皮甲者以在米外若鎧甲之在人表案荂爲葭裹白皮見漢書中山王勝傳注桴爲木表麤皮覘詩角箋孚與荂桴同聲字迱爲在物外之稱覆者覆物之具物在覆內則覆在物外故以孚釋之

蓋加也加物上也蘇輿曰本書釋車蓋在上覆蓋人也蓋有覆義故訓爲加說文蓋覆也此承上爲義

威畏也可畏懼也葉德炯曰詩巧言昊天已威毛傳威畏也又賈子容經有威可畏謂之威

嚴儼也葉德炯曰嚴儼二字古通書無逸嚴恭寅畏釋文引馬融作儼儼然人憚之也葉德炯曰論語堯曰篇儼然人望而畏之

政正也下所取正也畢沅曰御覽引政下有者字所下有以字先謙曰說文政正也論語爲政皇疏政謂法制也周禮夏官序官注政所以正不正者也

教效也下所法效也畢沅曰說文教上所敀下所效也諸本效作傚別

侍時也尊者不言常於時供所當進者也蘇輿曰論語先進皇疏卑者侍尊者之側曰侍廣雅釋言時伺也與論語孔子時其亡也之時義同卑侍尊側尃爲伺候先意承志相諭無言如曲禮所云視於無聲聽於無形內則所云若飲食之雖不欲必嘗而侍加之衣服雖不欲必服而待之類是其事也時有伺義故侍可訓時侍時迱從寺聲成國依聲爲訓故云然

御語也尊者將有所欲先語之也亦言其職卑下畢沅曰今本脫其字下字據一切經音義引增尊者所勒御如御牛馬然也蘇輿曰天官序官注云御猶進也侍也春秋桓公十四年鄭伯使其弟語來聘穀梁語作禦禦御同是御語字通也說文御使馬也从彳从卸與後說同

雅畢沅曰說文隹部云雅楚烏也其疋部解疋字有云古文以爲詩大疋字然則此當作疋雒也爲之難人將爲之雒雒然憚之也畢沅曰雒與疋音不相近蓋誤也疑當作雅葉德炯曰畢改雒爲雅是雅雅卽啞啞淮南原道訓鳥之啞啞蓋鳥聲也說文雅楚烏也今南楚之間俗以閒雅聲爲事不成蓋本古諺

俗欲也俗人所欲也王啟原日孝經移風易俗正義引韋昭云隨其趨舍之情欲故謂之俗後漢書班彪傳注隨君上之情欲謂之俗

艱根也如物根也畢沅日尚書咨縣謨秦庶艱食釋文艱馬本作根云根生之食謂百穀

難憚也人所忌憚也先謙日說文憚忌難也一日難也廣雅釋詁憚難也轉相訓

吉實也有善實也先謙日吉實疊韻爲訓文選東京賦薛注吉福也太祝三曰吉祝先鄭注吉祝祈福祥也爲善得吉是有善實故訓吉爲實古稱積善餘慶作善降祥卽此義也因善必獲吉故吉善又互相訓說文吉善也善吉也

凶空也就空亡也王啟原日說文兇惡也象地穿交陷其中也墨子七患篇三穀不收謂之兇是兇歲亦取空亡之義

停定也定於所在也畢沅日停爲亭字之俗說文亭民所安定也此亭館之亭有亭止之義卽以爲亭止字不當有人傍

起啟也啟一舉體也吳翊寅日吳校作啟舉一體也案爾雅啟跪也李巡注小跪也詩不遑啟處毛傳與雅訓同論語啟予手啟予足說文作跽無舉一體之訓從原本作一舉體與小跪義合

翱敖也言敖遊也先謙日淮南覽冥訓高注翼一上一下曰翱此翱敖疊韻爲訓說文敖出遊也廣雅釋訓翱翔浮游也

翔佯也言仿佯也畢沅日說文無佯字莊子山木篇孔子徐行翔佯而歸後漢書東平憲王蒼傳消搖仿佯亦與此同案左氏十七年傳如魚竄尾衡流而方羊作方羊爲古毛詩載驅傳云翱翔猶彷徉也又從彳皆後來字譌變

出推也推而前也先謙日凡物之出若有推而前進者故以推訓出廣韻出在六術推在六脂段氏音韻表同在十五部蓋古讀出若吹與推音叶吹出雙聲詩雨無正以出韻瘁後人故有尺偽一切也

入內也內使還也畢沅日內本皆作納案說文入內也內入也從冂自外而入也其系部云納絲溼納納也然則納乃別是一義此當作內

候護也司護諸事也畢沅日司息吏反蘇輿日說文候伺望也廣雅釋詁候覗也卽司護意畢讀是

望惆也視遠惆惆也畢沅日心傍箸罔亦俗字案釋姿容篇有云望茫也遠視茫茫也義與此同亦以守望爲義與候對文

狡交也與物交錯也王啟原日狡當作佼說文佼交也內

　　夬決也畢沅曰周易有夬卦象傳曰夬決也有所破壞決裂之於終始也畢沅曰案下四字不可曉疑誤下文言始則對文當言終其訓釋不可致矣

　　始息也言滋息也先謙曰漢書宣紀注息謂生長也律歷志陽氣伏於地下始著爲一萬物萌動有生長之義故以息訓始段氏音韻表始息同在弟一部

　　消削也言減削也蘇輿曰消削俱从肖聲易剝釋文削本作消消削同廣雅釋詁削減也

　　息塞也言物滋息塞滿也畢沅曰今本無言物滋息四字據一切經音義引增吳翊寅曰滋息乃始下之訓畢依一切經音義引蓋併二義爲一非本書舊文先謙曰段氏音韻表息塞同在弟一部

　　姦奸也言奸正法也葉德炯曰說文姦私也从三女奸犯淫也从女干聲字異而義相通假

　　宄僥也僥易常正也蘇輿曰說文宄姦也外爲盜內爲宄从宀九聲讀若軌此與姦相承爲義僥與詭同僥宄疊韻

　　誰推也畢沅曰推舊本皆作相誤案史記淮陰侯傳始爲布衣時貧無行不得推擇爲吏正與此合今改正有推擇言不能一也畢沅曰莊子天運篇子生五月而能言不至乎孩而始誰郭象注誰者別人之意也案別人卽與此擇之義同葉德炯曰左昭十三年傳請待於郊以聽國人楚世家注引服虔云聽國人欲爲誰此誰字正作推訓言聽國人之推擇也

　　往旺也歸往於彼也故其言之卬頭以指遠也畢沅曰今本卬上有於字據下條義刪葉德炯曰旺本書兩見前釋親屬王旺也家中所歸旺也案說文旺美也釋詁旺旺光美也與此義不相近惟詩泮水烝烝皇皇箋云皇皇當作旺旺旺旺猶往往也是漢時旺一作往訓

　　來哀也使來入己哀之故其言之低頭以招之也畢沅曰哀似當爲依亦讀鳥皆反蘇輿曰此哀字與悲哀義別當訓爲依哀依字通義亦同不必改字爲依說文哀从口衣聲心部引孝經哭不哀作哭不偯云从心依聲日本古文孝經哀又作偯則知哀偯本通故悲哀之哀亦可作依說文依倚也此云使來入己哀之猶言使來入己依之耳

　　麤錯也相遠之言也蘇輿曰荀子正名篇楊注麤疏略也下訓疏爲獲索相遠卽此義細畢沅曰本皆作納誤也此篇皆兩兩反對之對當作細弲也弲弲兩致之言也王先慎曰本書釋弝弓末謂之弲以骨爲之滑弲弲也則弲弲是光滑之義致同緻詩斯干箋堅致彼都人士箋密致釋文並云致本作緻禮聘義注緻致也釋文同今俗言細緻卽其義兩無義蓋譌字

　　疏索也獲索相遠也蘇輿曰廣雅釋詁疏遠也疏索一聲之轉獲索未詳蓋其時方語禮檀弓吾離羣而索居注索猶散也淮南俶真訓高注疏躍布散也皆相遠之義

密蜜也如蜜所塗無不滿也先謙曰密字經典有數義此則密比之謂也故云如蜜塗皆滿

甘含也人所含也蘇輿曰本書釋飲食含合也合口亭之也說文甘美也从口含一淮南覽冥訓高注甘猶耆也物之甘美者人所耆推之於事亦然甘含疊韻

苦吐也人所吐也蘇輿曰說文苦大苦苓也因之凡物之苦者皆謂之苦又引伸爲厭苦之義一切經音義十一引倉頡云吐棄也苦吐疊韻

安晏也晏晏然和喜無動懼也皮錫瑞曰尚書文思安安今文尚書作文塞晏晏春秋傳安孺子亦作晏孺子

危阢也阢阢不固之言也蘇輿曰阢與扤同書秦誓偈孔傳扤陧不安言危也

成盛也先謙曰成盛聲義互通見於經典者甚多故成訓爲盛

敗潰也蘇輿曰說文潰訓漏誼微別此說文之殨歺部云殨爛也是部云退敠也敠爛義近故可互訓後世言軍事不勝曰敗潰二字亦爲恒言通誼矣

亂渾也蘇輿曰說文渾溷流聲也溷亂也二字義本相因素問三部九候論王注渾渾亂也與此互訓

治值也物皆值其所也蘇輿曰值當也言物皆當其所漢書韓安國傳公等足與治乎顏注治謂當敵也今人猶云對治然則治有當義故訓值治值疊韻凡事治則條理秩然物皆得所矣

煩繁也物繁則相雜撓也王先慎曰大戴少間篇列五王之德煩煩如繁諸乎注煩眾也如繁者言如萬物之繁蕪也煩繁義相因一切經音義十四引字林撓擾也

省瘦也矐瘦約少之言也畢沅曰今本作省耆也矐齒約少之言也案御覽人事部瘦人類引曰省瘦也矐雀約少之言也唯雀字譌餘盡是彼文之矐足正此矐字之誤今皆從之或疑當入姿容篇則何以不云瘦省也況此省與煩對文益知本在此篇明矣先謙曰吳校瘦作竆

閒簡也事功簡省也先謙曰漢書公孫宏傳今事少閒注閒謂有空隙也鄒陽傳乘閒而請注閒謂空隙無事之時曲禮少閒疏閒謂清閒也皆與事功簡省之義相應說文閒隙也閑闌也从門中有木非閒暇之義今人分閒閑爲二字又讀閒隙之閒爲去聲而以清暇之閒爲閑皆非古義

劇巨也事功巨也畢沅曰勮諸本皆從刀乃說文新附字今案當從力說文勮務也此義與之同

貞定也精定不動惑也葉德炯曰周書諡法大慮克就曰貞蔡邕獨斷清心自守曰貞皆貞定之義

淫浸也浸淫旁入之言也葉德炯曰說文淫浸淫隨理也論語浸潤之譖鄭注譖人之言如水

之浸潤以漸成其禍也

沈澹也澹然安著之言也蘇輿曰澹當讀如論語澹臺之澹音談沈澹同聲史記陳涉世家黟頤涉之爲王沈沈者索隱引劉伯莊云沈沈猶談談謂故人呼人爲沈沈猶俗云談談深也是沈音近談之證文選海賦注澹泞澄深也凡事深沈則安著矣義相比傅

浮孚也孚甲在上稱也蘇輿曰孚甲在上與上云孚甲在物外相應爲義浮从孚聲禮坊記注在上曰浮故取在上之孚甲爲況

貪探也探取入他分也畢沅曰今本脫取字據御覽引增蘇輿曰說文探遠取之也物非己有而妄意取之故云探取入他分

廉斂也自檢斂也蘇輿曰說文廉仄也从广兼聲案凡物偪仄則斂著是仄亦有斂義引申爲立行清廉能自攝斂之稱書伊訓孔疏檢謂自攝斂也人廉潔則知檢斂矣先謙曰吳校廉下補檢也二字

潔確也確然不羣貌也畢沅曰潔本無水旁確亦俗字案說文隺高至也从隹上出冂是則不羣之意也然則此當作隺

污洿也如洿泥也蘇輿曰說文洿濁水不流也一曰窊下也左文六年傳孔疏洿者穢之別名不絜之稱也荀子性惡篇楊注洿穢行也案此污與潔對專自人之品類言之賈子道術篇放理潔清謂之行反行爲污水停洿泥則穢濁人行不潔亦如之論語子張篇君子惡居下流天下之惡皆歸亦其義也污洿字同

公廣也可廣施也蘇輿曰周書諡法立制及眾曰公太子晉伯能移善於眾與百姓同謂之公皆廣施之義公廣雙聲

私畢沅曰說文引韓非子曰自營爲厶韓子則作自環爲厶營環字通也俗作私別恤也所恤念也蘇輿曰離騷皇天無私阿兮王注竊愛爲私竊愛卽恤念意晉傳咸詩進則無云補退則恤其私亦此私恤之義廣韻私在六脂恤在六術

勇踊也遇敵踊躍畢沅曰遇御覽引作見欲擊之也葉德炯曰淮南本經訓甬道相連高誘注甬讀踊躍之踊而說文勇下去勇氣也从力甬聲故勇可訓踊

怯脅也見敵恐脅也蘇輿曰廣雅釋詁脅怯也與此互訓一切經音義十四引公羊劉兆注脅畏迫也淮南本經訓高注脅恐也與此合

斷段也分爲異段也葉德炯曰說文斷截也段椎物也皆與分異義近

絕截也如割截也王先慎曰說文絕斷絲也古文作𢇍不連絕二絲是絕之本義爲絲之斷引申爲凡割斷之通稱說文截斷也絕截二字皆取斷義故成國釋絕爲截穆天子傳注絕猶截也

罵迫也以惡言被迫人也先謙曰罵从馬聲迫从白聲段氏音韻表皆在古音弟五部足證漢音去古不遠廣雅釋詁被加也

詈歷也以惡言相彌歷也亦言離也以此挂離之也先謙曰詈歷離並以聲轉之字爲訓彌歷未詳何語蓋淩藉意漢書司馬相如傳下磧歷之坻注磧歷不平也惡言者不平之語彌歷或與磧歷義近本書釋天霢霂小雨之言霢歷霝漬惡言如雨之霝漬人彌歷或卽霢歷之音變字掛疑註之誤說文註誤也廣雅釋詁詿欺也以惡言欺誤人而離之

祝屬也以善惡之詞相屬著也畢沅曰一切經音義一引同一引無著字葉德炯曰白虎通號篇祝者屬也又五行篇祝者屬續也

詛阻也使人行事阻限於言也畢沅曰一切經音義爾引使人上皆有謂字葉德炯曰周禮詛祝鄭注詛祝之使沮敗也

盟明也告其事於神明也畢沅曰一切經音義引無其字周禮司盟北面詔明神旣盟則貳之襄九年左傳昭大神要言焉是盟必告事於神明也

誓制也葉德炯曰廣雅釋言誓制也義本此以拘制之也畢沅曰拘或約字誤葉德炯曰說文誓約束也案約束猶拘制

佐左也在左右也畢沅曰佐俗字也輔佐之佐本作左今之左右本作ナ乜

助乍也乍往相助非長久也畢沅曰相助本皆作相阻譌今从段校本改先謙曰助从且聲與乍聲之字段氏音韻表皆在古音弟五部今助字開口呼之則得與乍叶之音矣如詩將伯助予之助是有乍義若孟子莫善於助守望相助之助亦非乍義也

飾拭也物穢者拭其上使明由他物而後明猶加文於質上也王啟原曰周禮司尊彝注況酌者拭飾勺而酌也釋文飾本作拭又封人飾其牛牲注謂刷治潔清之也禮記雍人拭羊注靜也然則飾拭一也大戴禮記勸學篇遠而有光者飾也故曰拭其上使明

蕩滌也排盪去穢垢也葉德炯曰禮昏義蕩天下之陽事鄭注蕩蕩滌去穢惡也

啜惙也心有所念惙然發此聲也畢沅曰段云此啜字當是咄之誤先謙曰啜非咄字之誤詩中谷有蓷啜其泣矣毛傳啜泣貌成國正爲此詩作注說文惙憂也

嗟佐也言之不足以盡意故發此聲以自佐也畢沅曰此佐字加人傍非也辯見上詩關雎敘云言之不足故嗟歎之王啟原曰嗟古音如嗟故與佐音近

噫憶也憶念之故發此聲噫之也畢沅曰噫之本皆作憶之誤今從段技本改先謙曰吳校

删噎之二字書金滕疏噎者心不平之聲亦通作懿詩瞻卬箋懿有所痛傷之聲也

鳴畢沅曰本作烏加口傍俗舒也氣憤懣畢沅曰本皆作滿據說文云憤懣也則此當作懣故發此聲以舒寫之也畢沅曰說文孔子曰烏肟呼也取其助氣故以爲烏呼是烏爲舒氣之聲也王啟原曰說文歆心有所惡若吐也舒寫之烏宜爲此

念黏也意相親愛心黏著不能忘也葉德炯曰說文念常思也釋訓勿念勿忘也

憶意也恆在意中也

思司也畢沅曰司相吏反下同凡有所司捕必靜思忖亦然也王啟原曰周禮司市上旌於思次注思若今市亭也此假思爲司卽伺字也

克刻也畢沅曰克說文作戶云肩也象屋下刻木之形刻物有定處人所克念有常心也

慮旅也旅眾也易曰一致百慮慮及眾物以一定之也畢沅曰易者下繫文也王啟原曰無慮都凡之辭亦有眾義

十二、刘义庆《世说新语·言语》

（一）教学目标

1. 通过《世说新语·言语》内容的学习，体会语言在各种环境中的表达作用，感受语言在生活中的重要性。

2. 熟悉掌握文选中的佳句名言，体会本文选中语言简洁、得体、巧妙，或哲理深刻，或含而不露，或意境高远，或机警多锋，或气势磅礴，或善于抓住要害一针见血的特点。

（二）育人目标

通过这节文选内容的学习，使学生体会汉语的魅力，激发学生学习汉语的兴趣及对祖国语言文字的热爱。

（三）学习要点

1. 查找原文，直译全文。

2. 阅读链接：查看《世说新语笺疏》，利用注释内容帮助理解原文内容，从中了解《世说新语》的内容及作用。

（四）思考题

1.《世说新语·言语》中"言语"的含义具体指什么？

2.《世说新语·言语》第三则中孔文举出言不逊使人尴尬的情形，告诉了我们什么道理？

3.《世说新语·言语》对于我们现实生活中的语言表达有什么指导作用？

（五）刘义庆《世说新语·言语》

邊文禮見袁奉高，失次序。奉高曰："昔堯聘許由，面無怍色，先生何為顛倒衣裳？"文禮答曰："明府初臨，堯德未彰，是以賤民顛倒衣裳耳。"

徐孺子年九歲，嘗月下戲。人語之曰："若令月中無物，當極明邪？"徐曰："不然，譬如人眼中有瞳子，無此必不明。"

孔文舉年十歲，隨父到洛。時李元禮有盛名，為司隸校尉，詣門者皆儁才清稱及中表親戚乃通。文舉至門，謂吏曰："我是李府君親。"既通，前坐。元禮問曰："君與僕有何親？"對曰："昔先君仲尼與君先人伯陽有師資之尊，是僕與君奕世為通好也。"元禮及賓客莫不奇之。太中大夫陳韙後至，人以其語語之。韙曰："小時了了，大未必佳！"文舉曰："想君小時，必當了了！"韙大踧踖。

孔文舉有二子，大者六歲，小者五歲。晝日父眠，小者牀頭盜酒飲之。大兒謂曰："何以不拜？"答曰："偷，那得行禮！"

孔融被收，中外惶怖。時融兒大者九歲，小者八歲。二兒故琢釘戲，了無遽容。融謂使者曰："冀罪止於身，二兒可得全不？"兒徐進曰："大人豈見覆巢之下復有完卵乎？"尋亦收至。

潁川太守髡陳仲弓。客有問元方："府君何如？"元方曰："高明之君也。""足下家君何如？"曰："忠臣孝子也。"客曰："《易》稱'二人同心，其利斷金；同心之言，其臭如蘭'。何有高明之君而刑忠臣孝子者乎？"元方曰："足下言何其謬也！故不相答。"客曰："足下但因傴為恭而不能答。"元方曰："昔高宗放孝子孝己，尹吉甫放孝子伯奇，董仲舒放孝子符起。惟此三君，高明之君；惟此三子，忠臣孝子。"客慚而退。

荀慈明與汝南袁閬相見，問潁川人士，慈明先及諸兄。閬笑曰："士但可因親舊而已乎？"慈明曰："足下相難，依據者何經？"閬曰："方問國士，而及諸兄，是以尤之耳。"慈明曰："昔者祁奚內舉不失其子，外舉不失其讎，以為至公。公旦文王之詩，不論堯舜之德，而頌文武者，親親之義也。《春秋》之義，內其國而外諸夏。且不愛其親而愛他人者，不為悖德乎？"

禰衡被魏武謫為鼓吏，正月半試鼓。衡揚枹為《漁陽摻撾》，淵淵有金石聲，四坐為之改容。孔融曰："禰衡罪同胥靡，不能發明王之夢。"魏武慚而赦之。

南郡龐士元聞司馬德操在潁川，故二千里候之。至，遇德操採桑，士元從車中謂曰："吾聞丈夫處世，當帶金佩紫，焉有屈洪流之量而執絲婦之事！"德操曰："子且下車，子適知邪徑之速，不慮失道之迷。昔伯成耦耕，不慕諸侯之榮；原憲桑樞，不易有官之宅。何有坐則華屋，行則肥馬，侍女數十，然後為奇。此乃許、父所以慷慨，夷、齊所以長歎。雖有竊秦之爵，千駟之富，不足貴也！"士元曰："僕生出邊垂，寡見大義。若不一叩洪鐘，伐雷鼓，則不識其音響也。"

劉公幹以失敬罹罪。文帝問曰："卿何以不謹於文憲？"楨答曰："臣誠庸短，亦由陛下網目不疏。"

鐘毓、鐘會少有令譽。年十三，魏文帝聞之，語其父鐘繇曰："可令二子來。"於是敕見。毓面有汗，帝曰："卿面何以汗？"毓對曰："戰戰惶惶，汗出如漿。"復問會："卿何以不汗？"對曰："戰戰慄慄，汗不敢出。"

鐘毓兄弟小時，值父晝寢，因共偷服藥酒。其父時覺，且託寐以觀之。毓拜而後飲，會飲而不拜。既而問毓何以拜，毓曰："酒以成禮，不敢不拜。"又問會何以不拜，會曰："偷本非禮，所以不拜。"

魏明帝為外祖母築館于甄氏。既成，自行視，謂左右曰："館當以何為名？"侍中繆襲曰："陛下聖思齊於哲王；孝極過於曾、閔。此館之興，情鐘舅氏，宜以渭陽為名。"

何平叔云："服五石散，非惟治病，亦覺神明開朗。"

嵇中散語趙景真："卿瞳子白黑分明，有白起之風，恨量小狹。"趙云："尺表能審璣衡之度，寸管能測往復之氣；何必在大，但問識如何耳！"

司馬景王東征，取上黨李喜，以為從事中郎。因問喜曰："昔先公辟君不就，今孤召君，何以來？"喜對曰："先公以禮見待，故得以禮進退；明公以法見繩，喜畏法而至耳！"

鄧艾口喫，語稱艾艾。晉文王戲之曰："卿云艾艾，定是幾艾？"對曰："'鳳兮鳳兮'，故是一鳳。"

嵇中散既被誅，向子期舉郡計入洛，文王引進，問曰："聞君有箕山之志，何以在此？"對曰："巢、許狷介之士，不足多慕。"王大咨嗟。

晉武帝始登阼，探策得一。王者世數，繫此多少。帝既不說，羣臣失色，莫能有言者。侍中裴楷進曰："臣聞天得一以清，地得一以寧，侯王得一以為天下貞。"帝說，羣臣歎服。

滿奮畏風。在晉武帝坐，北窗作琉璃屏，實密似疏，奮有難色。帝笑之。奮答曰："臣猶吳牛，見月而喘。"

诸葛靓在吴，於朝堂大會。孫皓問：“卿字仲思，為何所思？”對曰：“在家思孝，事君思忠，朋友思信，如斯而已。”

蔡洪赴洛。洛中人問曰：“幕府初開，羣公辟命，求英奇於仄陋，採賢儁於巖穴。君吳楚之士，亡國之餘，有何異才，而應斯舉？”蔡答曰：“夜光之珠，不必出於孟津之河；盈握之璧，不必採於昆崙之山。大禹生於東夷，文王生於西羌，聖賢所出，何必常處。昔武王伐紂，遷頑民於洛邑，得無諸君是其苗裔乎？”

諸名士共至洛水戲。還，樂令問王夷甫曰：“今日戲樂乎？”王曰：“裴僕射善談名理，混混有雅致；張茂先論《史》《漢》，靡靡可聽；我與王安豐說延陵、子房，亦超超玄著。”

王武子、孫子荊各言其土地人物之美。王云：“其地坦而平，其水淡而清，其人廉且貞。”孫云：“其山崒巍以嵯峨，其水㳌渫而揚波，其人磊砢而英多。”

樂令女適大將軍成都王穎。王兄長沙王執權於洛，遂構兵相圖。長沙王親近小人，遠外君子；凡在朝者，人懷危懼。樂令既允朝望，加有婚親，羣小讒於長沙。長沙嘗問樂令，樂令神色自若，徐答曰：“豈以五男易一女？”由是釋然，無復疑慮。

陸機詣王武子，武子前置數斛羊酪，指以示陸曰：“卿江東何以敵此？”陸云：“有千里蓴羹，但未下鹽豉耳！”

中朝有小兒，父病，行乞藥。主人問病，曰：“患瘧也。”主人曰：“尊侯明德君子，何以病瘧？”答曰：“來病君子，所以為瘧耳！”

崔正熊詣都郡，都郡將姓陳，問正熊：“君去崔杼幾世？”答曰：“民去崔杼，如明府之去陳恆。”

元帝始過江，謂顧驃騎曰：“寄人國土，心常懷慚。”榮跪對曰：“臣聞王者以天下為家，是以耿、亳無定處，九鼎遷洛邑。願陛下勿以遷都為念。”

庾公造周伯仁，伯仁曰：“君何所欣說而忽肥？”庾曰：“君復何所憂慘而忽瘦？"伯仁曰："吾無所憂，直是清虛日來，滓穢日去耳！"

過江諸人，每至美日，輒相邀新亭，藉卉飲宴。周侯中坐而歎曰："風景不殊，正自有山河之異！"皆相視流淚。唯王丞相愀然變色曰："當共戮力王室，克復神州，何至作楚囚相對？"

衛洗馬初欲渡江，形神慘頓，語左右云："見此芒芒，不覺百端交集。苟未免有情，亦復誰能遣此！"

顧司空未知名，詣王丞相。丞相小極，對之疲睡。顧思所以叩會之，因謂同坐曰："昔每聞元公、道公協贊中宗，保全江表，體小不安，令人喘息。"丞相因覺，謂顧曰："此子珪璋特達，機警有鋒。"

會稽賀生，體識清遠，言行以禮。不徒東南之美，實為海內之秀。

劉琨雖隔閡寇戎，志存本朝。謂溫嶠曰："班彪識劉氏之復興，馬援知漢光之可輔。今晉祚雖衰，天命未改。吾欲立功於河北，使卿延譽於江南，子其行乎？"溫曰："嶠雖不敏，才非昔人，明公以桓、文之姿，建匡立之功，豈敢辭命！"

溫嶠初為劉琨使來過江。于時江左營建始爾，綱紀未舉。溫新至，深有諸慮。既詣王丞相，陳主上幽越，社稷焚滅，山陵夷毀之酷，有《黍離》之痛。溫忠慨深烈，言與泗俱，丞相亦與之對泣。敘情既畢，便深自陳結，丞相亦厚相酬納。既出，懽然言曰："江左自有管夷吾，此復何憂？"

王敦兄含為光祿勳。敦既逆謀，屯據南州，含委職奔姑孰。王丞相詣闕謝。司徒、丞相、揚州官僚問訊，倉卒不知何辭。顧司空時為揚州別駕，援翰曰："王光祿遠避流言，明公蒙塵路次，羣下不寧，不審尊體起居何如？"

郗太尉拜司空，語同坐曰："平生意不在多，值世故紛紜，遂至台鼎。朱博翰音，實愧於懷。"

高坐道人不作漢語，或問此意，簡文曰："以簡應對之煩。"

周僕射雍容好儀形，詣王公。初下車，隱數人，王公含笑看之。既坐，傲然嘯詠。王公曰："卿欲希嵇、阮邪？"答曰："何敢近舍明公，遠希嵇、阮！"

庾公嘗入佛圖，見臥佛，曰："此子疲于津梁。"于時以為名言。

摯瞻曾作四郡太守、大將軍戶曹參軍，復出作內史，年始二十九。嘗別王敦，敦謂瞻曰："卿年未三十，已為萬石，亦太蚤。"瞻曰："方於將軍，少為太蚤；比之甘羅，已為太老。"

梁國楊氏子，九歲，甚聰惠。孔君平詣其父，父不在，乃呼兒出，為設果。果有楊梅，孔指以示兒曰："此是君家果。"兒應聲答曰："未聞孔雀是夫子家禽。"

孔廷尉以裘與從弟沈，沈辭不受。廷尉曰："晏平仲之儉，祠其先人，豚肩不掩豆，猶狐裘數十年，卿復何辭此？"於是受而服之。

佛圖澄與諸石游，林公曰："澄以石虎為海鷗鳥。"

謝仁祖年八歲，謝豫章將送客。爾時語已神悟，自參上流。諸人咸共歎之曰："年少一坐之顏回。"仁祖曰："坐無尼父，焉別顏回？"

陶公疾篤，都無獻替之言，朝士以為恨。仁祖聞之曰："時無豎刁，故不貽陶公話言。"時賢以為德音。

竺法深在簡文坐，劉尹問："道人何以游朱門？"答曰："君自見其朱門，貧道如遊蓬戶。"或云下令。

孫盛為庾公記室參軍，從獵，將其二兒俱行。庾公不知，忽於獵場見齊莊，時年七八歲。庾謂曰："君亦復來邪？"應聲答曰："所謂'無小無大，從公于邁'。"

孫齊由、齊莊二人小時詣庾公，公問："齊由何字？"答曰："字齊由。"公曰："欲何齊邪？"曰："齊許由。""齊莊何字？"答曰："字齊莊。"公曰："欲何齊？"曰："齊莊周。"公曰："何不慕仲尼而慕莊周？"對曰："聖人生知，故難企慕。"庾公大喜小兒對。

張玄之、顧敷，是顧和中外孫，皆少而聰惠。和並知之，而常謂顧勝，親重偏至。張頗不懨。于時張年九歲，顧年七歲。和與俱至寺中。見佛般泥洹像，弟子有泣者，有不泣者，和以問二孫。玄謂："被親故泣，不被親故不泣。"敷曰："不然，當由忘情故不泣，不能忘情故泣。"

庾法暢造庾太尉，握麈尾至佳。公曰："此至佳，那得在？"法暢曰："廉者不求，貪者不與，故得在耳。"

庾穉恭為荊州，以毛扇上武帝，武帝疑是故物。侍中劉劭曰："柏梁雲構，工匠先居其下；管弦繁奏，鐘、夔先聽其音。穉恭上扇，以好不以新。"庾後聞之曰："此人宜在帝左右。"

何驃騎亡後，徵褚公入。既至石頭，王長史、劉尹同詣褚。褚曰："真長，何以處我？"真長顧王曰："此子能言。"褚因視王，王曰："國自有周公。"

桓公北征，經金城，見前為琅邪時種柳，皆已十圍，慨然曰："木猶如此，人何以堪！"攀枝執條，泫然流淚。

簡文作撫軍時，嘗與桓宣武俱入朝，更相讓在前。宣武不得已而先之，因曰："伯也執殳，為王前驅。"簡文曰："所謂'無小無大，從公于邁'。"

顧悅與簡文同年，而髮蚤白。簡文曰："卿何以先白？"對曰："蒲柳之姿，望秋而落；松柏之質，經霜彌茂。"

桓公入峽，絕壁天懸，騰波迅急。迺歎曰："既為忠臣，不得為孝子，如何！"

初，熒惑入太微，尋廢海西。簡文登阼，復入太微，帝惡之。時郗超為中書在直。引超入曰："天命脩短，故非所計。政當無復近日事不？"超曰："大司馬方將外固封疆，內鎮社稷，必無若此之慮。臣為陛下以百口保之。"帝因誦庾仲初詩曰："志士痛朝危，忠臣哀主辱。"聲甚悽厲。郗受假還東，帝曰："致意尊公，家國之事，遂至於此！由是身不能以道匡衛，思患預防，愧歎之深，言何能喻？"因泣下流襟。

簡文在暗室中坐，召宣武。宣武至，問上何在？簡文曰："某在斯。"時人以為能。

簡文入華林園，顧謂左右曰："會心處，不必在遠，翳然林水，便自有濠、濮閒想也。覺鳥獸禽魚，自來親人。"

謝太傅語王右軍曰："中年傷於哀樂，與親友別，輒作數日惡。"王曰："年在桑榆，自然至此，正賴絲竹陶寫，恆恐兒輩覺，損欣樂之趣。"

支道林常養數匹馬。或言道人畜馬不韻，支曰："貧道重其神駿。"

劉尹與桓宣武共聽講《禮記》。桓云："時有入心處，便覺咫尺玄門。"劉曰："此未闇至極，自是金華殿之語。"

羊秉為撫軍參軍，少亡，有令譽。夏侯孝若為之敍，極相讚悼。羊權為黃門侍郎，侍簡文坐。帝問曰："夏侯湛作《羊秉敍》絕可想。是卿何物？有後不？"權潸然對曰："亡伯令問夙彰，而無有繼嗣。雖名播天聰，然胤絕聖世。"帝嗟慨久之。

王長史與劉真長別後相見，王謂劉曰："卿更長進。"答曰："此若天之自高耳。"

劉尹云："人想王荊產佳，此想長松下當有清風耳。"

王仲祖聞蠻語不解，茫然曰："若使介葛盧來朝，故當不昧此語。"

劉真長為丹陽尹，許玄度出都就劉宿。牀帷新麗，飲食豐甘。許曰："若保全此處，殊勝東山。"劉曰："卿若知吉凶由人，吾安得不保此！"王逸少在坐曰："令巢、許遇稷、契，當無此言。"二人並有愧色。

王右軍與謝太傅共登冶城，謝悠然遠想，有高世之志。王謂謝曰："夏禹勤王，手足胼胝；文王旰食，日不暇給。今四郊多壘，宜人人自效。而虛談廢務，浮文妨要，恐非當今所宜。"謝答曰："秦任商鞅，二世而亡，豈清言致患邪？"

謝太傅寒雪日內集，與兒女講論文義。俄而雪驟，公欣然曰："白雪紛紛何所似？"兄子胡兒曰："撒鹽空中差可擬。"兄女曰："未若柳絮因風起。"公大笑樂。即公大兄無奕女，左將軍王凝之妻也。

王中郎令伏玄度、習鑿齒論青、楚人物。臨成，以示韓康伯。康伯都無言。王曰："何故不言？"韓曰："無可無不可。"

劉尹云："清風朗月，輒思玄度。"

荀中郎在京口，登北固望海云："雖未覩三山，便自使人有淩雲意。若秦、漢之君，必當褰裳孺足。"

謝公云："賢聖去人，其閒亦邇。"子姪未之許。公歎曰："若郗超聞此語，必不至河漢。"

支公好鶴，住剡東岇山。有人遺其雙鶴，少時翅長欲飛，支意惜之，乃鎩其翮。鶴軒翥不復能飛，乃反顧翅，垂頭視之如有懊喪意。林曰："既有淩霄之姿，何肯為人作耳目近玩？"養令翮成置，使飛去。

謝中郎經曲阿後湖，問左右："此是何水？"答曰："曲阿湖。"謝曰："故當淵注渟著，納而不流。"

晉武帝每餉山濤，恒少。謝太傅以問子弟，車騎答曰："當由欲者不多，而使與者忘少。"

謝胡兒語庾道季："諸人莫當就卿談，可堅城壘。"庾曰："若文度來，我以偏師待之；康伯來，濟河焚舟。"

李弘度常歎不被遇。殷揚州知其家貧，問："君能屈志百里不？"李答曰："《北門》之歎，久已上聞；窮猿奔林，豈暇擇木！"遂授剡縣。

王司州至吳興印渚中看。歎曰："非唯使人情開滌，亦覺日月清朗。"

謝萬作豫州都督，新拜，當西之都邑，相送累日，謝疲頓。於是高侍中往，徑就謝坐，因問："卿今仗節方州，當疆理西蕃，何以為政？"謝粗道其意。高便為謝道形勢，作數百語。謝遂起坐。高去後，謝追曰："阿酃故粗有才具。"謝因此得終坐。

袁彥伯為謝安南司馬，都下諸人送至瀨鄉。將別，既自淒惘，歎曰："江山遼落，居然有萬里之勢！"

孫綽賦《遂初》，築室畎川，自言見止足之分。齋前種一株松，恒自手壅治之。高世遠時亦鄰居，語孫曰："松樹子非不楚楚可憐，但永無棟梁用耳！"孫曰："楓柳雖合抱，亦何所施？"

桓征西治江陵城甚麗，會賓僚出江津望之，云："若能目此城者有賞。"顧長康時為客，在坐，目曰："遙望層城，丹樓如霞。"桓即賞以二婢。

王子敬語王孝伯曰："羊叔子自復佳耳，然亦何與人事？故不如銅雀臺上妓。"

林公見東陽長山曰："何其坦迤！"

顧長康從會稽還，人間山川之美，顧云："千巖競秀，萬壑爭流，草木蒙籠其上，若雲興霞蔚。"

簡文崩，孝武年十餘歲立，至瞑不臨。左右啟："依常應臨。"帝曰："哀至則哭，何常之有！"

孝武將講《孝經》，謝公兄弟與諸人私庭講習。車武子難苦問謝，謂袁羊曰："不問則德音有遺，多問則重勞二謝。"袁曰："必無此嫌。"車曰："何以知爾？"袁曰："何嘗見明鏡疲於屢照，清流憚于惠風？"

王子敬云："從山陰道上行，山川自相映發，使人應接不暇。若秋冬之際，尤難為懷。"

謝太傅問諸子姪："子弟亦何預人事，而正欲使其佳？"諸人莫有言者。車騎答曰："譬如芝蘭玉樹，欲使其生於階庭耳。"

道壹道人好整飾音辭，從都下還東山，經吳中。已而會雪下，未甚寒。諸道人問在道所經。壹公曰："風霜固所不論，乃先集其慘澹。郊邑正自飄瞥，林岫便已皓然。"

張天錫為涼州刺史，稱制西隅。既為苻堅所禽，用為侍中。後於壽陽俱敗，至都，為孝武所器。每入言論，無不竟日。顧有嫉己者，於坐問張："北方何物可貴？"張曰："桑椹甘香，鴟鴞革響。淳酪養性，人無嫉心。"

顧長康拜桓宣武墓，作詩云："山崩溟海竭，魚鳥將何依！"人問之曰："卿憑重桓乃爾，哭之狀其可見乎？"顧曰："鼻如廣莫長風，眼如懸河決溜。"或曰："聲如震雷破山，淚如傾河注海。"

毛伯成既負其才氣，常稱："寧為蘭摧玉折，不作蕭敷艾榮。"

范宵作豫章，八日請佛有板。眾僧疑，或欲作答。有小沙彌在坐末曰："世尊默然，則為許可。"眾從其義。

司馬太傅齋中夜坐，于時天月明淨，都無纖翳。太傅歎以為佳。謝景重在坐，答曰："意謂乃不如微雲點綴。"太傅因戲謝曰："卿居心不淨，乃復強欲滓穢太清邪？"

王中郎甚愛張天錫，問之曰："卿觀過江諸人經緯江左軌轍，有何偉異？後來之彥，復何如中原？"張曰："研求幽邃，自王、何以還；因時脩制，荀、樂之風。"王曰："卿知見有餘，何故為符堅所制？"答曰："陽消陰息，故天步屯蹇；否剝成象，豈足多譏？"

謝景重女適王孝伯兒，二門公甚相愛美。謝為太傅長史，被彈；王即取作長史，帶晉陵郡。太傅已構嫌孝伯，不欲使其得謝，還取作諮議；外示縶維，而實以乖閒之。及孝伯敗後，太傅繞東府城行散，僚屬悉在南門要望候拜。時謂謝曰："王宵異謀，云是卿為其計。"謝曾無懼色，斂笏對曰："樂彥輔有言：'豈以五男易一女'？"太傅善其對，因舉酒勸之曰："故自佳！故自佳！"

桓玄義興還後，見司馬太傅。太傅已醉，坐上多客，問人云："桓溫來欲作賊，如何？"桓玄伏不得起。謝景重時為長史，舉板答曰："故宣武公黜昏暗，登聖明，功超伊、霍。紛紜之議，裁之聖鑒。"太傅曰："我知！我知！"即舉酒云："桓義興，勸卿酒。"桓出謝過。宣武移鎮南州，制街衢平直。人謂王東亭曰："相初營建康，無所因承，而制置紆曲，方此為劣。"東亭曰："此丞相乃所以為巧。江左地促，不如中國；若使阡陌條暢，則一覽而盡；故紆餘委曲，若不可測。"

桓玄詣殷荊州，殷在妾房晝眠，左右辭不之通。桓後言及此事，殷云："初不眠，縱有此，豈不以'賢賢易色'也。"

桓玄問羊孚："何以共重吳聲？"羊曰："當以其妖而浮。"

謝混問羊孚："何以器舉瑚璉？"羊曰："故當以為接神之器。"

桓玄既篡位，後御床微陷，羣臣失色。侍中殷仲文進曰："當由聖德

111

淵重，厚地所以不能載。"時人善之。

桓玄既篡位，將改置直館，問左右："虎賁中郎省，應在何處？"有人答曰："無省。"當時殊忤旨。問："何以知無？"答曰："潘岳《秋興賦敘》曰：'余兼虎賁中郎將，寓直散騎之省'。"玄咨嗟稱善。

謝靈運好戴曲柄笠，孔隱士謂曰："卿欲希心高遠，何不能遺曲蓋之貌"？謝答曰："將不畏影者，未能忘懷！"

十三、陆法言《切韵·序》

（一）教学目标

1. 了解作者及《切韵》的基本情况。
2. 了解《切韵·序》中的注解及相关知识。
3. 了解《切韵·序》中的主要字词及相关音韵学术语。

（二）育人目标

通过文选内容的学习，使学生感受古代学者的积极探索与合作钻研精神，感受他们身上严谨的作风和一丝不苟的治学态度。

（三）学习要点

1. 查找原文，直译全文。
2. 阅读链接：查看陆法言的《切韵·序》，阅读相关内容，从中了解《切韵》的内容及作用。
3. 了解《切韵》的版本流传情况，反切的规律和标注方式，中古时期韵部的情况和声调的特点。

（四）思考题

1.简述《切韵》在音韵学史上的地位和影响。

2.归纳总结文选中所涉及的音韵学知识。

（五）陆法言《切韵·序》

昔開皇初，有劉儀同臻、顏外史之推、盧武陽思道、李常侍若、蕭國子該、辛咨議德源、薛吏部道衡、魏著作彥淵等八人，同詣法言門宿。夜長永酒闌，論及音韻。古今聲調既自有別，諸家取捨亦復不同。吳楚則時傷輕淺，燕趙則多涉重濁；秦隴則去聲為入，梁益則平聲似去；又支章移反、脂旨夷反、魚語居反、虞遇俱反共為一韻，先蘇前反、仙相然反、尤於求反、侯胡溝反俱論是切。欲廣文路，自可清濁皆通；若賞知音，即須輕重有異。

呂靜《韻集》、夏侯詠《韻略》、陽休之《韻略》、李季節《音譜》、杜臺卿《韻略》等，各有乖互。江東取韻與河北復殊。因論南北是非，古今通塞，欲更捃選精切，除削疏緩。顏外史、蕭國子多所決定。魏著作謂法言曰："向來論難，疑處悉盡，何為不隨口記之，我輩數人，定則定矣。"即燭下握筆，略記綱紀。

後博問英辯，殆得精華。於是更涉餘學，兼從薄宦，十數年間，不遑修集。今反初服，私訓諸弟，凡有文藻，即須聲韻。屏居山野，交遊阻隔，疑惑之所，質問無從。亡者則生死路殊，空懷可作之歎；存者則貴賤禮隔，以報絕交之旨。遂取諸家音韻，古今字書，以前所記者定為《切韻》五卷。剖析毫釐，分別黍累。何煩泣玉，未得懸金。藏之名山，昔怪馬遷之言大；持以蓋醬，今歎揚雄之口吃。非是小子專輒，乃述群賢遺意，寧敢施行人世？直欲不出戶庭。于時歲次辛酉，大隋仁壽元年也。

十四、周德清《中原音韵·序》

（一）教学目标

1. 了解作者及《中原音韵》的基本情况。

2. 了解周德清《中原音韵》在音韵学史上的地位和影响。

3. 了解《中原音韵·序》中的注解及相关知识。

4. 了解《中原音韵·序》中的主要音韵学术语。

（二）育人目标

通过《中原音韵·序》内容的学习，认识语言发展变化的事实，了解汉语音韵及韵律方面的特点，激发学生对汉语的崇敬与热爱。

（三）学习要点

1. 查找原文，直译全文。

2. 阅读链接：查看周德清《中原音韵·序》，阅读相关内容，从中了解《中原音韵》的体例、内容及作用。

3. 了解《中原音韵》在音韵学方面的贡献。

（四）思考题

1.《中原音韵·序》是如何评价元曲的？

2.《中原音韵·序》指出了元曲的哪些音韵特征？

3. 周德清在《中原音韵·序》中提到了写作本书的原因，请归纳说明。

（五）周德清《中原音韵·序》

青原蕭存存，博學，工於文詞，每病今之樂府有遵音調作者，有增襯字作者；有《陽春白雪集》（德勝令）："花影壓重簷，沉煙裊繡簾，人去青鸞杳，春嬌酒病慊。眉尖，常瑣傷春怨。忺忺，忺的來不待忺。""綉"唱為"羞"，與"怨"字同押者；有同集（殿前歡）《白雪窩》二段，俱八句，"白"字不能歌者；有板行逢雙不對，襯字尤多，文、律俱謬，而指時賢作者；有韻腳用平上去，不一一，云"也唱得"者，有句中用入聲，不能歌者；有歌其字，音非其字者；令人無所守。泰定甲子，存存託其友張漢英以其說問作詞之法於予，予曰："言語"一科，欲作樂府，必正言語；欲正言語，必宗中原之音。樂府之盛、之備、之難，莫如今時。其盛，則自搢紳及閭閻歌詠者衆。其備，則自關、鄭、白、馬一新製作，韻共守自然之音，字能通天下之語，字暢語俊，韻促音調。觀其所述，曰忠，曰孝，有補於世。其難，則有六字三韻，"忽聽、一聲、猛驚"是也。諸公已矣，後學莫及！何也？蓋其不悟聲分平、仄，字別陰、陽。夫聲分平、仄者，謂無入聲，以入聲派入平、上、去三聲也。作平者最為緊切，施之句中，不可不謹。派入三聲者，廣其韻耳，有才者本韻自足矣。字別陰、陽者，陰、陽字平聲有之，上、去俱無。上、去各止一聲，平聲獨有二聲：有上平聲，有下平聲。上平非指"一東"至"二十八山"而言，下平聲非指"一先"至"二十七咸"而言。前輩為《廣韻》平聲多，分為上下卷，非分其音也。殊不知平聲字字俱有上平、下平之分，但有有音、無字之別，非"一東"至"山"皆上平，"一先"至"咸"皆下平聲也。如"東""紅"二字之類，"東"字下平聲屬陰，"紅"字上平聲屬陽。陰者，即下平聲；陽者，即上平聲。試以"東"字調平仄，又以"紅"字調平仄，便可知平聲陰、陽字音，又可知上、去二聲各止一聲，俱無陰、陽之別矣。且上、去二聲，施於句中，施於韻腳，無用陰陽，惟慢詞中僅可曳其聲爾，此自然之理也。妙處在此，初學者何由知之！乃作詞之膏肓，用字之骨髓，皆不傳之妙，獨予知之，屢嘗揣其聲病於桃花扇影而得之也。吁！考其詞音者，人人能之；究其詞之平仄、陰陽者，則無有也！彼之能遵音調，而有協音俊語可與前輩頡頏，所謂"成文章曰樂府"也；不遵而增襯字，名樂府者，自名之也。（德勝令）"綉"字、"怨"字，（殿前歡）八句、"白"字者，若以"綉"字是"珠"字誤刊，則"煙"字唱作去聲，為"沉宴裏珠簾"，皆非也。呵呵！"忪忪"者，何等語句？未聞有如此平仄，如此開合韻腳（德勝令），亦未聞有八句（殿前歡）。此自己字之開合、平仄，句之對偶、短長，俱不知，而又妄編他人之語，奚足以知其妍媸歟？嗚呼！言語可不究乎？以板行謬語，而指時賢作者，皆自為之詞，將正其己之是，影己之非，務取媚於市井之徒，不求知於高明之士，能不受其惑者幾人哉！使真時賢所作，亦不足為法。取之者之罪，非公器也。韻腳用三聲，何者為是？不思前輩某字、某韻必用某聲，却云"也唱得"，乃文過之詞，非作者之言也。平而仄，仄而平，上、去而去、上，去、上而上、去者，諺云"鈕折嗓子"是也，其如歌姬之喉咽何？入聲於句中不能歌者，不知入聲作平聲也；歌其字，音非其字者，合用陰而陽，陽而陰也。此皆用盡自己心，徒快一時意，不能久傳，深可哂哉！深可憐哉！惜無有以訓之者！予甚欲為訂砭之文以正其語，便其作，而使成樂府，恐起爭端，矧為人之學乎？因重張之請，遂分平聲陰、陽及撮其三聲同音，兼以入聲派入三聲，如"鞭"字，次本聲後，葺成一帙，分為十九，名之曰《中原音韻》，并《起例》以遺之，可與識者道。是秋九日，高安挺齋周德清自序。

十五、陈第《毛诗古音考·自序》

（一）教学目标

1. 了解作者陈第及《毛诗古音考》的主要内容。

2. 理解文中重点字词、句式，能够翻译原文并读懂文意。

3. 明确陈第《毛诗古音考》的古音学思想、考证方法及开创精神。

（二）育人目标

1. 通过对陈第《毛诗古音考·自序》的学习，感受古人对语言现象和语言事实的细致观察，理论联系实际，引导学生将其运用到古汉语学习中。

2. 通过文选内容的阅读与思考，总结语言学习的方法，增强对古汉语学习的兴趣，使学生树立起研究祖国语言文字的志向。

（三）学习要点

1. 查找原文，直译全文。

2. 阅读链接：查看陈第《毛诗古音考》，阅读相关内容，从中了解《毛诗古音考》的内容及作用。

3. 明确语音有时代和地域的差别，了解上古声纽系统的特点。

（四）思考题

1. 概述《毛诗古音考·自序》的主要内容。

2. 阐述陈第语音发展变化思想提出的意义和价值。

3. 分析陈第在论证语音发展变化时所运用的方法。

（五）陈第《毛诗古音考·自序》

夫《詩》以聲教也，取其可歌，可詠，可長言嗟歎，至手舞足蹈而不自知，以感竦其興、觀、群、怨、事父、事君之心，且將從容以紬繹夫鳥獸草木之名義，斯其所以為《詩》也。若其意深長而於韻不諧，則文而已矣。故士人篇章，必有音節；田野俚曲，亦各諧聲；豈以古人之詩而獨無韻乎？蓋時有古今，地有南北，字有更革，音有轉移，亦勢所必至，故以今之音讀古之作，不免乖刺而不入，於是悉委之叶。夫其果出於叶也，作之非一人，采之非一國，何母必讀米，非韻杞韻止，則韻祉韻喜矣；馬必讀姥，非韻組韻黼，則韻旅韻土矣；京必讀疆，非韻堂韻將，則韻常韻王矣；福必讀逼，非韻食韻翼，則韻德韻億矣。厥類實繁，難以殫舉；其矩律之嚴，即《唐韻》不啻，此其故何耶？又《左》、《國》、《易象》、《離騷》、《楚辭》、秦碑、漢賦，以至上古歌謠、箴銘、贊誦，往往韻與《詩》合，寔古音之證也。或謂三百篇，詩辭之祖，後有作者，規而韻之耳。不知魏晉之世，古音頗存；至隋唐漸盡矣。唐宋名儒，博學好古，間用古韻，以炫異耀奇，則誠有之。若讀坯為伾，以與日韻，堯戒也；讀明為芒，以與良韻，皋陶歌也。是皆前於《詩》者，夫又何放？且讀皮為婆，宋役人謳也；讀邱為欺，齊嬰兒語也；讀戶為甫，楚民閭謠也；讀裘為基，魯朱儒譃也；讀作為詛，蜀百姓辭也；讀口為苦，漢白渠誦也。又家，姑讀也，秦夫人之占；懷，回讀也，魯聲伯之夢；旂，斤讀也，晉滅虢之微；瓜，孤讀也，衛良夫之噪。彼其閭巷贊毀之間，夢寐卜筮之頃，何暇屑屑模擬，若後世吟詩者之限韻邪？愚少受《詩》家庭，竊嘗留心於此。晚年獨居海上，慶弔盡廢；律絕近體既所不嫻，六朝古風企之益遠，惟取三百篇日夕讀之；雖不能手舞足蹈契古人之意，然可欣可喜可戚可悲之懷,一於讀《詩》洩之。又懼子侄之學《詩》而不知古音也,於是稍為攷據,列本證旁證二條。本證者,《詩》自相證也;旁證者,采之他書也。二者俱無,則宛轉以審其音,參錯以諧其韻,無非欲便於歌詠,可長言嗟歎而已矣。蓋為今之詩,古韻可不用也;讀古之詩,古韻可不察乎? 嗟夫! 古今一意,古今一聲;以吾之意而逆古人之意,其理不遠也;以吾之聲而調古人之聲,其韻不遠也。患在是今非古,執字泥音,則支離日甚,孔子所刪,幾於不可讀矣。愚也聞見孤陋,攷究未詳,姑籍之以請正明達君子。閩三山陳第季立題。

十六、刘淇《助字辨略·序》

(一)教学目标

1.了解《助字辨略》的内容、性质、作用及意义。

2.明确虚词的分类。

(二)育人目标

通过文选内容的学习,了解汉语虚词的种类及相关知识,把握汉语的特点,引导学生学习汉语的兴趣,热爱祖国的语言文字。

(三)学习要点

1.查找原文,直译全文。

2.阅读链接:查看刘淇的《助字辨略》,阅读相关内容,从中了解《助字辨略》的内容及作用。

3. 了解古籍中虚词的作用和分类。

（四）思考题

1. 阐述说明文中哪五个术语不应作为词类的划分？为什么？

2. "训释之例凡六"是哪六种？请——列举说明。

（五）刘淇《助字辨略·序》

構文之道，不過實字虛字兩端，實字其體骨，而虛字其性情也。蓋文以代言，取肖神理，抗墜之際，軒輊異情，虛字一乖，判於燕越，柳柳州所由發哂於杜溫夫者邪！且夫一字之失，一句為之蹉跎；一句之誤，通篇為之梗塞；討論可闕如乎！

蒙愧顓愚，義存識小。間嘗博求眾書，捃拾助字，都為一集，題曰《助字辨略》。其類凡三十：曰重言，曰省文，曰助語，曰斷辭，曰疑辭，曰詠歎辭，曰急辭，曰緩辭，曰發語辭，曰語已辭，曰設辭，曰別異之辭，曰繼事之辭，曰或然之辭，曰原起之辭，曰終竟之辭，曰頓挫之辭，曰承上，曰轉下，曰語辭，曰通用，曰專辭，曰僅辭，曰歎辭，曰幾辭，曰極辭，曰總括之辭，曰方言，曰倒文，曰實字虛用。其訓釋之例凡六：曰正訓，曰反訓，曰通訓，曰借訓，曰互訓，曰轉訓。重言，如"庸何""滋益"是也。省文，如"雖悔可追""不曰堅乎"是也。助語，如"無寧災患"之"寧"，"尹公之佗""庾公之斯"二"之"字是也。斷辭，如"信""必""也""矣"是也。疑辭，詠歎辭，如"乎""哉""邪""與"是也。急辭，如"則""即"是也。緩辭，如"斯""乃"是也。發語辭，如"夫""蓋""繄""維"是也。語已辭，如"而""思"是也。設辭，如"雖""縱""假""藉"是也。別異之辭，如"其""於""若""乃"是也。繼事之辭，如"爰""乃""於是"是也。或然之辭，如"容""或""倘""使"是也。原起之辭，如

"先""前""初""始"是也。終竟之辭,如"畢""巳""終""卒"是也。頓挫之辭,如"孝弟也者""其為仁矣"是也。承上,如"是故""然則"是也。轉下,如"然而""抑又"是也。語辭,如"夥頤""馨""那"是也。通用,如"無""亡""猶""由"是也。專辭,如"獨""唯"是也。僅辭,如"稍""略"是也。歎辭,如"嗚呼""噫嘻"是也。幾辭,如"將""殆"是也。極辭,如"殊""絕""盡""悉"是也。總括之辭,如"都凡""無慮"是也。方言,如"不成""格是"是也。倒文,如"與其及也""及可數乎"是也。實字虛用,如"吾今召君"之"今","時見理出"之"時"皆卽辭是也。正訓,如"仁者人也""義者宜也"是也。反訓,如"故"訓"今","方"訓"向"是也。通訓,如"本猶根也""命猶令也"是也。借訓,如"學之為言效也""齋之為言齊也"是也。互訓,如"安"訓"何","何"亦訓"安"是也。轉訓,如"容"有"許"義,故訓"可","猶"有"尚"義,故訓"庶幾"是也。凡是剌舊詁者十七,參臆解者十三。班諸四聲,因以為卷。既取虛用,故"之"訓"往","而""若"訓"汝"之屬,雖虛猶實,悉無載焉。至於元曲助字,純用方言,無宜闌入,他日別為一編,以附卷尾。

大都古辭韻語,往體今言,義各有歸,淆用斯舛,能自得之,庶幾善變耳。他如辨體制,研風尚,溯流窮源,枝分節解,則有摯虞《文章流別》、劉勰《文心雕龍》之屬,述之備矣,所不贅焉。確山劉淇撰。

十七、钱大昕《十驾斋养新录·古无轻唇音》（节录）

（一）教学目标

1. 积累文选中的字词，理解文意。

2. 了解钱大昕的生平、创作及在音韵学史上的贡献。

（二）育人目标

1. 通过文选内容的学习，使学生深入领会汉语的博大精深和独特魅力。

2. 通过古汉语专业知识的学习，感受古人对汉语研究的细致，培养学生的钻研精神及深入学习的良好习惯。

（三）学习要点

1. 查找原文，直译全文。

2. 阅读链接：查看钱大昕《十驾斋养新录》，阅读相关内容，从中了解《十驾斋养新录》的内容及作用。

3. 钱大昕对古音理论的贡献，理解古无轻唇音的含义。

（四）思考题

以"非"为声符的字，如"辈""排"等；"非"是轻唇音，属"非"母；"辈"和"排"分别属"帮"母和"滂"母，是重唇音，请分析说明其原因。

（五）钱大昕《十驾斋养新录·古无轻唇音》（节录）

凡輕唇之音，古讀皆為重唇。《詩》："凡民有喪，匍匐救之。"《檀弓》引《詩》作扶服，《家語》引作扶伏。又，"誕實匍匐。"《釋文》："本亦作扶服。"《左傳》昭十三年："奉壺飲冰，以蒲伏焉。"《釋文》："本又作匍匐；蒲，本亦作扶。"昭二十一年："扶伏而擊之。"《釋文》："本或作匍匐。"《史記·蘇秦傳》："嫂委蛇蒲服。"《範睢傳》："膝行蒲服。"《淮陰侯傳》："俛出袴下蒲伏。"《漢書·霍光傳》："中孺扶服叩頭。"皆匍匐之異文也。

古讀弗如不。《廣韻》不與弗，同分勿切。《說文》：吳謂之不律，燕謂之弗，秦謂之筆，筆弗聲相近也。

古讀方如旁。《書》："方鳩僝功。"《說文》兩引：一作"旁逑僝功，"一作"旁救僝功。"《史記》作"方聚布功。"……方又讀如謗。《論語》："子貢方人。"鄭康成本作謗人。《廣雅》："方，表也。""邊，方也。"《說文》："方，併船也。"古人讀方重唇，與邊、表、並聲相近。《字林》："穮，方遙反。襆，方沃反。邶，方代反。"呂忱，魏人，其時初行反語，即反語可得"方"之正音。六朝以後，轉重唇為輕唇，後世不知有正音，乃強為類隔之說，謬矣！

古讀封如邦。《論語》："且在邦域之中矣。"《釋文》："邦或作封。""而謀動干戈於邦內。"《釋文》："鄭本作封內。"《釋名》："邦，封也。有功，於是故封之也。"

古文妃與配同。《詩》："天立厥配。"《釋文》："本亦作妃。"《易》："遇其配主。"鄭本作妃。

古讀無如模。《說文》："橆，或說規模字。"漢人規模字或作橅。《易》："莫夜有戎。"鄭讀莫如字，云："無也。無夜，非一夜。"《詩》："德音莫違。"箋："莫，無也。"《廣雅》："莫，無也。"《曲禮》："毋不敬。"《釋文》云："古人言毋，猶今人言莫也。"釋氏書多用南無字，讀如曩謨。梵書入中國，翻譯多在東晉時，音猶近古，沙門守其舊音不改，所謂禮失而求諸野也。無又轉如毛，《後漢書·馮衍傳》："飢者毛食。"注云："按《衍集》，毛字作無。"《漢書·功臣侯表序》："靡有孑遺，耗矣。"注："孟康曰：耗音毛。師古曰：今俗語猶謂無為耗。"大昕案：今江西湖南方音讀無如冒，即毛之去聲。

古讀房如旁。《廣韻》："阿房，宮名，步光切。"《釋名》："房，旁也。在堂兩旁也。"《史記·六國表》：秦始皇二十八年"為阿房宮"，二世元年"就阿房宮"，宋本皆作旁。旁房古通用。

十八、钱大昕《十驾斋养新录·舌音类隔之说不可信》（节录）

（一）教学目标

1. 通过文选内容的学习，领会语音发展变化的事实。
2. 明确古无舌上音的含义。

（二）育人目标

通过文选内容的学习，感受语言研究的方法，学习古代学者严谨的治学态度和认真对待学术的精神，使学生在学习过程中能够端正学习态度，培养耐心和细心。

（三）学习要点

1. 查找原文，直译全文。
2. 阅读链接：查看钱大昕《十驾斋养新录》，阅读相关内容，从中了解

《十驾斋养新录》的内容及作用。

3.简述钱大昕古音理论的贡献，理解古无舌上音的含义。

（四）思考题

1.阐述钱大昕古无舌上音的内容。

2.列举古无舌上音的例子，以此说明钱大昕古无舌上音结论的正确性。

（五）钱大昕《十驾斋养新录·舌音类隔之说不可信》（节选）

古無舌頭、舌上之分。知、徹、澄三母，以今音讀之，與照、穿、床無別也；求之古音，則與端、透、定無異。《說文》："沖讀若動。"《書》："惟予沖人。"《釋文》："直忠反。"古讀直如特，衝子猶童子也。字母家不識古音，讀沖為蟲，不知古讀蟲亦如同也。《詩》："蘊隆蟲蟲。"《釋文》："直忠反，徐徒冬反。《爾雅》作爞爞，郭都冬反。《韓詩》作烔，音徒冬反。"是蟲與同音不異。（《春秋》成五年，同盟於蟲牢。杜注："陳留封邱縣北有桐牢。"是蟲、桐同音之證）

古音直如特。《詩》："實維我特。"《釋文》："《韓詩》作直，云相當值也。"《孟子》："直不百步耳。"直，但也。但直聲相近。

古音竹如篤。《詩》："綠竹猗猗。"《釋文》："《韓詩》竹作薄，音徒沃反。"（今北音定母去聲字多誤入端母，古音當不甚遠。《詩》："麟之定""定之方中"，皆丁佞反）與篤音相近，皆舌音也。篤、竺並從竹得聲。《論語》："君子篤於親。"《汗簡》云："古文作竺。"《書》曰："篤不忘。"《釋文》云："本又作竺。"《釋詁》："竺，厚也。"《釋文》云："本又作篤。"按《說文》："竺，厚也。"篤厚字，本當作竺。經典多用篤，以其形聲同耳。《漢書·西域傳》："無雷國北與捐毒接。"師古曰："捐毒即身毒、天毒也。"《張騫傳》："吾賈人轉市之身毒國。"鄧展曰："毒音督。"李奇曰："一名天竺。"《後漢書·杜篤傳》："推天督。"注："即天竺國。"然則竺、篤、毒、督四文同音。

古讀抽如搯。《詩》："左旋右抽。"《釋文》云："抽，敕由反。《說文》作搯。他牢反。"

《廣韻》每卷後附出"新添類隔，今更音和切"。上平聲八字：卑，必移切（本府移切）；陴，並之切（本符之切）；眉，目悲切（本武悲切）；邳，並悲切（本符悲切）；悲，卜眉切（本府眉切）；肧，偏杯切（本芳杯切）；頻，步真切（本符真切）；彬，卜巾切（本符巾切）。下平聲六字：綿，名延切（本武延切）；礱，中全切（本丁全切）；閩，北盲切（本甫盲切）；平，僕兵切（本符兵切）；凡，符芝切（本符咸切）；芝，敷凡切（本匹凡切）。上聲五字：否，並鄙切（本符鄙切）；貯，知呂切（本丁呂切）；縹，偏小切（本敷沼切）；摽，頻小切（本符小切）；標，邊小切（本方小切）。去聲二字：祿，賓廟切（本方廟切）；窆，班驗切（本方驗切）。不知何人所附。古人製反切，皆取音和，如方、府、甫、武、符等，古人皆讀重唇，後儒不識古音，謂之類隔，非古人之意也。依今音改用重唇字出切，意在便於初學，未為不可。但每韻類隔之音甚多，僅改此二十餘字，其餘置之不論，既昧於古音，而於今音亦無當矣。

十九、王念孙《广雅疏证·序》

（一）教学目标

了解《广雅疏证·序》中关于训诂学的相关知识。

（二）育人目标

1.通过文选内容的学习，了解《广雅疏证·序》相关内容的同时，学习古代学者认真严谨的治学态度及一丝不苟的钻研精神。

2. 通过文选内容的学习，使学生获得训诂知识的同时激发其研究祖国语言文字的兴趣。

（三）学习要点

1. 查找王念孙《广雅疏证·序》原文，直译全文。

2. 阅读链接：查看魏张揖的《广雅》、清王念孙的《广雅疏证》，阅读相关内容，从中了解《广雅》《广雅疏证》的体例、内容及作用等相关知识。

3. 背诵"窃以诂训之旨……不限形体"一段，理解其意旨。结合学习王力《古代汉语》（第二册）通论十六双声迭韵和古音通假内容，掌握音韵知识在古书阅读中的作用——解决文字的通假问题。

4. 阅读陆宗达、王宁的《训诂方法论》，了解训诂方法有几种；思考"因声求义"训诂方法的宗旨在《广雅疏证·序》中是哪句话可以概括的？

5. 阅读王力的《音韵学》、唐作藩的《音韵学教程》，了解相关的古音知识。

6. 结合段玉裁的《广雅疏证·序》，明确文字形音义之间的关系及在解决训诂问题中的作用。

7. 背诵并领会"小学，有形、有音、有义……音与义也"一段的含义。

（四）思考题

1. 概述王念孙对《广雅》的评价。

2. 通过王念孙《广雅疏证·自序》内容的学习，概括其写作主旨。

3. 从两篇"序"文内容所阐发的观点，谈谈王念孙与段玉裁在传统训诂学方面的观点与之前其他研究的区别。

4. 分析说明王念孙与段玉裁在传统训诂学方面的研究对后世训诂学研究所产生的影响。

（五）王念孙《广雅疏证·序》

　　昔者周公制禮作樂，爰箸《爾雅》。其後七十子之徒、漢初綴學之士遞有補益。作者之聖，述者之明，卓乎六藝羣書之鈐鍵矣。至於舊書雅記，詁訓未能悉備，網羅放失，將有待于來者。魏太和中，博士張君稚讓，繼兩漢諸儒後，參攷往籍，徧記所聞，分別部居。依乎《爾雅》，凡所不載，悉箸於篇。其自《易》《書》《詩》《三禮》《三傳》經師之訓，《論語》《孟子》《鴻烈》《法言》之注，楚辭、漢賦之解，讖緯之記，《倉頡》《訓纂》《滂喜》《方言》《說文》之說，靡不兼載。蓋周秦兩漢古義之存者，可據以證其得失；其散逸不傳者，可藉以闚其端緒，則其書之為功於詁訓也大矣。

　　念孫不揆檮昧，為之疏證，殫精極慮，十年於茲。竊以詁訓之旨，本於聲音，故有聲同字異，聲近義同。雖或類聚羣分，實亦同條共貫。譬如振裘必提其領，舉網必挈其綱，故曰本立而道生，知天下之至嘖而不可亂也。此之不寤，則有字別為音，音別為義，或望文虛造而違古義，或墨守成訓而尟會通，易簡之理旣失，而大道多岐矣。今則就古音以求古義，引伸觸類，不限形體。苟可以發明前訓，斯淩雜之譏，亦所不辭。其或張君誤采，博攷以證其失，先儒誤說，參酌而寤其非，以燕石之瑜補荊璞之瑕，適不知量者之用心云爾。張君進表《廣雅》，分為上、中、下，是以《隋書·經籍志》作三卷，而又云梁有四卷，不知所析何篇？隋曹憲《音釋》，《隋志》作四卷，《唐志》作十卷，今所傳十卷之本，音與正文相次。然《館閣書目》云，今逸，但存音三卷，是音與《廣雅》別行之證，較然甚明，特後人合之耳。又憲避煬帝諱，始稱《博雅》，今則仍名《廣雅》。而迻音釋於後，從其朔也。憲所傳本即有舛誤，故音內多據誤字作音，《集韻》《類篇》《太平御覽》諸書所引，其誤，亦或與今本同，蓋是書之譌脫久矣。今據耳目所及，旁攷諸書，以校此本，凡字之譌者五百八十，脫者四百九十，衍者三十九，先後錯亂者百二十三，正文誤入音內者十九，音內字誤入正文者五十七，輒復隨條補正，詳舉所由。最後一卷，子引之嘗習其義，亦即存其說，竊放范氏《穀梁傳集解》子弟列名之例。博訪通人，載稽前典，義或易曉，略而不論，於所不知，蓋闕如也。後有好學湊思之士，匡所不及，企而望之。嘉慶元年正月高郵王念孫敘。

【附】段玉裁《广雅疏证·序》

小學，有形、有音、有義。三者互相求，舉一可得其二。有古形、有今形，有古音、有今音，有古義、有今義。六者互相求，舉一可得其五。

古今者，不定之名也。三代爲古則漢爲今，漢魏晉爲古則唐宋以下爲今。

聖人之制字，有義而後有音，有音而後有形。學者之考字，因形以得其音，因音以得其義。治經莫重於得義，得義莫切於得音。周官六書，指事、象形、形聲、會意四者，形也；轉注、假借二者，馭形者也，音與義也。

三代小學之書不傳，今之存者，形書，《說文》爲之首，《玉篇》以下次之；音書，《廣韻》爲之首，《集韻》以下次之；義書，《爾雅》爲之首，《方言》《釋名》《廣雅》以下次之。《爾雅》《方言》《釋名》《廣雅》者，轉注、假借之條目也。義屬於形，是爲轉注；義屬於聲，是爲假借。稚讓爲魏博士，作《廣雅》，蓋魏以前經傳謠俗之形、音、義彙絆於是，不孰於古形、古音、古義，則其說之存者，無由甄綜；其說之已佚者，無由比例推測。形失，則謂《說文》之外，字皆可廢；音失，則惑於字母七音，猶治絲棼之；義失，則梏於《說文》所說之本義，而廢其假借。又或言假借，而昧其古音。是皆無與於小學者也。

懷祖氏能以三者互求，以六者互求，尤能以古音得經義，蓋天下一人而已矣。假《廣雅》以證其所得，其注之精粹，再有子雲，必能知之。段以是質於懷祖氏，竝質諸天下後世言小學者。

乾隆辛亥八月，金壇段玉裁序。

二十、王引之《经传释词·序》

（一）教学目标

1. 整理文章脉络，理解作者编写本书的目的。

2. 了解王引之为训解古经、传文及先秦古籍创立的方法，以及这些内容对后代虚词研究的影响。

（二）育人目标

通过文选内容的学习，了解王引之虚词研究成果，体会汉语的魅力。

（三）学习要点

1. 查找《经传释词·序》原文，直译全文。

2. 阅读链接：查看王引之的《经传释词》，阅读相关内容，从中了解《经传释词》的体例、内容及作用等相关知识。

3. 了解《经传释词》所收录虚词的用法。

（四）思考题

1. 王引之编撰《经传释词》的目的是什么？

2. 说明《经传释词》的研究方法。

3. 归纳总结王引之在《经传释词》中的虚词分类思想。

（五）王引之《经传释词·序》

　　語詞之釋，肇於《爾雅》。"粵""于"爲"曰"，"兹""斯"爲"此"，"每有"爲"雖"，"誰昔"爲"昔"。若斯之類，皆約舉一隅，以待三隅之反。蓋古今異語，別國方言，類多助語之文。凡其散見於經傳者，皆可比例而知；觸類長之，斯善式古訓者也。

　　自漢以來，說經者宗尚雅訓，凡實義所在，既明箸之矣，而語詞之例，則略而不究；或即以實義釋之，遂使其文扞格，而意亦不明。如"由"，用也；"猷"，道也；而又爲詞之"於"。若皆以"用"與"道"釋之，則《尚書》之"別求聞由古先哲王""大誥猷爾多邦"，皆文義不安矣。（此舉一以例其餘，後皆放此）"攸"，所也；"迪"，蹈也；而又爲詞之"用"。若皆以"所"與"蹈"釋之，則《尚書》之"各迪有功""豐水攸同"，《毛詩》之"風雨攸除，鳥鼠攸去"，皆文義不安矣。"不"，弗也；"否"，不也；"丕"，大也；而又爲發聲與承上之詞。若皆以"弗"與"大"釋之，則《尚書》之"三危既宅，三苗丕敍""我生不有命在天""否則侮厥父母"，《毛詩》之"否難知也""有周不顯，帝命不時"，《禮記》之"不在此位也"，皆文義不安矣。"作"，爲也；而又爲詞之"始"與"及"。若皆以"爲"釋之，則《尚書》之"萬邦作乂""作其即位"，皆文義不安矣。"爲"，作也；而又爲詞之"如"，與"有"，與"與"，與"於"。若皆以"作"釋之，則《左傳》之"何臣之爲"，《晉語》之"稱爲前世"，《穀梁傳》之"近爲禰宮"，《管子》之"爲臣死乎"，《孟子》之"得之爲有財"，皆文義不安矣。又如"如"，若也；而又爲詞之"而"，與"乃"，與"當"，與"與"。"若"，如也；而又爲詞之"其"，與"而"，與"此"，與"惟"。"曰"，言也；而又爲詞之"欥"。"謂"，言也；而又爲詞之"爲"，與"與"，與"如"，與"奈"。"云"，言也；而又爲詞之"有"，與"或"，與"然"。"寧"，安也；而又爲詞之"乃"。"能"，善也；而又爲詞之"而"與"乃"。"無"，不有也；而又為詞之發聲與轉語。"有"，不無也；而又為詞之"為"。"即"，就也；而又為詞之"則"，與"若"，與"或"。"則"，法也；"及"，至也；而又為詞之"若"。"茲"，此也；而又為歎詞。"嗟"，歎詞也；而又為語助。"彼"，他也；而又為詞之"匪"。"匪"，非也；而又為詞之"彼"。"咫"，八寸也；而又為詞之"只"。"允"，信也；而又為詞之"用"。"終"，盡也；而又為詞之"既"。"多"，眾也；而又為詞之"祇"。"適""徂""逝"，皆往也；而"適"又為詞之"啻"；"徂"又為詞之"及"；"逝"又為詞之發聲。"思"，念也；"居"，處也；"夷"，平也；"一"，數之始也；而又皆為語助。"曷"，詞之"何"也；而又為"何不"。"盍"，何不也；而又為"何"。"於"詞之"于"也；而又為"為"，為"與"。"爰"，詞之"曰"也；而又為"與"。"安"，詞之"焉"也；而又為"乃"，為"則"，為"於是"。"焉"，詞之"安"也；而又為"於"，為"是"，為"於是"，為"乃"，為"則"。"惟"，詞之"獨"也；而又為"與"，為"及"，為"雖"。"雖"，不定之詞也；而又為"惟"。"矧"，詞之"況"也；而又為"亦"。"亦"，承上之詞也；而又為語助。"且"，詞之更端也；而又為"此"。"之"，詞之"是"也；而又為"於"，為"其"，為"與"。凡此者，其為古之語詞，較然甚箸。揆之本文而協，驗之他卷而通。雖舊說所無，可以心知其意者也。

引之自庚戌歲入都，侍大人質問經義，始取《尚書》廿八篇紬繹之，而見其詞之發句、助句者，昔人以實義釋之，往往詁籍為病，竊嘗私為之說，而未敢定也。及聞大人論《毛詩》"終風且暴"，《禮記》"此若義也"諸條，發明意恉，渙若冰釋，益復得所遵循，奉為稽式，乃遂引而申之，以盡其義類。自九經、三傳及周、秦、西漢之書，凡助語之交，徧為搜討，分字編次，以為《經傳釋詞》十卷，凡百六十字。前人所未及者補之，誤解者正之，其易曉者則略而不論。非敢舍舊說而尚新奇，亦欲窺測古人之意，以備學者之采擇云爾。嘉慶三年二月一日，高郵王引之敍。

【附】阮元《经传释词·序》

经传中实字易训，虚词难解。《颜氏家训》虽有《音辞篇》，於古训罕有发明，赖《尔雅》《说文》二书，解说古圣贤经传之词气，最为近古。然《说文》惟解特造之字，如"亏""曰"。而不及假借之字，如"而""虽"。《尔雅》所释未全，读者多误。是以但知"攸"训"所"，而不知同"迪"；"攸"与"由"同，"由""迪"古音相转。"迪"音当如"涤"。"涤"之从"攸"，"笛"之从"由"，皆是转音，故"迪""攸"音近也。《释名》曰："笛，涤也。"但见"言"训"我"，而忘其训"闲"。《尔雅》："言，闲也。"即词之闲也。虽以毛、郑之精，犹多误解，何况其馀？

高邮王氏乔梓，贯通经训，兼及词气。昔聆其"终风"诸说，每为解颐，乃劝伯申勒成一书。今二十年，伯申侍郎始刻成《释词》十卷。元读之，恨不能起毛、孔、郑诸儒而共证此快论也。元昔教浙士解经，曾谓《尔雅》"坎、律，铨也"为"欤、聿，诠也"字之讹，辛楣先生题之。又谓《诗》"鲜民之生"，《书》"惠鲜鳏寡"，"鲜"皆"斯"之假借字。《诗》"绸直如发"，"如"当解为"而"。"发"乃实指其发，与"笠"同。非比语。《传》《笺》并误。《老子》"夫佳兵者不祥之器"，"佳"为"隹"同"惟"之讹。《老子》"夫惟"二字相连为辞者甚多。若以为"佳"，则当云"不祥之事"，不当云"器"。若此之畴，学者执是书以求之，当不悖谬於经传矣。《论语》曰："出辞气，斯远鄙倍。"可见古人甚重词气，何况绝代语释乎！

嘉庆二十四年小寒日，阮元书於赣州舟次

二十一、王引之《经义述闻·春秋左传上·王亦能军》

（一）教学目标

1. 了解《经义述闻》的相关知识。

2. 掌握文中就语境以求证词义的训诂方法。

（二）育人目标

1. 通过文选内容的学习，使学生了解作者的训诂思想和训诂方法，感受前人治学的严谨态度，从而在耐心、细心方面与古人治学态度的对比，促进学生在个人意志方面的自我反思。

2.《经义述闻》是王引之校释群经的汇总，是中国语言学史上的重要著作，在词义训诂方面成就斐然，影响深远；通过学习和体会古人对传统语言学的贡献，激励学生自觉投身于祖国语言文字的研究事业中。

（三）学习要点

1. 查找原文，直译全文。

2. 阅读链接：查看王引之的《经义述闻》，阅读相关内容，从中了解《经义述闻》的体例、内容及作用。

3. 了解《经义述闻》在校正古书文字和阐释文字假借方面的内容。

（四）思考题

1. 思考《经义述闻》其他篇目中所用到的训诂方法。

2. 通过学习这篇选文，思考《经义述闻》对学习古汉语的作用。

（五）王引之《经义述闻·春秋左传上·王亦能军》

　　五年，《傳》："王亦能軍。"杜注曰："雖軍敗身傷，猶殿而不奔，故言能軍。"

　　引之謹案：王已傷矣，尚安能殿？自古軍敗而殿，皆群臣為之，不聞王侯身自為殿也。"亦"，當為"不"字，形相似而誤。此言王之餘師不復能成軍耳。宣十二年，《傳》："楚師軍於邲，晉之餘師不能軍"，正與此同。試連上文又讀曰：蔡衛陳皆奔，王卒亂，鄭師合以攻之，王卒大敗。祝聃射王中肩，王不能軍，皆甚言王師之敗也。若云王亦能軍，則與上文隔閡矣。試連下文讀曰：王不能軍，祝聃請從之，是聃以王不能軍，故欲乘其敝也。哀十一年，《傳》：齊人不能師。宵諜曰：齊人遁，舟有請從之三，正與此同。若云：王亦能軍，則又與下文隔閡矣。

二十二、马建忠《马氏文通·序》

（一）教学目标

1. 了解《马氏文通》的创作背景及所建立的汉语语法体系。

2. 掌握《马氏文通》作者马建忠对汉语词类的归纳与总结。

3. 了解《马氏文通》对汉语语法学研究的贡献及对汉语语法发展的影响。

（二）育人目标

1.通过《马氏文通》的创作背景，体会本书写作的必要性和紧迫性。

2.通过文选内容的学习，使学生认识汉语语法研究的重要性，树立"语法"的观念。

3.通过学习让学生建立汉语研究的责任感和使命感。

（三）学习要点

1.查找原文，直译全文。

2.阅读链接：查看马建忠的《马氏文通》，阅读相关内容，从中了解《马氏文通》的体例、内容及作用。

3.了解《马氏文通》对汉语语法学的贡献，明确词法和句法的分类名称。

4.对文章中的重要句子进行翻译、分析，并且能够对字词和语法进行教学。

（四）思考题

1.马建忠对汉语词类的总结分别有哪些？

2.《马氏文通》的研究目的和研究方法是什么？

3.通过文选内容的学习，体会作者对后人研究语法方面有什么期望？

（五）马建忠《马氏文通·序》原文

昔古聖開物成務，廢結繩而造書契，於是文字興焉。夫依類象形之謂文，形聲相益之謂字；閱世遞變而相沿，訛謬至不可殫極。上古渺矣；漢承秦火，鄭、許輩起，務究元本，而小學迺權輿焉。自漢而降，小學旁分，各有專門。歐陽永叔曰："《爾雅》出於漢世，正名物講說資之，於是有訓詁之學；許慎作《說文》，於是有偏旁之學；篆隸古文，為體各異，於是有字書之學；五聲異律，清濁相生，而孫炎始作字音，於是有音韻之學。"吳敬甫分三家：一曰體制，二曰訓詁，三曰音韻。胡元瑞則謂小學一端，門徑十數，有博於文者、義者、音者、蹟者、攷者、評者，統類而要刪之，不外訓詁、音韻、字書三者之學而已。

三者之學，至我朝始稱大備，凡詁釋之難，點畫之細，音韻之微，靡不詳稽旁證，求其至當。然其得失異同，匿庸與嗜奇者，又往往互相主奴，聚訟紛紜，莫衷一是。則以字形字聲，閱世而不能不變，今欲於屢變之後以返求夫未變之先，難矣。蓋所以證其未變之形與聲者，第據此已變者耳；藉令沿源討流，悉其元本所是正者，一字之疑、一音之訛、一畫之誤已耳。殊不知古先造字，點畫音韻，千變萬化，其賦以形而命以聲者，原無不變之理；而所以形其形而聲其聲，以神其形聲之用者，要有一成之律貫乎其中，歷千古而無或少變。蓋形與聲之最易變者，就每字言之；而形聲變而猶有不變者，就集字成句言之也。《易》曰："艮其輔，言有序。"《詩》曰："出言有章。"曰"有序"，曰"有章"，卽此有形有聲之字，施之於用各得其宜，而著為文者也。《傳》曰："物相雜故曰文。"《釋名》謂："會集眾采以成錦繡，會集眾字以成詞誼，如文繡然也。"今字形、字聲之最易變者，則載籍極博，轉使學者無所適從矣；而會集眾字以成文，其道終不變者，則古無傳焉。

士生今日而不讀書為文章則已，士生今日而讀書為文章，將發古人之所未發而又與學者以易知易能，其道奚從哉？《學記》謂："比年入學，中年攷校，一年視離經辨志。"其《疏》云："離經，謂離析經理，使章句斷絕也。"《通雅》引作"離經辨句"，謂"麗于六經使時習之，先辨其句讀也。"（［讀］徐邈音豆。）皇甫茂正云："讀書未知句度，下視服杜。"度卽讀，所謂句心也。然則古人小學，必先講解經理、斷絕句讀也明矣。夫知所以斷絕句讀，必先知所以集字成句成讀之義。劉氏《文心雕龍》云："夫人之立言，因字而生句，積句而成章，積章而成篇。篇之彪炳，章無疵也；章之明靡，句無玷也；句之清英，字不妄也。振本而末從，知一而萬畢矣。"顧振本知一之故，劉氏亦未有發明。

慨夫蒙子入塾，首授以《四子書》，聽其終日伊吾；及少長也，則為之師者，就書衍說。至於逐字之部分類別，與夫字與字相配成句之義，且同一字也，有弁於句首者，有殿於句尾者，以及句讀先後參差之所以然，塾師固昧然也。而一二經師自命與攻乎古文詞者，語之及此，罔不曰此在神而明之耳，未可以言傳也。噫嘻！此豈非循其當然而不求其所以然之蔽也哉！後生學者，將何效藝而問道焉！

上稽經史，旁及諸子百家，下至志書小說，凡措字遣辭，苟可以述吾心中之意以示今而傳後者，博引相參，要皆有一成不變之例。愚故罔揣固陋，取《四書》、《三傳》、《史》、《漢》、韓文為歷代文詞升降之宗，兼及諸子、《語》、《策》，為之字櫛句比，繁稱博引，比例而同之，觸類而長之，窮古今之簡篇，字裏行間，渙然冰釋，皆有以得其會通，輯為一書，名曰《文通》。部分為四：首正名。天下事之可學者各自不同，而其承用之名，亦各有主義而不能相混。佛家之"根""塵""法""相"，法律家之"以""准""各""及其""卽若"，與夫軍中之令，司官之式，皆各自為條例。以及屈平之"靈脩"、莊周之"因是"、鬼谷之"捭闔"、蘇張之"縱橫"，所立之解均不可移置他書。若非預為詮解，標其立義之所在而為之界說，閱者必汒洋而不知其所謂，故以正名冠焉。次論實字。凡字有義理可解者，皆曰"實字"；卽其字所有之義而類之，或主之，或賓之，或先焉，或後焉，皆隨其義以定其句中之位，而措之乃各得其當。次論"虛字"。凡字無義理可解而惟用以助辭氣之不足者曰"虛字"。劉彥和云："至於'夫''惟''蓋''故'者，發端之首唱；'之''而''於''以'者，乃劄句之舊體；'乎''哉''矣''也'，亦送末之常科。"虛字所助，蓋不外此三端，而以類別之者因是已。字類既判，而聯字分疆庶有定準，故以論句讀終焉。

雖然，學問之事，可授受者規矩方圓，其不可授受者心營意造。然卽其可授受者以深求夫不可授受者，而劉氏所論之文心，蘇轍氏所論之文氣，要不難一蹴貫通也。餘特怪伊古以來，皆以文學有不可授受者在，並其可授受者而不一講焉，爰積十餘年之勤求探討以成此編。蓋將探夫自有文字以來至今未宣之秘奧，啟其緘縢，導後人以先路。掛一漏萬，知所不免。所望後起有同志者，悉心領悟，隨時補正，以臻美備，則愚十餘年力索之功庶不泯也已。

　　光緒二十四年三月十九日，丹徒馬建忠序。

第三单元　育人篇——为人处世

　　本单元针对大学生的人生成长之需要而设立。大学期间正是学生人生观、世界观与价值观建立与形成的关键时期。古汉语作为我国优秀传统文化和道德思想的重要载体，在育人方面具有得天独厚的优势。教学中教师应该充分利用这种先天优势，把教书与育人有机结合，努力将学生培养成有知识、有文化、有理想、有道德的人，成为对国家和社会有用的人。为此，本单元选取了十六篇文章，大都反映古人的人生智慧，旨在引导学生学会做人做事，是课程与思想政治教育工作水乳交融的最佳体现。

一、《老子》

（一）教学目标

1. 了解老子的哲学体系及其著作的韵文形式。

2. 了解《老子》的版本及流传。

3. 了解有关《老子》的重要注本。

（二）育人目标

1. 了解老子的思想体系，联系实际掌握道家的核心观点。

2. 深刻领会道家的思想主张、文化内涵及其当代价值。

（三）学习要点

掌握文选中的各种语言现象，特别是使动用法、意动用法。

（四）思考题

1. 阐述老子的自然观。

2. 思考"道"的含义是指什么，并说明其在当今的现实意义。

（五）《老子》（节选）

《老子·二章》

天下皆知美之為美，斯惡已。皆知善之為善，斯不善已。

故有無相生，難易相成，長短相形，高下相傾，音聲相和，前後相隨。

是以聖人處無為之事，行不言之教；萬物作焉而不辭，生而不有，為而不恃，功成而弗居。夫唯不居，是以不去。

《老子·八章》

上善若水。水善利萬物而不爭，處眾人之所惡，故幾於道。

居善地，心善淵，與善仁，言善信，政善治，事善能，動善時。夫唯不爭，故無尤。

《老子·九章》

持而盈之，不如其已；

揣而銳之，不可長保。

金玉滿堂，莫之能守；

富貴而驕，自遺其咎。

功遂身退，天之道也。

《老子·二十五章》

有物混成，先天地生。寂兮寥兮，獨立而不改，周行而不殆，可以為天地母。吾不知其名，強字之曰道，強為之名曰大。大曰逝，逝曰遠，遠曰反。

故曰：道大，天大，地大，人亦大。域中有四大，而人居其一焉。

人法地，地法天，天法道，道法自然。

《老子·二十七章》

善行無轍跡，善言無瑕謫；善數不用籌策；善閉無關楗而不可開，善結無繩約而不可解。

是以聖人常善救人，故無棄人；常善救物，故無棄物。是謂襲明。

故善人者，不善人之師；不善人者，善人之資。不貴其師，不愛其資，雖智大迷，是謂要妙。

《老子·三十六章》

将欲歙之，必固張之；将欲弱之，必固强之；将欲廢之，必固興之；将欲取之，必固與之。是謂微明。

柔弱勝剛强。魚不可脱於淵，國之利器不可以示人。

《老子·六十六章》

江海之所以能為百穀王者，以其善下之，故能為百穀王。

是以聖人欲上民，必以言下之；欲先民，必以身後之。是以聖人處上而民不重，處前而民不害。是以天下樂推而不厭。以其不争，故天下莫能與之争。

《老子·八十一章》

信言不美，美言不信。

善者不辯，辯者不善。

知者不博，博者不知。

聖人不積，既以為人己愈有，既以與人己愈多。

天之道，利而不害；聖人之道，為而不争。

二、《论语》

（一）教学目标

1.借助工具书熟悉、掌握文选中出现的字词，结合各家注本正确解读文选的内容。

2.结合常用词的分析，系统掌握文选中字词在古代汉语中的各种用法。

3.围绕文选的内容，查阅资料，了解相关的古代文化知识；掌握文选中出现的古代汉语各种句式及特点，培养自觉观察、分析古代汉语中这些语法现象的能力。

（二）育人目标

深刻领会儒家思想的精髓及现实意义。

（三）学习要点

1. 正确理解《论语》内容，了解其体例、语言风格、古今重要注本。
2. 学习和掌握文选中出现的古代汉语的句法特点。
3. 利用古注材料正确解释文选中的字词句义。

（四）思考题

1. 简述儒家的核心思想及在你生活学习中的启示和影响。
2. 联系实际谈谈你对《论语》的认识。

（五）《论语》（节选）

《論語·學而》

曾子曰："吾日三省吾身：為人謀而不忠乎？與朋友交而不信乎？傳不習乎？"

子曰："弟子入則孝，出則悌，謹而信，汎愛衆，而親仁。行有餘力，則以學文。"

《論語·為政》

子曰："由！誨女知之乎！知之為知之，不知為不知，是知也。"

子曰："人而無信，不知其可也。大車無輗，小車無軏，其何以行之哉？"

《論語·裏仁》

子曰："君子喻於義，小人喻於利。"

子曰："見賢思齊焉，見不賢而內自省也。"

子曰："君子欲訥於言而敏於行。"

子曰："德不孤，必有鄰。"

《論語·公冶長》

宰予晝寢。子曰："朽木不可雕也，糞土之牆不可杇也，於予與何誅？"子曰："始吾於人也，聽其言而信其行；今吾於人也，聽其言而觀其行。於予與改是。"

子曰："巧言、令色、足恭，左丘明恥之，丘亦恥之。匿怨而友其人，左丘明恥之，丘亦恥之。"

《論語·雍也》

哀公問："弟子孰為好學？"孔子對曰："有顏回者好學，不遷怒，不貳過。不幸短命死矣，今也則亡，未聞好學者也。"

子曰："賢哉！回也。一簞食，一瓢飲，在陋巷。人不堪其憂，回也不改其樂。賢哉！回也。"

子曰："質勝文則野，文勝質則史。文質彬彬，然後君子。"

子曰："知者樂水，仁者樂山。知者動，仁者靜。知者樂，仁者壽。"

子曰："君子博學於文，約之以禮，亦可以弗畔矣夫！"

《論語·述而》

子曰："德之不脩，學之不講，聞義不能徙，不善不能改，是吾憂也。"

子曰："飯疏食飲水，曲肱而枕之，樂亦在其中矣。不義而富且貴，於我如浮雲。"

子曰："君子坦蕩蕩，小人長戚戚。"

《論語·泰伯》

曾子曰："可以託六尺之孤，可以寄百里之命，臨大節而不可奪也。君子人與？君子人也。"

曾子曰："士不可以不弘毅，任重而道遠。仁以為己任，不亦重乎？死而後已，不亦遠乎？"

子曰："篤信好學，守死善道。危邦不入，亂邦不居。天下有道則見，無道則隱。邦有道，貧且賤焉，恥也。邦無道，富且貴焉，恥也。"

子曰："不在其位，不謀其政。"

《論語·子罕》

子絕四：毋意，毋必，毋固，毋我。

子曰："三軍可奪帥也，匹夫不可奪志也。"

《論語·先進》

子曰："先進於禮樂，野人也；後進於禮樂，君子也。如用之，則吾從先進。"

子曰："從我於陳、蔡者，皆不及門也。"

德行：顏淵、閔子騫、冉伯牛、仲弓。言語：宰我、子貢。政事：冉有、季路。文學：子游、子夏。

子曰："回也非助我者也，於吾言無所不說。"

子曰："孝哉，閔子騫！人不間於其父母昆弟之言。"

南容三復白圭，孔子以其兄之子妻之。

季康子問："弟子孰為好學？"孔子對曰："有顏回者好學，不幸短命死矣！今也則亡。"

顏淵死，顏路請子之車以為之椁。子曰："才不才，亦各言其子也。鯉也死，有棺而無椁。吾不徒行以為之椁。以吾從大夫之後，不可徒行也。"

顏淵死。子曰："噫！天喪予！天喪予！"

顏淵死，子哭之慟。從者曰："子慟矣。"曰："有慟乎？非夫人之為慟而誰為？"

顏淵死，門人欲厚葬之。子曰："不可。"門人厚葬之。子曰："回也視予猶父也，予不得視猶子也。非我也，夫二三子也。"

季路問事鬼神。子曰："未能事人，焉能事鬼？"曰："敢問死。"曰："未知生，焉知死？"

閔子侍側，誾誾如也；子路，行行如也；冉有、子貢，侃侃如也。子樂。"若由也，不得其死然。"

魯人為長府。閔子騫曰："仍舊貫，如之何？何必改作？"子曰："夫人不言，言必有中。"

子曰："由之瑟，奚為於丘之門？"門人不敬子路。子曰："由也升堂矣，未入於室也。"

子貢問："師與商也孰賢？"子曰："師也過，商也不及。"曰："然則師愈與？"子曰："過猶不及。"

季氏富於周公，而求也為之聚斂而附益之。子曰："非吾徒也。小子鳴鼓而攻之，可也。"

柴也愚，參也魯，師也辟，由也喭。

子曰："回也其庶乎，屢空。賜不受命，而貨殖焉，億則屢中。"

子張問善人之道。子曰："不踐跡，亦不入於室。"

子曰："論篤是與，君子者乎？色莊者乎？"

子路問："聞斯行諸？"子曰："有父兄在，如之何其聞斯行之？"冉有問："聞斯行諸？"子曰："聞斯行之。"

公西華曰："由也問聞斯行諸，子曰'有父兄在'；求也問聞斯行諸，子曰'聞斯行之'。赤也惑，敢問。"子曰："求也退，故進之；由也兼人，故退之。"

子畏於匡，顏淵後。子曰："吾以女為死矣。"曰："子在，回何敢死？"

季子然問："仲由、冉求可謂大臣與？"子曰："吾以子為異之問，曾由與求之問。所謂大臣者：以道事君，不可則止。今由與求也，可謂具臣矣。"曰："然則從之者與？"子曰："弒父與君，亦不從也。"

子路使子羔為費宰。子曰："賊夫人之子。"子路曰："有民人焉，有社稷焉，何必讀書，然後為學？"子曰："是故惡夫佞者。"

子路、曾皙、冉有、公西華侍坐。子曰："以吾一日長乎爾，毋吾以也。居則曰：'不吾知也！'如或知爾，則何以哉？"子路率爾而對曰："千乘之國，攝乎大國之間，加之以師旅，因之以饑饉；由也為之，比及三年，可使有勇，且知方也。"夫子哂之。"求！爾何如？"對曰："方六七十，如五六十，求也為之，比及三年，可使足民。如其禮樂，以俟君子。""赤！爾何如？"對曰："非曰能之，願學焉。宗廟之事，如會同，端章甫，願為小相焉。""點！爾何如？"鼓瑟希，鏗爾，舍瑟而作。對曰："異乎三子者之撰。"子曰："何傷乎？亦各言其志也。"曰："莫春者，春服既成，冠者五六人，童子六七人，浴乎沂，風乎舞雩，詠而歸。"夫子喟然嘆曰；"吾與點也！"三子者出，曾晳後。曾晳曰："夫三子者之言何如？"子曰："亦各言其志也已矣。"曰："夫子何哂由也？"曰："為國以禮，其言不讓，是故哂之。""唯求則非邦也與？""安見方六七十如五六十而非邦也者？""唯赤則非邦也與？""宗廟會同，非諸侯而何？赤也為之小，孰能為之大？"

《論語·顏淵》

顏淵問仁。子曰："克己復禮為仁。一日克己復禮，天下歸仁焉。為仁由己，而由人乎哉？"顏淵曰："請問其目。"子曰："非禮勿視，非禮勿聽，非禮勿言，非禮勿動。"顏淵曰："回雖不敏，請事斯語矣！"

子貢問政。子曰："足食，足兵，民信之矣。"子貢曰："必不得已而去，於斯三者何先？"曰："去兵。"子貢曰："必不得已而去，於斯二者何先？"曰："去食。自古皆有死，民無信不立。"

棘子成曰："君子質而已矣，何以文為？"子貢曰："惜乎！夫子之說，君子也。駟不及舌。文猶質也，質猶文也。虎豹之鞟猶犬羊之鞟。"

子曰："君子成人之美，不成人之惡；小人反是。"

季康子問政於孔子。孔子對曰："政者，正也。子帥以正，孰敢不正？"

季康子患盜，問於孔子。孔子對曰："苟子之不欲，雖賞之不竊。"

《論語·子路》

子曰："其身正，不令而行；其身不正，雖令不從。"

子夏為莒父宰，問政。子曰："無欲速，無見小利。欲速，則不達；

见小利，则大事不成。"

子曰："君子和而不同，小人同而不和。"

子贡问曰："乡人皆好之，何如？"子曰："未可也。""乡人皆恶之，何如？"子曰："未可也。不如乡人之善者好之，其不善者恶之。"

《论语·宪问》

子曰："有德者必有言，有言者不必有德；仁者必有勇，勇者不必有仁。"

子曰："君子道者三，我无能焉：仁者不忧，知者不惑，勇者不惧。"子贡曰："夫子自道也！"

子曰："不患人之不己知，患其不能也。"

或曰："以德报怨，何如？"子曰："何以报德？以直报怨，以德报德。"

子曰："莫我知也夫！"子贡曰："何为其莫知子也？"子曰："不怨天，不尤人，下学而上达。知我者其天乎！"

《论语·卫灵公》

子曰："志士仁人，无求生以害仁，有杀身以成仁。"

子贡问为仁。子曰："工欲善其事，必先利其器。居是邦也，事其大夫之贤者，友其士之仁者。"

子曰："人无远虑，必有近忧。"

子曰："君子求诸己，小人求诸人。"

子曰："君子矜而不争，群而不党。"

子曰："君子不以言举人，不以人废言。"

子贡问曰："有一言而可以终身行之者乎？"子曰："其恕乎！己所不欲，勿施于人。"

《论语·阳货》

子张问仁于孔子。孔子曰："能行五者于天下为仁矣。"请问之。曰："恭、宽、信、敏、惠。恭则不侮，宽则得众，信则人任焉，敏则有功，惠則足以使人。"

子曰："巧言令色，鮮矣仁。"

子曰："予欲無言。"子貢曰："子如不言，則小子何述焉？"子曰："天何言哉？四時行焉，百物生焉，天何言哉？"

宰我問："三年之喪，期已久矣。君子三年不為禮，禮必壞；三年不為樂，樂必崩。舊穀既沒，新穀既升，鑽燧改火，期可已矣。"子曰："食夫稻，衣夫錦，於女安乎？"曰："安。""女安，則為之！夫君子之居喪，食旨不甘，聞樂不樂，居處不安，故不為也。今女安，則為之！"

宰我出。子曰："予之不仁也！子生三年，然後免於父母之懷。夫三年之喪，天下之通喪也。予也有三年之愛於其父母乎！"

子路曰："君子尚勇乎？"子曰："君子義以為上。君子有勇而無義為亂，小人有勇而無義為盜。"

《論語·子張》

子夏之門人問交於子張。子張曰："子夏云何？"對曰："子夏曰'可者與之，其不可者拒之'。"子張曰："異乎吾所聞：君子尊賢而容眾，嘉善而矜不能。我之大賢與，於人何所不容？我之不賢與，人將拒我，如之何其拒人也？"

子夏曰："博學而篤志，切問而近思，仁在其中矣。"

三、《孟子》

（一）教学目标

1. 对选文中出现的重点字词、知识及句法现象进行梳理，以疏通文意。

总结重点语言现象并加以积累。

2.通过学习《孟子》，激发学生对国学的兴趣，领会其中做人的道理。

（二）育人目标

通过选文内容的学习，领会《孟子》中成大事之人必先磨练其意志之意，提示学生要具有忧患意识；向往君子的品行，学会反省自己，修身立德，树立正确的人生观与价值观。

（三）学习要点

1.词汇（重点词语）。

积累常见的文言词语，掌握基本的词汇，能够利用词汇疏通文意，如畎亩、拂士、横逆、商贾、奚、难、亲、妄人等。

2.文字。

（1）通假字：曾与增　拂与弼　衡与横　佚与逸

（2）古今字：知—智

3.语法（具体）。

（1）词类活用：苦、劳、饿、空的使动用法。

（2）特殊句式：①补语：舜发于畎亩之中。

②判断句：君子所以异于人者。

③介宾短语：其待我以横逆。

（3）常见虚词：以、之、于。

（四）思考题

1.谈谈你对"生于忧患，死于安乐"这句话的理解，并说明其现实意义。

2.简述作者借性与命之辩所要表达的内容。

3. 谈谈你所理解的孟子心中的"君子"。

（五）《孟子》（节选）

《孟子·告子下·舜发于畎亩之中》

孟子曰："舜發於畎畝之中，傅說舉於版筑之間，膠鬲舉於魚鹽之中，管夷吾舉於士，孫叔敖舉於海，百里奚舉於市。故天將降大任於斯人也，必先苦其心志，勞其筋骨，餓其體膚，空乏其身，行拂亂其所為；所以動心忍性，曾益其所不能。人恒過，然後能改；困於心、衡於慮而後作；徵於色、發於聲而後喻。入則無法家拂士，出則無敵國外患者，國恒亡。然後知生於憂患，而死於安樂也。"

《孟子·盡心下·孟子曰，口之於味也章》（节选）

孟子曰："口之於味也，目之於色也，耳之於聲也，鼻之於臭也，四肢之於安佚也，性也，有命焉，君子不謂性也。仁之於父子也，義之於君臣也，禮之於賓主也，知之於賢者也，聖人之於天道也，命也，有性焉，君子不謂命也。"

《孟子·離婁下·孟子曰，君子所以異於人者章》

孟子曰："君子所以異於人者，以其存心也。君子以仁存心，以禮存心。仁者愛人，有禮者敬人。愛人者，人恒愛之；敬人者，人恒敬之。有人於此，其待我以橫逆，則君子必自反也：我必不仁也，必無禮也，此物奚宜至哉？其自反而仁矣，自反而有禮矣，其橫逆由是也，君子必自反也：我必不忠。自反而忠矣，其橫逆由是也，君子曰：'此亦妄人也已矣。如此，則與禽獸奚擇哉？於禽獸又何難焉？'是故君子有終身之憂，無一朝之患也。乃若所憂則有之：舜，人也；我，亦人也。舜為法於天下，可傳於後世，我由未免為鄉人也，是則可憂也。憂之如何？如舜而已矣。若夫君子所患則亡矣。非仁無為也，非禮無行也。如有一朝之患，則君子不患矣。"

四、《礼记》

（一）教学目标

1. 积累重点字词并理解其语法现象，归纳总结其内在规律。

2. 引导学生理解文中的儒者价值，激发学生对个人道德观念、行为准则的思考。

3. 思考"君子慎独""君子中庸"的含义，理解何谓中庸。

4. 将体会到的中庸之道与学生的生活相结合，弘扬中华民族优秀传统美德。

5. 领会《大学》的现实意义。

（二）育人目标

1. 通过《礼记·儒行》内容的学习，明确孔子所说的儒者所具备的性格和品德，通过分析何为儒者，深入思考《礼记·儒行》的时代意义。

2. 通过选文内容的学习，了解儒家"君子"为人的要求：尊奉德行，善学好问，追求至诚；引导学生在自己的为人行事中去体会和感悟，希望学生在学习中能够做到博学、审问、慎思、明辨、笃行。学习传统文化，接受传统文化的熏陶。

3. 通过选文内容的学习，使学生领会《大学》光明正大的品德，提高学生的思想境界。

4. 引导学生联系社会现实，思考如何修身养性、服务社会、报效祖国。

5. 感受中华文化的魅力，欣赏中国语言之美，培养对祖国文字的热爱之情。

（三）学习要点

1. 词汇。

掌握文中重点字词的含义。如"大学""亲民""止于""格""胖"等较难理解的词语。

2. 文字。

（1）通假字："谦"与"慊"。

（2）古今字："大"与"太"。

3. 语法。

（1）词类活用："明"的使动用法。

（2）特殊句式：宾语前置句"未之有也"。

（3）常见虚词："于""然""之"等。

（四）思考题

1. 思考《礼记·儒行》的表达效果。

2. 概括孔子所说"儒行"的具体内容。

3. 谈谈你学习《礼记·儒行》的心得体会。

4. 概述《礼记·中庸》中"诚"的具体含义。

5. 描述《礼记·中庸》所推崇的"真诚"的最高境界。

6. 为人应该如何拥有好的德行？

7. 宾语前置句都有哪些？

8. 何为"中庸"？

9. 如何实现"中庸之道"？

10. "中庸之道"在现实生活中有何作用及意义？

11. 概括"大学"的根本宗旨。

12. 分析 "三纲领"（明明德、亲民、止于至善）和 "八条目"（格物、致知、诚意、正心、修身、齐家、治国、平天下）之间的关系。

13. 思考修身养性的现实意义。

14. 探讨应该如何做到修身养性？

（五）《礼记》（节选）

《礼记·儒行》

鲁哀公問於孔子曰："夫子之服，其儒服與？"孔子對曰："丘少居魯，衣逢掖之衣；長居宋，冠章甫之冠。丘聞之也，君子之學也博，其服也鄉。丘不知儒服。"哀公曰："敢問儒行？"孔子對曰："遽數之不能終其物，悉數之。乃留更僕未可終也。"哀公命席，孔子侍，曰："儒有席上之珍以待聘，夙夜強學以待問，懷忠信以待舉，力行以待取。其自立有如此者。"

儒有衣冠中，動作慎；其大讓如慢，小讓如偽；大則如威，小則如愧；其難進而易退也，粥粥若無能也。其容貌有如此者。

儒有居處齊難，其坐起恭敬；言必先信，行必中正；道塗不爭險易之利，冬夏不爭陰陽之和；愛其死以有待也，養其身以有為也。其備豫有如此者。

儒有不寶金玉，而忠信以為寶；不祈土地，立義以為土地；不祈多積，多文以為富；難得而易祿也，易祿而難畜也。非時不見，不亦難得乎？非義不合，不亦難畜乎？先勞而後祿，不亦易祿乎？其近人有如此者。

儒有委之以貨財，淹之以樂好，見利不虧其義；劫之以眾，沮之以兵，見死不更其守；鷙蟲攫搏，不程勇者；引重鼎，不程其力；往者不悔，來者不豫；過言不再，流言不極；不斷其威，不習其謀。其特立有如此者。

儒有可親而不可劫也，可近而不可迫也，也可殺而不可辱也。其居處不淫，其飲食不溽，其過失可微辨而不可面數也。其剛毅有如此者。

儒有忠信以為甲胄，禮義以為干櫓；戴仁而行，抱義而處；雖有暴政，不更其所。其自立有如此者。

儒有一畝之宮，環堵之室，篳門圭窬，蓬戶甕牖；易衣而出，並日而食；上答之不敢以疑，上不答不敢以諂。其仕有如此者。

儒有今人與居，古人與稽；今世行之，後世以為楷；適弗逢世，上弗援，下弗推，讒諂之民有比黨而危之者；身可危也，而志不可奪也；雖危起居，竟信其志，猶將不忘百姓之病也。其憂思有如此者。

儒有博學而不窮，篤行而不倦，幽居而不淫，上通而不困；禮之以和為貴，忠信之美，優遊之法；慕賢而容眾，毀方而瓦合。其寬裕有如此者。

儒有內稱不辟親，外舉不辟怨，程功積事，推賢而進達之，不望其報，君得其志；苟利國家，不求富貴。其舉賢援能有如此者。

儒有聞善以相告也，見善以相示也；爵位相先也，患難相死也；久相待也，遠相致也。其任舉有如此者。

儒有澡身而浴德，陳言而伏，靜而正之，上弗知也，麤而翹之，又不急為也；不臨深而為高，不加少而為多；世治不輕，世亂不沮；同弗與，異弗非也。其特立獨行有如此者。

儒有上不臣天子，下不事諸侯；慎靜而尚寬，強毅以與人，博學以知服，近文章，砥礪廉隅；雖分國，如錙銖，不臣不仕。其規為有如此者。

儒有合志同方，營道同術；並立則樂，相下不厭；久不相見，聞流言不信；其行本方立義；同而進，不同而退。其交友有如此者。

溫良者，仁之本也。敬慎者，仁之地也。寬裕者，仁之作也。孫接者，仁之能也。禮節者，仁之貌也。言談者，仁之文也。歌樂者，仁之和也。分散者，仁之施也。儒皆兼此而有之，猶且不敢言仁也。其尊讓有如此者。

儒有不隕穫於貧賤，不充詘於富貴，不慁君王，不累長上，不閔有司，故曰儒。今眾人之命儒也妄，常以儒相詬病。

孔子至舍，哀公館之，聞此言也，言加信，行加義，"終沒吾世，不敢以儒為戲"。

《禮記·大學》"大學之道"至"止於信"

大學之道在明明德，在親民，在止於至善。知止而后有定，定而后能靜，靜而后能安，安而后能慮，慮而后能得。物有本末，事有終始，知所先後，則近道矣。古之欲明明德於天下者，先治其國；欲治其國者，先齊其家；欲齊其家者，先脩其身；欲脩其身者，先正其心；欲正其心者，先誠其意；欲誠其意者，先致其知；致知在格物。物格而后知至，知至而后意誠，意誠而后心正，心正而后身脩，身脩而后家齊，家齊而后國治，國治而后天下平。

自天子以至於庶人，壹是皆以脩身為本。其本亂而末治者，否矣。其所厚者薄，而其所薄者厚，未之有也。此謂知本，此謂知之至也。

所謂誠其意者，毋自欺也，如惡惡臭，如好好色。此之謂自謙。故君子必慎其獨也。小人閒居為不善，無所不至，見君子而后厭然揜其不善而著其善，人之視己如見其肺肝然，則何益矣。此謂誠於中，形於外，故君子必慎其獨也。曾子曰："十目所視，十手所指，其嚴乎！"富潤屋，德潤身，心廣體胖，故君子必誠其意。

《詩》云："瞻彼淇澳，菉竹猗猗。有斐君子，如切如磋，如琢如磨。瑟兮僩兮，赫兮喧兮。有斐君子，終不可諠兮。""如切如磋"者，道學也，"如琢如磨"者，自脩也。"瑟兮僩兮"者，恂栗也。"赫兮喧兮"者，威儀也。"有斐君子終不可諠兮"者，道盛德至善，民之不能忘也。《詩》云："於戲前王不忘。"君子賢其賢而親其親，小人樂其樂而利其利，此以沒世不忘也。《康誥》曰："克明德。"《大甲》曰："顧諟天之明命。"《帝典》曰："克明峻德。"皆自明也。湯之《盤銘》曰："苟日新，日日新，又日新。"《康誥》曰："作新民。"《詩》曰："周雖舊邦，其命惟新。"是故君子無所不用其極。《詩》云："邦畿千裏，惟民所止。"《詩》云："緡蠻黃鳥，止於丘隅。"子曰："於止，知其所止，可以人而不如鳥乎？"《詩》云："穆穆文王，於緝熙敬止。"為人君止於仁，為人臣止於敬，為人子止於孝，為人父止於慈，與國人交止於信。

《禮記·中庸》"天命之謂性"至"道其不行矣夫"

天命之謂性，率性之謂道，脩道之謂教。道也者，不可須臾離也，可離非道也。是故君子戒慎乎其所不睹，恐懼乎其所不聞。莫見乎隱，莫顯乎微，故君子慎其獨也。喜怒哀樂之未發謂之中，發而皆中節謂之和。中也者，天下之大本也；和也者，天下之達道也。致中和，天地位焉，萬物育焉。

仲尼曰："君子中庸，小人反中庸。君子之中庸也，君子而時中；小人之中庸也，小人而無忌憚也。"子曰："中庸其至矣乎！民鮮能久矣。"子曰："道之不行也，我知之矣：知者過之，愚者不及也。道之不明也，我知之矣：賢者過之，不肖者不及也。人莫不飲食也，鮮能知味也。"子曰："道其不行矣夫！"

《禮記·中庸》"在下位不獲乎上"至"敦厚以崇禮"

在下位不獲乎上，民不可得而治矣。獲乎上有道，不信乎朋友，不獲乎上矣。信乎朋友有道，不順乎親，不信乎朋友矣。順乎親有道，反諸身不誠，不順乎親矣。誠身有道，不明乎善，不誠乎身矣。

誠者，天之道也。誠之者，人之道也。誠者，不勉而中，不思而得，從容中道，聖人也。誠之者，擇善而固執之者也。博學之，審問之，慎思之，明辨之，篤行之。有弗學，學之弗能弗措也。有弗問，問之弗知弗措也。有弗思，思之弗得弗措也。有弗辨，辨之弗明弗措也。有弗行，行之弗篤弗措也。人一能之，己百之；人十能之，己千之。果能此道矣，雖愚必明，雖柔必強。

自誠明謂之性，自明誠謂之教。誠則明矣，明則誠矣。唯天下至誠為能盡其性，能盡其性則能盡人之性，能盡人之性則能盡物之性，能盡物之性則可以贊天地之化育，可以贊天地之化育則可以與天地參矣。

其次致曲。曲能有誠，誠則形，形則著，著則明，明則動，動則變，變則化，唯天下至誠為能化。

至誠之道，可以前知。國家將興，必有禎祥；國家將亡，必有妖孽。見乎蓍龜，動乎四體，禍福將至，善必先知之，不善必先知之。故至誠如神。

誠者自成也，而道自道也。誠者物之終始，不誠無物，是故君子誠之為貴。誠者非自成己而已也，所以成物也。成己，仁也；成物，知也。性之德也，合外內之道也，故時措之宜也。故至誠無息，不息則久，久則徵，徵則悠遠，悠遠則博厚，博厚則高明。博厚所以載物也，高明所以覆物也，悠久所以成物也。博厚配地，高明配天，悠久無疆。如此者，不見而章，不動而變，無為而成。天地之道可壹言而盡也。其為物不貳，則其生物不測。天地之道，博也，厚也，高也，明也，悠也，久也。

今夫天，斯昭昭之多，及其無窮也，日月星辰繫焉，萬物覆焉。今夫地，一撮土之多，及其廣厚，載華嶽而不重，振河海而不洩，萬物載焉。今夫山，一卷石之多，及其廣大，草木生之，禽獸居之，寶藏興焉。今夫水，一勺之多，及其不測，黿鼉蛟龍魚鱉生焉，貨財殖焉。《詩》曰："惟天之命，於穆不已。"蓋曰天之所以為天也。"於乎不顯，文王之德之純"，蓋曰文王之所以為文也，純亦不已。

大哉聖人之道，洋洋乎發育萬物，峻極于天，優優大哉！禮儀三百，威儀三千，待其人然後行，故曰："苟不至德，至道不凝焉。"

故君子尊德性而道問學，致廣大而盡精微，極高明而道中庸，溫故而知新，敦厚以崇禮。

五、《庄子》

（一）教学目标

1. 了解《庄子》的思想体系、语言风格、编纂体例、古今注本等相关内容。

2. 正确分析、解释文选中的各种语言现象，尤其要掌握连词、介词、语气词等虚词用法及词头和词尾。

（二）育人目标

1. 深刻领会庄子的政治思想、主张，体会其文化内涵的现实意义与价值。

2. 感受《庄子》的文体风格，引导学生对古代汉语的热爱。

（三）学习要点

1. 词汇：连绵词、同源词、连词、介词、语气词。

2. 语法：与动用法、为动用法、宾语前置。

（四）思考题

1. 简述儒道思想的异同。

2. 谈谈《庄子》的语言风格。

（五）《庄子》（节选）

《庄子·齐物论》

南郭子綦隱机而坐，仰天而噓，荅焉似喪其耦。顏成子游立侍乎前，曰："何居乎？形固可使如槁木，而心固可使如死灰乎？今之隱机者，非昔之隱机者也。"

子綦曰："偃，不亦善乎，而問之也！今者吾喪我，汝知之乎？女聞人籟而未聞地籟，女聞地籟而未聞天籟夫！"

子游曰："敢問其方。"

子綦曰："夫大塊噫氣，其名為風。是唯無作，作則萬竅怒呺。而獨不聞之翏翏乎？山陵之畏隹，大木百圍之竅穴，似鼻，似口，似耳，似枅，似圈，似臼，似洼者，似污者；激者，謞者，叱者，吸者，叫者，譹者，宎者，咬者。前者唱于而隨著唱喁。泠風則小和，飄風則大和，厲風濟則眾竅為虛。而獨不見之調調之刁刁乎？"

子游曰："地籟則眾竅是已，人籟則比竹是已。敢問天籟。"

子綦曰："夫天籟者，吹萬不同，而使其自己也，咸其自取，怒者其誰邪！"

大知閑閑，小知間間；大言炎炎，小言詹詹。其寐也魂交，其覺也形開。與接為搆，日以心鬭。縵者、窖者、密者。小恐惴惴，大恐縵縵。其發若機栝，其司是非之謂也；其留如詛盟，其守勝之謂也；其殺若秋冬，以言其日消也；其溺之所為之，不可使復之也；其厭也如緘，以言其老洫也；近死之心，莫使復陽也。喜怒哀樂，慮嘆變熱，姚佚啟態；樂出虛，蒸成菌。日夜相代乎前，而莫知其所萌。已乎，已乎！旦暮得此，其所由以生乎！

非彼無我，非我無所取。是亦近矣，而不知其所為使。若有真宰，而特不得其眹。可行已信，而不見其形，有情而無形。百骸、九竅、六藏，賅而存焉，吾誰與為親？汝皆說之乎？其有私焉？如是皆有為臣妾乎？其臣妾不足以相治乎？其遞相為君臣乎？其有真君存焉？如求得其情與不得，無益損乎其真。一受其成形，不化以待盡。與物相刃相靡，其行進如馳，而莫之能止，不亦悲乎！終身役役而不見其成功，苶然疲役而不知其所歸，可不哀邪！人謂之不死，奚益！其形化，其心與之然，可不謂大哀乎？人之生也，固若是芒乎？其我獨芒，而人亦有不芒者乎？

夫隨其成心而師之，誰獨且無師乎？奚必知代而心自取者有之？愚者與有焉。未成乎心而有是非，是今日適越而昔至也。是以無有為有。無有為有，雖有神禹，且不能知，吾獨且奈何哉！

夫言非吹也，言者有言，其所言者特未定也。果有言邪？其未嘗有言邪？其以為異於鷇音，亦有辯乎？其無辯乎？道惡乎隱而有真偽？言惡乎隱而有是非？道惡乎往而不存？言惡乎存而不可？道隱於小成，言隱於榮華。故有儒墨之是非，以是其所非而非其所是。欲是其所非而非其所是，則莫若以明。

物无非彼，物无非是。自彼則不見，自知則知之。故曰彼出於是，是亦因彼。彼是方生之說也，雖然，方生方死，方死方生；方可方不可，方不可方可。因是因非，因非因是。是以聖人不由，而照之於天，亦因是也。是亦彼也，彼亦是也。彼亦一是非，此亦一是非。果且有彼是乎哉？果且无彼是乎哉？彼是莫得其偶，謂之道樞。樞始得其環中，以應无窮。是亦一无窮，非亦一无窮也。故曰：莫若以明。

以指喻指之非指，不若以非指喻指之非指也；以馬喻馬之非馬，不若以非馬喻馬之非馬也。天地一指也，萬物一馬也。

道行之而成，物謂之而然。有自也而可，有自也而不可。有自也而然，有自也而不然。惡乎然？然於然。惡乎不然？不然於不然。惡乎可？可於可。惡乎不可？不可於不可。物固有所然，物固有所可。无物不然，无物不可。故為是舉莛與楹，厲與西施，恢恑憰怪，道通為一。其分也，成也；其成也，毀也。凡物無成與毀，復通為一。

唯達者知通為一，為是不用而寓諸庸；因是已。已而不知其然，謂之道。勞神明為一，而不知其同也，謂之朝三。何謂朝三？狙公賦芧，曰：

"朝三而暮四，"衆狙皆怒。曰："然則朝四而暮三。"衆狙皆悅。名實未虧而喜怒為用，亦因是也。是以聖人和之以是非而休乎天鈞，是之謂兩行。

古之人，其知有所至矣！惡乎至？有以為未始有物者，至矣，盡矣，不可以加矣。其次，以為有物矣，而未始有封也。其次，以為有封焉，而未始有是非也。是非之彰也，道之所以虧也。道之所以虧，愛之所以成。果且有成與虧乎哉？果且無成與虧乎哉？有成與虧，故昭氏之鼓琴也；無成與虧，故昭氏之不鼓琴也。昭文之鼓琴也，師曠之枝策也，惠子之據梧也，三子之知，幾乎皆其盛者也，故載之末年。唯其好之策也，以異於彼，其好之也，欲以明之。彼非所明而明之，故以堅白之昧終。而其子又以文之綸終，終身無成。若是而可謂成乎？雖我無成，亦可謂成矣。若是而不可謂成乎？物與我無成也。是故滑疑之耀，聖人之所圖也。為是不用而寓諸庸，此之謂以明。

今且有言於此，不知其與是類乎？其與是不類乎？類與不類，相與為類，則與彼无以異矣。雖然，請嘗言之。有始也者，有未始有始也者，有未始有夫未始有始也者。有有也者，有无也者，有未始有无也者，有未始有夫未始有无也者。俄而有无矣，而未知有无之果孰有孰无也。今我則已有謂矣，而未知吾所謂之其果有謂乎，其果无謂乎？

天下莫大於秋豪之末，而大山為小；莫壽於殤子，而彭祖為夭。天地與我並生，而萬物與我為一。既已為一矣，且得有言乎？既已謂之一矣，且得无言乎？一與言為二，二與一為三。自此以往，巧曆不能得，而況其凡乎？故自無適有以至於三，而況自有適有乎！無適焉，因是已。

夫道未始有封，言未始有常，為是而有畛也，請言其畛：有左，有右，有倫，有義，有分，有辯，有競，有爭，此之謂八德。六合之外，聖人存而不論；六合之內，聖人論而不議。春秋經世先王之志，聖人議而不辯。故分也者，有不分也；辯也者，有不辯也。曰：何也？聖人懷之，衆人辯之以相示也。故曰：辯也者，有不見也。夫大道不稱，大辯不言，大仁不仁，大廉不嗛，大勇不忮。道昭而不道，言辯而不及，仁常而不周，廉清而不信，勇忮而不成。五者无棄而幾向方矣。

故知止其所不知，至矣。孰知不言之辯，不道之道？若有能知，此之謂天府。注焉而不滿，酌焉而不竭，而不知其所由來，此之謂葆光。

故昔者堯問於舜曰："我欲伐宗、膾、胥敖，南面而不釋然。其故何也？"舜曰："夫三子者，猶存乎蓬艾之間。若不釋然，何哉？昔者十日並出，萬物皆照，而況德之進乎日者乎！"

齧缺問乎王倪曰："子知物之所同是乎？"曰："吾惡乎知之！""子知子之所不知邪？"曰："吾惡乎知之！""然則物无知邪？"

曰："吾惡乎知之。"雖然，嘗試言之。庸詎知吾所謂知之非不知邪？庸詎知吾所謂不知之非知邪？

且吾嘗試問乎汝：民濕寢則腰疾偏死，鰍然乎哉？木處則惴慄恂懼，猨猴然乎哉？三者孰知正處？民食芻豢，麋鹿食薦，蝍蛆甘帶，鴟鴉嗜鼠，四者孰知正味？猨猵狙以為雌，麋與鹿交，鰍與魚游。毛嬙、西施，人之所美也；魚見之深入，鳥見之高飛，麋鹿見之決驟。四者孰知天下之正色哉？自我觀之，仁義之端，是非之塗，樊然殽亂，吾惡能知其辯！

齧缺曰："子不知利害，則至人固不知利害乎？"

王倪曰："至人神矣！大澤焚而不能熱，河漢沍而不能寒，疾雷破山而不能傷，飄風振海而不能驚。若然者，乘雲氣，騎日月，而遊乎四海之外。死生無變於己，而況利害之端乎！"

瞿鵲子問乎長梧子曰："吾聞諸夫子：'聖人不從事於務，不就利，不違害，不喜求，不緣道，无謂有謂，有謂无謂，而遊乎塵垢之外。'夫子以為孟浪之言，而我以為妙道之行也。吾子以為奚若？"

長梧子曰："是黃帝之所聽熒也，而丘也何足以知之？且女亦大早計，見卵而求時夜，見彈而求鴞炙。予嘗為女妄言之，女以妄聽之奚？旁日月，挾宇宙，為其脗合，置其滑湣，以隸相尊。眾人役役，聖人愚芚，參萬歲而一成純。萬物盡然，而以是相蘊。"

予惡乎知說生之非惑邪！予惡乎知惡死之非弱喪而不知歸者邪！麗之

姬，艾封人之子也，晉國之始得之也，涕泣沾襟；及其至於王所，與王同
筐牀，食芻豢，而後悔其泣也。予惡乎知夫死者不悔其始之蘄生乎？

夢飲酒者，旦而哭泣；夢哭泣者，旦而田獵。方其夢也，不知其夢
也。夢之中又占其夢焉，覺而後知其夢也。且有大覺而後知此其大夢也。
而愚者自以為覺，竊竊然知之。君乎，牧乎，固哉！丘也與女，皆夢也；
予謂女夢，亦夢也。是其言也，其名為弔詭。萬世之後而一遇大聖，知其
解者，是旦暮遇之也。

既使我與若辯矣，若勝我，我不若勝，若果是也，我果非也邪？我勝
若，若不吾勝，我果是也，而果非也邪？其或是也，其或非也邪？其俱是
也，其俱非也邪？我與若不能相知也，則人固受其黮闇。吾誰使正之？使
同乎若者正之？既與若同矣，惡能正之！使同乎我者正之？既同乎我矣，
惡能正之！使異乎我與若者正之？既異乎我與若矣，惡能正之！使同乎我
與若者正之？既同乎我與若矣，惡能正之！然則我與若與人，俱不能相知
也，而待彼也邪？

化聲之相待，若其不相待。和之以天倪，因之以曼衍，所以窮年也。
何謂和之以天倪？曰：是不是，然不然。是若果是也，則是之異乎不是
也，亦無辯；然若果然也，則然之異乎不然也，亦無辯。忘年忘義，振於
無竟，故寓諸無竟。

罔兩問景曰："曩子行，今子止；曩子坐，今子起；何其无特操與？"

景曰："吾有待而然者邪？吾所待又有待而然者邪？吾待蛇蚹蜩翼
邪？惡識所以然！惡識所以不然！"

昔者莊周夢為胡蝶，栩栩然胡蝶也，自喻適志與！不知周也。俄然
覺，則蘧蘧然周也。不知周之夢為胡蝶與，胡蝶之夢為周與？周與胡蝶，
則必有分矣。此之謂"物化"。

《莊子·逍遙遊·北冥有魚》

北冥有魚，其名為鯤。鯤之大，不知其幾千里也。化而為鳥，其名為
鵬。鵬之背，不知其幾千里也。怒而飛，其翼若垂天之雲。是鳥也，海運

则將徙於南冥。南冥者，天池也。

《齊諧》者，志怪者也。《諧》之言曰："鵬之徙於南冥也，水擊三千里，搏扶搖而上者九萬里，去以六月息者也。"野馬也，塵埃也，生物之以息相吹也。天之蒼蒼，其正色邪？其遠而無所至極邪？其視下也，亦若是則已矣。

且夫水之積也不厚，則其負大舟也無力。覆杯水於坳堂之上，則芥為之舟；置杯焉則膠，水淺而舟大也。風之積也不厚，則其負大翼也無力。故九萬里，則風斯在下矣，而後乃今培風，背負青天而莫之夭閼者，而後乃今將圖南。

蜩與學鳩笑之曰："我決起而飛，搶榆枋而止，時則不至而控於地而已矣，奚以之九萬里而南為？"適莽蒼者，三湌而反，腹猶果然；適百里者，宿舂糧；適千里者，三月聚糧。之二蟲又何知！

小知不及大知，小年不及大年。奚以知其然也？朝菌不知晦朔，蟪蛄不知春秋，此小年也。楚之南有冥靈者，以五百歲為春，五百歲為秋；上古有大椿者，以八千歲為春，八千歲為秋，此大年也。而彭祖乃今以久特聞，眾人匹之，不亦悲乎！

湯之問棘也是已。湯之問棘曰："上下四方有極乎？"

棘曰："無極之外，復無極也。窮髮之北有冥海者，天池也。有魚焉，其廣數千里，未有知其修者，其名為鯤。有鳥焉，其名為鵬，背若太山，翼若垂天之雲，搏扶搖羊角而上者九萬里，絕雲氣，負青天，然後圖南，且適南冥也。"斥鴳笑之曰："彼且奚適也？我騰躍而上，不過數仞而下，翱翔蓬蒿之間，此亦飛之至也。而彼且奚適也？"此小大之辯也。

故夫知效一官，行比一鄉，德合一君而徵一國者，其自視也亦若此矣。而宋榮子猶然笑之。且舉世而譽之而不加勸，舉世而非之而不加沮，定乎內外之分，辯乎榮辱之境，斯已矣。彼其於世未數數然也。雖然，猶有未樹也。夫列子御風而行，泠然善也，旬有五日而後反。彼於致福者，未數數然也。此雖免乎行，猶有所待者也。

若夫乘天地之正，而御六氣之辯，以游无窮者，彼且惡乎待哉？

故曰：至人无己，神人无功，聖人无名。

《莊子·秋水·百川灌河》

秋水時至，百川灌河，涇流之大，兩涘渚崖之間，不辯牛馬。於是焉河伯欣然自喜，以天下之美為盡在己。順流而東行，至於北海，東面而視，不見水端，於是焉河伯始旋其面目，望洋向若而歎曰："野語有之曰'聞道百以為莫己若者'，我之謂也。且夫我嘗聞少仲尼之聞而輕伯夷之義者，始吾弗信；今我睹子之難窮也，吾非至於子之門則殆矣，吾長見笑於大方之家。"

《莊子·秋水·莊子釣於濮水》

莊子釣於濮水，楚王使大夫二人往先焉，曰："愿以境內累矣！"莊子持竿不顧，曰："吾聞楚有神龜，死已三千歲矣，王以巾笥而藏之廟堂之上。此龜者，寧其死為留骨而貴乎？寧其生而曳尾於塗中乎？"二大夫曰："寧生而曳尾塗中。"

莊子曰："往矣！吾將曳尾於塗中。"

《莊子·列禦寇·曹商使秦》

宋人有曹商者，為宋王使秦。其往也，得車數乘；王說之，益車百乘。反於宋，見莊子曰："夫處窮閭阨巷，困窘織屨，槁項黃馘者，商之所短也；一悟萬乘之主而從車百乘者，商之所長也。"

莊子曰："秦王有病召醫，破癰潰痤者得車一乘，舐痔者得車五乘，所治愈下，得車愈多。子豈治其痔邪？何得車之多也？子行矣！"

《庄子·養生主·庖丁解牛》

庖丁為文惠君解牛，手之所觸，肩之所倚，足之所履，膝之所踦，砉然響然，奏刀騞然，莫不中音；合於《桑林》之舞，乃中《經首》之會。文惠君曰："嘻，善哉！技蓋至此乎？"

庖丁釋刀對曰："臣之所好者道也，進乎技矣。始臣之解牛之時，所見无非全牛者。三年之後，未嘗見全牛也。方今之時，臣以神遇而不以目视，官知止而神欲行。依乎天理，批大郤，導大窾，因其固然，枝經肯綮之未嘗微礙，而況大軱乎！良庖歲更刀，割也；族庖月更刀，折也。今臣之刀十九年矣，所解數千牛矣，而刀刃若新發於硎。彼節者有閒，而刀刃者無厚；以無厚入有閒，恢恢乎其於遊刃必有餘地矣。是以十九年而刀刃若新發於硎。雖然，每至於族，吾見其難為，怵然為戒，視為止，行為遲。動刀甚微，謋然已解，牛不知其死也，如土委地。提刀而立，為之四顧，為之躊躇滿志，善刀而藏之。”

文惠君曰：“善哉！吾聞庖丁之言，得養生焉。”

六、《吕氏春秋·察传》

（一）教学目标

1. 了解文选内容，掌握重点字词、语法现象。

2. 理解文选内容，在生活中养成根据情理审慎对待传言的习惯，明辨是非，实事求是。

（二）育人目标

1. 通过文选内容的学习，学生在掌握相关古汉语知识的同时，能够对“传言”有正确的态度。

2. 联系学生生活实际，让学生深刻明白审察“传言”的重要性，增强其明辨是非的能力。

（三）学习要点

1.词汇：掌握文中重点字词的意义，如"审""母""穿""通""熟论""溉汲""穿井""史记"等。

2.语法：掌握词类活用、判断句、宾语前置句和被动句。

（四）思考题

1.就文选内容分析传言失实产生的原因，思考如何避免传言失实？

2.体会文选内容的现实意义。

（五）《吕氏春秋·察传》

> 夫得言不可以不察，数传而白为黑，黑为白。故狗似玃，玃似母猴，母猴似人，人之与狗则远矣。此愚者之所以大过也。
>
> 闻而审，则为福矣；闻而不审，不若不闻矣。齐桓公闻管子于鲍叔，楚庄闻孙叔敖于沈尹筮，审之也，故国霸诸侯也。吴王闻越王句践于太宰嚭，智伯闻赵襄子于张武，不审也，故国亡身死也。
>
> 凡闻言必熟论，其于人必验之以理。鲁哀公问于孔子曰："乐正夔一足，信乎？"孔子曰："昔者舜欲以乐传教于天下，乃令重黎举夔于草莽之中而进之，舜以为乐正。夔于是正六律，和五声，以通八风，而天下大服。重黎又欲益求人，舜曰：'夫乐，天地之精也，得失之节也。故唯圣人为能和乐之本也。夔能和之，以平天下，若夔者一而足矣。'故曰'夔一足'，非'一足'也。"宋之丁氏家无井，而出溉汲，常一人居外。及其家穿井，告人曰："吾穿井得一人。"有闻而传之者曰："丁氏穿井得一人。"国人道之，闻之于宋君。宋君令人问之于丁氏，丁氏对曰："得一人之使，非得一人于井中也。"求闻之若此，不若无闻也。子夏之晋，过卫，有读史记者曰："晋师三豕涉河。"子夏曰："非也，是己亥也。夫己与三相近，豕与亥相似。"至于晋而问之，则曰：晋师己亥涉河也。

辞多类非而是，多类是而非，是非之經，不可不分，此聖人之所慎也。然則何以慎？緣物之情及人之情，以為所聞，則得之矣。

七、东方朔《答客难》

（一）教学目标

1. 掌握文选中的重点字词"难""当""修""服膺""事""遗行""力政""抗""前后""信""厥""匈""愆""恤""仆""所以""揆""块然""廓然""权变"的含义和用法。

2. 领会作者的思想感情。

（二）育人目标

培养学生从古代文献阅读中汲取古人智慧的能力，体现知识传授与育人的融合。

（三）学习要点

1. 重点掌握文选中关键词及文字、语法知识。

2. 感受汉字文化的魅力，掌握专业知识。

（四）思考题

1. 东方朔以古圣先贤作为"时代造就英雄"论断的理论依据，谈谈你的感受，阐述你是如何看待个人修身与自我发展的关系的。

2.通过文选内容的学习，理解作者的写作意图。

3.倘若你为东方朔，你将如何回答客人提出的问题？

（五）东方朔《答客难》

客难東方朔曰："蘇秦、張儀，壹當萬乘之主，而身都卿相之位，澤及後世。今子大夫脩先王之術，慕聖人之義，諷誦詩書百家之言，不可勝記，著於竹帛，脣腐齒落。服膺而不可釋，好學樂道之效，明白甚矣。自以為智能海內無雙，則可謂博聞辯智矣。然悉力盡忠，以事聖帝，曠日持久，積數十年，官不過侍郎，位不過執戟。意者，尚有遺行邪？同胞之徒，無所容居，其何故也？"

東方先生喟然長息，仰而應之曰："是故非子之所能備。彼一時也，此一時也，豈可同哉？夫蘇秦、張儀之時，周室大壞，諸侯不朝，力政爭權，相擒以兵，并為十二國，未有雌雄。得士者彊，失士者亡，故說得行焉。身處尊位，珍寶充內，外有廩倉，澤及後世，子孫長享。今則不然。聖帝德流，天下震懾，諸侯賓服，連四海之外以為帶，安於覆盂。天下平均，合為一家。動發舉事，猶運之掌。賢與不肖何以異哉？遵天之道，順地之理，物無不得其所。故綏之則安，動之則苦；尊之則為將，卑之則為虜；抗之則在青雲之上，抑之則在深泉之下；用之則為虎，不用則為鼠。雖欲盡節效情，安知前後？夫天地之大，士民之眾，竭精馳說，並進輻湊者不可勝數。悉力慕之，困於衣食，或失門戶。使蘇秦、張儀與僕並生於今之世，曾不得掌故，安敢望侍郎乎？傳曰：'天下無害，雖有聖人，無所施才；上下和同，雖有賢者，無所立功。'故曰：時異事異。"

"雖然，安可以不務脩身乎哉！《詩》曰：'鼓鐘于宮，聲聞于外'。'鶴鳴于九皋，聲聞于天。'苟能脩身，何患不榮！太公體行仁義，七十有二，乃設用於文武，得信厥說，封於齊，七百歲而不絕。此士所以日夜孳孳，脩學敏行而不敢怠也。譬若鶺鴒，飛且鳴矣。《傳》曰："天不為人之惡寒而輟其冬，地不為人之惡險而輟其廣，君子不為小人之匈匈而易其行。""天有常度，地有常形，君子有常行；君子道其常，小人計其功。"《詩》云："禮義之不愆，何恤人之言？"故曰：水至清則無魚，人至察則無徒；冕而前旒，所以蔽明；黈纊充耳，所以塞聰。明有所不見，聰有所不聞，舉大德，赦小過，無求備於一人之義也。枉而直之，使自得之；優而柔之，使自求之；揆而度之，使自索之。蓋聖人之教化如此，欲自得之；自得之，則敏且廣矣。

"今世之處士，時雖不用，塊然無徒，廓然獨居；上觀許由，下察接輿；計同范蠡，忠合子胥；天下和平，與義相扶，寡耦少徒，固其宜也。子何疑於予哉？若夫燕之用樂毅，秦之任李斯，酈食其之下齊，說行如流，曲從如環；所欲必得，功若丘山；海內定，國家安，是遇其時者也。子又何怪之邪！語曰：以莛撞天，以蠡測海，以莛撞鐘。豈能通其條貫，考其文理，發其音聲哉！"繇是觀之，譬猶鶛鵒之襲狗，孤豚之咋虎，至則靡耳，何功之有？今以下愚而非處士，雖欲勿困，固不得已。此適足以明其不知權變，而終惑於大道也。

八、崔瑗《座右銘》

（一）教学目标

1.掌握文选中的重点字词及语法现象。

2.通读全文，体会作者所抒发的思想感情。

（二）育人目标

通过对《座右铭》的学习，引导学生领会做人的道理。

（三）学习要点

1. 词汇：掌握文选中"无""庸""行行""悠悠"重要字词的意义。

2. 文字：掌握文中出现的通假字。

3. 语法：掌握文中出现的词类活用现象及虚词的用法。

（四）思考题

1. 简述《座右铭》抒发的思想感情。

2. 谈谈《座右铭》告诉了我们哪些做人的道理。

3. 阐述说明《座右铭》的现实意义。

（五）崔瑗《座右铭》

無道人之短，無說己之長。

施人慎勿念，受施慎勿忘。

世譽不足慕，唯仁爲紀綱。

隱身而後動，謗議庸何傷？

無使名過實，守愚聖所臧。

在涅貴不淄，曖曖內含光。

柔弱生之徒，老氏誡剛強。

行行鄙夫志，悠悠故難量。

慎言節飲食，知足勝不祥。

行之苟有恆，久久自芬芳。

九、李谔《上隋高祖革文华书》

（一）教学目标

了解《上隋高祖革文华书》的基本内容。

（二）育人目标

感受经典文献的魅力，使学生对古汉语产生兴趣，从而热爱中华优秀传统文化。

（三）学习要点

1. 词汇：掌握"引预、参厕"等词的意义。
2. 文字：掌握文中出现的异体字等。
3. 语法：掌握文中出现的特殊句式和虚词的用法。
4. 翻译全文。联系历史背景，体会作者的思想感情。

（四）思考题

1. 文选《上隋高祖革文华书》抒发了作者怎样的思想感情？
2. 在《上隋高祖革文华书》一文中，作者提出文章写作的原则是什么？
3. 简要叙述《上隋高祖革文华书》内容的现实意义。

（五）李谔《上隋高祖革文华书》

　　臣聞古先哲王之化民也，必變其視聽，防其嗜欲，塞其邪放之心，示以淳和之路。五教六行為訓民之本，《詩》《書》《禮》《易》為道義之門。故能家復孝慈，人知禮讓，正俗調風，莫大於此。其有上書獻賦、制誄鑴銘，皆以襃德序賢，明勛證理。苟非懲勸，義不徒然。

　　降及後代，風教漸落。魏之三祖，更尚文詞，忽君人之大道，好雕蟲之小藝。下民從上，有同影響，競騁文華，遂成風俗。江左齊、梁，其弊彌甚，貴賤賢愚，惟務吟詠。遂復遺理存異，尋虛逐微，競一韻之奇，爭一字之巧。連篇累牘，不出月露之形，積案盈箱，惟是風雲之狀。世俗以此相高，朝廷據茲擢士。祿利之路既開，愛尚之情愈篤。於是閭裏童昏，貴遊總丱，未窺六甲，先製五言。至如羲皇、舜、禹之典，伊、傅、周、孔之說，不復關心，何嘗入耳。以傲誕為清虛，以緣情為勛績，指儒素為古拙，用詞賦為君子。故文筆日繁，其政日亂，良由棄大聖之軌模，構無用以為用也。損本逐末，流徧華壤，遞相師祖，久而愈扇。

　　及大隋受命，聖道聿興，屏黜輕浮，遏止華偽。自非懷經抱質，志道依仁，不得引預搢紳，參廁纓冕。開皇四年，普詔天下，公私文翰，並宜實錄。其年九月，泗州刺史司馬幼之文表華艷，付所司治罪。自是公卿大臣咸知正路，莫不鑽仰墳集，棄絕華綺，擇先王之令典，行大道於茲世。如聞外州遠縣，仍踵敝風，選吏舉人，未遵典則。至有宗黨稱孝，鄉曲歸仁，學必典謨，交不苟合，則擯落私門，不加收齒；其學不稽古，逐俗隨時，作輕薄之篇章，結朋黨而求譽，則選充吏職，舉送天朝。蓋由縣令、刺史未行風教，猶挾私情，不存公道。臣既忝憲司，職當糾察。若聞風即劾，恐掛網者多，請勒諸司，普加搜訪，有如此者，具狀送臺。

十、欧阳修《资政殿学士户部侍郎文正范公神道碑铭》

（一）教学目标

1.掌握文中重点字词及语法现象。

2.了解范仲淹的生平。

3.明确碑文的创作形式和内容。

（二）育人目标

1.通过文选内容的学习，使学生感受文言文的魅力，培养学生学习古汉语的兴趣，激发其对祖国语言的热爱。

2.通过对范仲淹生平的了解，引导学生从范仲淹的生活轨迹中体会其人生智慧及思想品德，促进学生对人生的思考。

（三）学习要点

1.词汇：重点掌握"薨""讳""孤""卒""考""妣""迁进""坐"的词义。

2.文字：掌握文中出现的通假字、异体字。

3.语法：掌握文中的特殊句式及常用虚词。

（1）特殊句式：宾语前置、判断句、省略句及被动句。

（2）常见虚词：而、其、之、因、欤等。

（四）思考题

1. 概述你所了解的范仲淹，请用文中的话进行说明。

2. 范仲淹临危受命，简述其就职后的措施。

3. 最后一段铭文与前文有着怎样的关系？请阐述其异同。

（五）欧阳修《资政殿学士户部侍郎文正范公神道碑铭》

皇祐四年五月甲子，资政殿学士、尚书户部侍郎、汝南文正公薨於徐州。以其年十有二月壬申，葬於河南尹樊里之万安山下。公讳仲淹，字希文。五代之际，世家苏州，事吴越。太宗皇帝时，吴越献其地，公之皇考，从钱俶朝京师，後为武宁军掌书记以卒。公生二岁而孤，母夫人贫无依，再适长山朱氏。既长，知其世家，感泣，去之南都，入学舍，扫一室，昼夜讲诵。其起居食饮人所不堪，而公益苦自刻。居五年，大通六经之旨，为文章，论说必本於仁义。祥符八年，举进士，礼部选第一，遂中乙科，为广德军司理参军，始归迎其母以养。及公既贵，天子赠公曾祖苏州粮料判官讳梦龄为太保，祖秘书监讳赞时为太傅，考讳墉为太师，妣谢氏为吴国夫人。

公少有大节，於富贵贫贱，毁誉欢戚，不一动其心，而慨然有志於天下。常自诵曰："士当先天下之忧而忧，後天下之乐而乐也。"其事上遇人，一以自信，不择利害为趋舍。其所有为，必尽其力，曰："为之自我者当如是，其成与否，有不在我者，虽圣贤不能必，吾岂苟哉？"天圣中，晏丞相荐公文学，以大理寺丞为秘阁校理，以言事忤章献太后旨，通判河中府。久之，上记其忠，召拜右司谏。当太后临朝听政事，以至日大会前殿，上将率百官为寿，有司已具，公上疏言天子无北面，且开後世弱人主以强母后之渐，其事遂已。又上书请还政天子，不报。及太后崩，言事者希旨，多求太后时事，欲浑治之。公独以谓太后受托先帝，保佑圣躬，始终十年，未见过失，宜掩其小故，以全大德。初，太后有遗命，立杨太妃代为太后。公谏曰："太后，母号也，自古无代立者。"由是罷其冊命。是歲大旱蝗，奉使安撫東南。使還，會郭皇后廢，率諫官禦史伏閣爭，不能得，貶知睦州，又徙蘇州。歲余，即拜禮部員外郎、天章閣待制，召還。益論時政闕失，而大臣權倖多忌惡之。居數月，以公知開封府。開封素號難治，公治有聲，事日益簡。暇則益取古今治亂安危，為上開說，又為《百官圖》以獻，曰："任人各以其材而百職修，堯、舜之治，不過此也。"因指其遷進遲速次序，曰："如此而可以為公，可以為私，亦不可以不察。"由是呂丞相怒，至交論上前，公求對辨，語切，坐落職，知饒州。明年，呂公亦罷，公徙潤州，又徙越州。

而趙元昊反河西，上復召相呂公。乃以公為陝西經略安撫副使，遷龍圖閣直學士。是時新失大將，延州危。公請自守鄜延捍賊，乃知延州。元昊遣人遺書以求和，公以謂無事請和，難信，且書有僭號，不可以聞，乃自為書，告以逆順成敗之說，甚辯。坐擅復書，奪一官，知耀州。未踰月，徙知慶州。既而四路置帥，以公為環慶路經略安撫、招討使、兵馬都部署，累遷諫議大夫、樞密直學士。

公為將，務持重，不急近功小利。於延州，築青澗城，墾營田，復承平、永平廢寨，熟羌歸業者數萬戶。於慶州，城大順以據要害，奪賊地而耕之，又城細腰胡蘆，於是明珠、滅臧等大族，皆去賊為中國用。自邊制久墮，至兵與將常不相識。公始分延州兵為六將，訓練齊整，諸路皆用以為法。公之所在，賊不敢犯。人或疑公見敵應變為如何，至其城大順也，一旦引兵出，諸將不知所向。軍至柔遠，始號令告其地處，使往築城。至於版築之用，大小畢具，而軍中初不知。賊以騎三萬來爭，公戒諸將，戰而賊走，追勿過河。已而賊果走，追者不渡，而河外果有伏。賊失計，乃引去。於是諸將皆服公為不可及。公待將吏，必使畏法而愛己，所得賜賚，皆以上意分賜諸將，使自為謝。諸蕃質子，縱其出入，無一人逃者。蕃酋來見，召之臥內，屏人徹衛，與語不疑。公居三歲，士勇邊實，恩信大洽，乃決策謀取橫山，復靈武，而元昊數遣使稱臣請和，上亦召公歸矣。初，西人籍為鄉兵者十數萬，既而黥以為軍，惟公所部，但刺其手，公去兵罷，獨得復為民。其於兩路，既得熟羌為用，使以守邊，因徙屯兵，就食內地，而紓西人饋挽之勞。其所設施，去而人德之，與守其法不敢變者，至今尤多。

自公坐呂公貶，群士大夫各持二公曲直，呂公患之，凡直公者，皆指為黨，或坐竄逐。及呂公復相，公亦再起被用，於是二公歡然相約，戮力平賊。天下之士，皆以此多二公。然朋黨之論，遂起而不能止。上既賢公可大用，故卒置羣娇議而用之。

慶曆三年春，召為樞密副使，五讓不許，乃就道。既至數月，以為參知政事。每進見，必以太平責之。公歎曰：「上之用我者至矣，然事有先後，而革弊於久安，非朝夕可也。」既而上再賜手詔，趣使條天下事。又開天章閣，召見賜坐，授以紙筆，使疏於前。公惶恐避席，始退而條列時所宜先者十數事上之。其詔天下興學取士，先德行不專文辭，革磨勘例遷，以別能否，減任子之數，而除濫官。用農桑致課守宰等事，方施行，而磨勘任子之法，僥幸之人皆不便，因相與騰口，而嫉公者，亦幸外有言，喜為之佐佑。會邊奏有警，公即請行，乃以公為河東陝西宣撫使。至則上書願復守邊，即拜資政殿學士，知邠州，兼陝西四路安撫使。其知政事，纔一歲而罷，有司悉奏罷公前所施行而復其故。言者遂以危事中之，賴上察其忠，不聽。

是時夏人已稱臣，公因以疾請鄧州。守鄧三歲，求知杭州，又徙青州。公益病，又求知潁州，肩舁至徐，遂不起。享年六十有四。方公之病，上賜藥存問。既薨，輟朝一日。以其遺表無所請，使就問其家所欲，贈以兵部尚書，所以哀郵之甚厚。

公為人，外和內剛，樂善汎愛。喪其母時尚貧，終身非賓客，食不重肉。臨財好施，意豁如也。及退而視其私，妻子僅給衣食。其為政所至，民多立祠畫像，其行已臨事，自山林處士，里閭田野之人，外至夷狄，莫不知其名字，而樂道其事者甚眾。及其世次官爵，誌於墓，譜於家，藏於有司者，皆不論著，著其天下國家之大者，亦公之誌也歟！銘曰：

范於吳越，世實陪臣。俶納山川，及其士民。范始來北，中間幾息。

公奮自躬，與時偕逢。事有罪功，言有違從。豈公必能？天子用公。其艱其勞，一其初終。夏童跳邊，乘吏怠安。帝命公往，問彼驕頑。有不聽順，鋤其穴根。公居三年，怯勇驕完。兒憐獸擾，卒俾來臣。夏人在廷，其事方議。帝趣公來，以就予治。公拜稽首，茲惟難哉！初匪其難，在其終之。羣言營營，卒壞於成。匪惡其成，惟公是傾。不傾不危，天子之明。存有顯榮，歿有贈諡。藏其子孫，寵及後世。惟百有位，可勸無怠。

十一、张载《西铭》

（一）教学目标

了解作者张载生平及文选背景。

（二）育人目标

激发学生对古汉语学习的热情及对祖国语言文字的热爱。

（三）学习要点

掌握文中重点字、词、句式，理解文意。

（四）思考题

1. 概述《西铭》所蕴含的思想。

2. 阐述《西铭》的现实意义。

（五）张载《西铭》

乾稱父，坤稱母。予茲藐焉，乃渾然中處。故天地之塞，吾其體；天地之帥，吾其性。民，吾同胞；物，吾與也。大君者，吾父母宗子；其大臣，宗子之家相也。尊高年，所以長其長；慈孤弱，所以幼其幼。聖，其合德；賢，其秀也。凡天下疲癃、殘疾、惸獨、鰥寡，皆吾兄弟之顛連而無告者也。于時保之，子之翼也。樂且不憂，純乎孝者也。違曰悖德，害仁曰賊。濟惡者不才，其踐形惟肖者也。知化則善述其事，窮神則善繼其志。不愧屋漏為無忝，存心養性為匪懈。惡旨酒，崇伯子之顧養；育英才，穎封人之錫類。不弛勞而底豫，舜其功也；無所逃而待烹，申生其恭也。體其受而歸全者，參乎！勇於從而順令者，伯奇也。富貴福澤，將厚吾之生也；貧賤憂戚，庸玉女於成也。存，吾順事；沒，吾甯也。

十二、王安石《答司马谏议书》

（一）教学目标

1. 了解作者王安石生平及其变法。

2. 掌握文中重点字词与句式，理解文意。

（二）育人目标

1. 深切领会文中所表现的精神，引导学生注重自己的思想道德建设。

2 通过文选内容的学习，体会古汉语的独特魅力，启发学生对古汉语学习的兴趣，激起其对祖国语言文字的热爱。

（三）学习要点

归纳文中出现的词汇、文字、语法现象。

（四）思考题

1. 梳理"辩""卤""具"的词义。

2. 列举作者使用的论辩方法。

3. 简述王安石的思想。

（五）王安石《答司马谏议书》

某启：昨日蒙教，窃以爲與君實游處相好之日久，而議事每不合，所操之術多異故也。雖欲強聒，終必不蒙見察，故略上報，不復一一自辨。重念蒙君實視遇厚，於反覆不宜鹵莽，故今具道所以，冀君實或見恕也。

蓋儒者所爭，尤在于名實。名實已明，而天下之理得矣。今君實所以見教者，以爲侵官、生事、征利、拒諫，以致天下怨謗也。某則以謂：受命於人主，議法度而修之於朝廷，以授之於有司，不爲侵官；舉先王之政，以興利除弊，不爲生事；爲天下理財，不爲征利。闢邪說，難壬人，不爲拒諫。至于怨誹之多，則固前知其如此也。

人習於苟且非一日，士大夫多以不恤國事、同俗自媚於衆爲善。上乃欲變此，而某不量敵之衆寡，欲出力助上以抗之，則衆何爲而不洶洶然。盤庚之遷，胥怨者民也，非特朝廷士大夫而已。盤庚不爲怨者故改其度，度義而後動，是而不見可悔故也。如君實責我以在位久，未能助上大有爲，以膏澤斯民，則某知罪矣。如曰今日當一切不事事，守前所爲而已，則非某之所敢知。無由會晤，不任區區嚮往之至。

十三、苏轼《潮州韩文公庙碑》

（一）教学目标

1.归纳整理文选内容的字词和特殊句式。

2.重点了解庙碑的艺术特色。

（二）育人目标

1.通过碑文内容的学习，了解韩愈的道德、文章和政绩及潮州人民对韩愈的崇敬怀念之情。

2.通过选文内容所表现的有关韩愈在"文""道""忠""勇"等方面的历史功绩及为人处世方式，引导学生以此为镜，自我完善。

（三）学习要点

1.了解庙碑内容的写作背景。

2.了解韩愈的生平。

3.了解韩愈的历史功绩及成功原因。

（四）思考题

1.简述文选内容的中心论点和分论点。

2.阐述文选的写作手法。

3.说说韩愈成功的原因是什么？给人的启示又是什么？

（五）苏轼《潮州韩文公庙碑》

匹夫而為百世師，一言而為天下法。是皆有以參天地之化，關盛衰之運，其生也有自來，其逝也有所為。故申、呂自岳降，傅說為列星，古今所傳，不可誣也。

孟子曰："我善養吾浩然之氣。"是氣也，寓於尋常之中，而塞乎天地之間，卒然遇之，則王公失其貴，晉、楚失其富，良、平失其智，賁、育失其勇，儀、秦失其辯。是孰使之然哉？其必有不依形而立，不恃力而行，不待生而存，不隨死而亡者矣。故在天為星辰，在地為河岳；幽則為鬼神，而明則復為人。此理之常，無足怪者。

自東漢以來，道喪文弊，異端並起，歷唐貞觀、開元之盛，輔以房、杜、姚、宋而不能救。獨韓文公起布衣，談笑而麾之，天下靡然從公，復歸於正，蓋三百年於此矣。文起八代之衰，而道濟天下之溺。忠犯人主之怒，而勇奪三軍之帥：此豈非參天地、關盛衰，浩然而獨存者乎？

蓋嘗論天人之辨，以謂人無所不至，惟天不容偽；智可以欺王公，不可以欺豚魚；力可以得天下，不可以得匹夫匹婦之心。故公之精誠，能開衡山之雲，而不能回憲宗之惑；能馴鱷魚之暴，而不能弭皇甫鎛、李逢吉之謗；能信於南海之民，廟食百世，而不能使其身一日安之於朝廷之上。蓋公之所能者天也，其所不能者人也。

始潮人未知學，公命進士趙德為之師。自是潮之士，皆篤於文行，延及齊民，至於今，號稱易治。信乎孔子之言，"君子學道則愛人，小人學道則易使"也。潮人之事公也，飲食必祭，水旱疾疫，凡有求必禱焉。而廟在刺史公堂之後，民以出入為艱。前太守欲請諸朝作新廟，不果。元祐五年，朝散郎王君滌來守是邦，凡所以養士治民者，一以公為師。民既悅服，則出令曰："願新公廟者，聽。"民讙趨之，卜地於州城之南七里，期年而廟成。或曰："公去國萬里，而謫於潮，不能一歲而歸，沒而有知，

185

其不眷戀於潮也，審矣。"軾曰："不然，公之神在天下者，如水之在地中，無所往而不在也。而潮人獨信之深，思之至，焄蒿悽愴，若或見之。譬如鑿井得泉，而曰水專在是，豈理也哉！"元豐元年，詔封公昌黎伯，故牓曰："昌黎伯韓文公之廟。"潮人請書其事於石，因為作詩以遺之，使歌以祀公。其詞曰：公昔騎龍白雲鄉，手抉雲漢分天章，天孫為織雲錦裳。飄然乘風來帝旁，下與濁世掃秕糠，西游咸池略扶桑，草木衣被昭回光。追逐李杜參翱翔，汗流籍湜走且僵，滅沒倒景不可望。作書詆佛譏君王，要觀南海窺衡湘，歷舜九嶷弔英皇。祝融先驅海若藏，約束蛟鱷如驅羊。鈞天無人帝悲傷，謳吟下招遣巫陽。爀牲雞卜羞我觴，於粲荔丹與蕉黃。公不少留我涕滂，翩然被髮下大荒。

十四、苏轼《留侯论》

（一）教学目标

1. 了解苏轼及其成就。

2. 掌握文选中重点词汇、文字及语法现象。

（二）育人目标

通过理解文选内容，思考"忍"在人生中的作用，把知识学习与为人有机融合。

（三）学习要点

1. 词汇：学习常见的文言词语"辱""猝然""鲜腆"，掌握词的本义和引申义。

2. 文字：找出文中的古今字、通假字、异体字。

3. 语法：掌握词类活用、特殊句式及虚词。

（四）思考题

1.《留侯论》中具体写了哪些"忍"和"不忍"的事例？

2.《留侯论》中"能忍"的气度对我们的现实生活有哪些启示？

（五）苏轼《留侯论》

古之所謂豪傑之士者，必有過人之節，人情有所不能忍者。匹夫見辱，拔劍而起，挺身而鬬，此不足爲勇也。天下有大勇者，卒然臨之而不驚，無故加之而不怒，此其所挾持者甚大，而其志甚遠也。

夫子房受書於圯上之老人也，其事甚怪。然亦安知其非秦之世有隱君子者出而試之？觀其所以微見其意者，皆聖賢相與警戒之義，世人不察，以爲鬼物，亦已過矣。且其意不在書。當韓之亡，秦之方盛也，以刀鋸鼎鑊待天下之士，其平居無罪夷滅者，不可勝數。雖有賁、育，無所復施。夫持法太急者，其鋒不可犯，而其勢未可乘。子房不忍忿忿之心，以匹夫之力，而逞於一擊之間。當此之時，子房之不死者，其間不能容髮，蓋亦已危矣。千金之子，不死於盜賊，何者？其身之可愛，而盜賊之不足以死也。子房以蓋世之才，不爲伊尹、太公之謀，而特出於荆軻、聶政之計，以僥幸於不死，此圯上老人之所爲深惜者也。是故倨傲鮮腆而深折之，彼其能有所忍也，然後可以就大事，故曰："孺子可教也。"

楚莊王伐鄭，鄭伯肉袒牽羊以逆。莊王曰："其君能下人，必能信用其民矣。"遂舍之。句踐之困於會稽，而歸臣妾於吳者，三年而不倦。且夫有報人之志，而不能下人者，是匹夫之剛也。夫老人者，以爲子房才有餘而憂其度量之不足，故深折其少年剛銳之氣，使之忍小忿而就大謀。何则？非有生平之素，卒然相遇於草野之間，而命以僕妾之役，油然而不怪者，此固秦皇之所不能驚，而項籍之所不能怒也。

观夫高祖之所以勝，項籍之所以敗者，在能忍與不能忍之間而已矣。項籍唯不能忍，是以百戰百勝而輕用其鋒。高祖忍之，養其全鋒而待其斃，此子房教之也。當淮陰破齊而欲自王，高祖發怒，見於詞色。由此觀之，猶有剛強不能忍之氣，非子房其誰全之？

太史公疑子房以爲魁梧奇偉，而其狀貌乃如婦人女子，不稱其志氣。嗚呼！此其所以爲子房歟！

十五、朱熹《大学章句·序》

（一）教学目标

1. 了解朱熹的生平及在中国文化史上的贡献。

2. 了解《大学》及《大学章句》。

（二）育人目标

通过文选内容的学习，使学生了解传统文化，接受传统文化，树立民族文化自信。

（三）学习要点

1. 词汇：掌握"司徒""典乐""洒扫""应对""所以""气质""是以""亿兆""继天立极""陵夷"等重点字词，理解其本义、引申义及文中义。

2. 文字：找出文中的通假字、异体字等。

3. 语法：掌握文中的词类活用、特殊句式及虚词等。

（四）思考题

1. 思考《大学章句》与《大学》的关系。

2. 阐述《大学章句·序》的主要内容。

3.《大学章句·序》表达的核心思想是什么？

4.《大学章句·序》对你有什么启示？

（五）朱熹《大学章句·序》

大學之書，古之大學所以教人之法也。蓋自天降生民，則既莫不與之以仁義禮智之性矣。然其氣質之稟或不能齊，是以不能皆有以知其性之所有而全之也。一有聰明睿智能盡其性者出於其間，則天必命之以為億兆之君師，使之治而教之，以復其性。此伏羲、神農、黃帝、堯、舜，所以繼天立極，而司徒之職、典樂之官所由設也。

三代之隆，其法寖備，然後王宮、國都以及閭巷，莫不有學。人生八歲，則自王公以下，至於庶人之子弟，皆入小學，而教之以灑掃、應對、進退之節，禮樂、射御、書數之文；及其十有五年，則自天子之元子、眾子，以至公、卿、大夫、元士之適子，與凡民之俊秀，皆入大學，而教之以窮理、正心、修己、治人之道。此又學校之教、大小之節所以分也。

夫以學校之設，其廣如此，教之之術，其次第節目之詳又如此，而其所以為教，則又皆本之人君躬行心得之餘，不待求之民生日用彝倫之外，是以當世之人無不學。其學焉者，無不有以知其性分之所固有，職分之所當為，而各俛焉以盡其力。此古昔盛時所以治隆於上，俗美於下，而非後世之所能及也！

及周之衰，賢聖之君不作，學校之政不修，教化陵夷，風俗頹敗，時

则有若孔子之聖，而不得君師之位以行其政教，於是獨取先王之法，誦而
傳之以詔後世。若曲禮、少儀、內則、弟子職諸篇，固小學之支流餘裔，
而此篇者，則因小學之成功，以著大學之明法，外有以極其規模之大，而
內有以盡其節目之詳者也。三千之徒，蓋莫不聞其說，而曾氏之傳獨得其
宗，於是作為傳義，以發其意。及孟子沒而其傳泯焉，則其書雖存，而知
者鮮矣！

自是以來，俗儒記誦詞章之習，其功倍於小學而無用；異端虛無寂滅
之教，其高過於大學而無實。其他權謀術數，一切以就功名之說，與夫百
家眾技之流，所以惑世誣民、充塞仁義者，又紛然雜出乎其間。使其君子
不幸而不得聞大道之要，其小人不幸而不得蒙至治之澤，晦盲否塞，反覆
沈痼，以及五季之衰，而壞亂極矣！

天運循環，無往不復。宋德隆盛，治教休明。於是河南程氏兩夫子
出，而有以接乎孟氏之傳。實始尊信此篇而表章之，既又為之次其簡編，
發其歸趣，然後古者大學教人之法、聖經賢傳之指，粲然復明於世。雖以
熹之不敏，亦幸私淑而與有聞焉。顧其為書猶頗放失，是以忘其固陋，采
而輯之，間亦竊附己意，補其闕略，以俟後之君子。極知僭踰，無所逃
罪，然於國家化民成俗之意、學者修己治人之方，則未必無小補云。淳熙
己酉二月甲子，新安朱熹序

十六、侯方域《与阮光禄书》

（一）教学目标

了解作者的生平。

（二）育人目标

1.通过文选内容的学习，使学生从侯方域的为人行事中学习不向权势低头的品德及与人相处的原则。

2.通过文选内容的学习，引导学生从阮大铖的为人行事中思考人生。

（三）学习要点

掌握文中重点字词及语法现象，并理解文章内容。

（四）思考题

1.运用事实评价阮大铖。

2.侯方域在这篇散文中表达了怎样的人生态度？

（五）侯方域《与阮光禄书》

僕竊聞君子處己，不欲自恕而苛責他人，以非其道。今執事之於僕，乃有不然者，願為執事陳之。

執事，僕之父行也，神宗之末，與大人同朝，相得甚歡。其後，乃有欲終事執事而不能者，執事當自追憶其故，不必僕言之也。大人削官歸，僕時方少，每侍，未嘗不念執事之才，而嗟惜者彌日。及僕稍長，知讀書，求友金陵，將戒途，而大人送之曰："金陵有御史成公勇者，雖於我為後進，我常心重之。汝至，當以為師。又有老友方公孔炤，汝當持刺拜於牀下。"語不及執事。及至金陵，則成公已得罪去，僅見方公，而其子以智者，僕之夙交也，以此晨夕過從。執事與方公同為父行，理當謁。然而不敢者，執事當自追憶其故，不必僕言之也。今執事乃責僕與方公厚，而與執事薄。噫！亦過矣。

忽一日，有王將軍過僕，甚恭。每一至，必邀僕為詩歌，既得之，必喜。而為僕賃酒奏伎，招遊舫，攜山屐，殷殷積旬不倦。僕初不解，既而

191

疑以問將軍。將軍乃屏人以告僕曰："是皆阮光祿所願納交於君者也。光祿方為諸君所詬，願更以道之君之友陳君定生、吳君次尾，庶稍湔乎！"僕斂容謝之曰："光祿身為貴卿，又不少佳賓客，足自娛，安用此二三書生為哉？僕道之兩君，必重為兩君所絕；若僕獨私從光祿遊，又竊恐無益光祿。"辱相款八日，意良厚，然不得不絕矣。凡此，皆僕平心稱量，自以為未甚太過，而執事顧含怒不已，僕誠無所逃罪矣！

昨夜方寢，而楊令君文驄叩門過僕曰："左將軍兵且來，都人洶洶，阮光祿颺言於清議堂云：'子與有舊，且應之於內。'子盍行乎？"僕乃知執事不獨見怒，而且恨之，欲置之族滅而後快也。僕與左誠有舊，亦已奉熊尚書之教，馳書止之，其心事尚不可知。若其犯順，則賊也；僕誠應之於內，亦賊也。士君子稍知禮義，何至甘心作賊！萬一有焉，此必日暮途窮，倒行而逆施，若昔日乾兒義孫之徒，計無復之，容出於此，而僕豈其人耶？何執事文織之深也！

竊怪執事常願下交天下士，而展轉蹉跎，乃至嫁禍而滅人之族，亦甚違其本念。倘一旦追憶天下士所以相遠之故，未必不悔；悔未必不改；果悔且改，靜待之數年，心事未必不暴白；心事果暴白，天下士未必不接踵而至執事之門；僕果見天下士接踵而至執事之門，亦必且隨屬其後，長揖謝過，豈為晚乎？而奈何陰毒左計，一至於此？

僕今已遭亂無家，扁舟短棹，措此身甚易。獨惜執事忮機一動，長伏草莽則已，萬一復得志，必至殺盡天下士以酬其宿所不快，則是使天下士終不復至執事之門，而後世操簡書以議執事者，不能如僕之詞微而義婉也。

僕且去，可以不言；然恐執事不察，終謂僕於長者傲，故敢述其區區。不宣。

第四单元　文化篇——综合素质

　　本单元的设立意在引导学生学习古代汉语知识的同时，感受其承载的文化信息。汉字沿用四千多年不变，我们的文化得以不间断地传承至今，在世界文明史上是独一无二的。古人留下的文献无不记载着古人生存、生活的智慧及所创造的文明成果。在积累语言知识的同时，通过训练帮助学生深入了解中华文化的精髓，以此增强学生的民族自信心与自豪感。

　　本单元我们选取了七篇先秦时期的文章作为讲读内容，此外附列三十八篇拓展阅读的篇目，这些选文涵盖了经、史、子、集各方面的内容，目的是使学生通过阅读，在学习掌握古汉语知识的同时，了解我国悠久的历史文化，提高文化素养，陶冶爱国主义情操。

教学方法指导

在教材的处理上，我们以先秦篇目的讲解为主，内容涵盖经、史、子、集各部分内容。教学中引导学生综合应用前面单元中学到的古汉语知识，读懂所选篇目的前人注释。通过古注了解相关历史文化背景，把所学古汉语知识转化成分析具体语料的能力；在此基础上，提供给学生课外阅读文献，在扩展阅读中为将来从事古汉语教学工作打下牢固的基础。通过这样的设置，高效利用有限的课时，达到溯源及流、以简驭繁的目的。

一、毛亨《毛诗序》

（一）教学目标

1. 通过阅读了解《毛诗序》的作者，理解其功用及明白《诗经》何以被尊奉为"经"的原因；了解我国最早诗歌形式产生缘由及在古代文化史上的地位。

2. 掌握文中重点、难点字词。

3. 领会其中的"德政"教化思想。

4. 了解文中所表达的情、志（意）之间的关系。

（二）育人目标

通过文选内容的学习，使学生了解《诗经》编订成书及流传的过程，并思考《诗经》体现的"德政"思想的现实意义。

（三）学习要点

1. 查找《毛诗序》原文，结合古注理解并翻译全文。

2. 阅读链接：利用阮元主持校刻《十三经注疏·诗经正义》的相关注疏内容帮助理解原文内容。目的是训练查阅第一手资料的能力，利用古代注疏理解文本内容的能力；熟悉古注的体例和方式，掌握相关训诂知识。

3. 阅读《毛诗序》及其注疏和季札《诗》评，理解《诗经》以"德"取篇的动因。

（四）思考题

1. 谈谈你对"《关雎》，后妃之德也"的说法。

2. "思无邪"的《诗经》，为什么会产生"变诗"？

3. 如何理解"思无邪"？

（五）毛亨《毛诗序》

《關雎》，后妃之德也，風之始也，所以風天下而正夫婦也。故用之鄉人焉，用之邦國焉。風，風也，教也，風以動之，教以化之。

詩者，志之所之也，在心為志，發言為詩，情動於中而形於言，言之不足，故嗟嘆之，嗟嘆之不足，故永歌之，永歌之不足，不知手之舞之、足之蹈之也。

情發於聲，聲成文謂之音，治世之音安以樂，其政和；亂世之音怨以怒，其政乖；亡國之音哀以思，其民困。故正得失、動天地、感鬼神，莫近於詩。先王以是經夫婦，成孝敬，厚人倫，美教化，移風俗。

故詩有六義焉：一曰風，二曰賦，三曰比，四曰興，五曰雅，六曰頌，上以風化下，下以風刺上，主文而譎諫，言之者無罪，聞之者足以戒，故曰風。至於王道衰，禮義廢，政教失，國異政，家殊俗，而變風、變雅作矣。國史明乎得失之跡，傷人倫之廢，哀刑政之苛，吟詠情性，以風其上，達於事變而懷其舊俗者也。故變風發乎情，止乎禮義。發乎情，民之性也；止乎禮義，先王之澤也。是以一國之事，繫一人之本，謂之風；言天下之事，形四方之風，謂之雅。雅者，正也，言王政之所由廢興也。政有大小，故有小雅焉，有大雅焉。頌者，美盛德之形容，以其成功，告於神明者也。是謂四始，詩之至也。

然則《關雎》《麟趾》之化，王者之風，故繫之周公。南，言化自北而南也。《鵲巢》《騶虞》之德，諸侯之風也，先王之所以教，故繫之召公。《周南》《召南》，正始之道，王化之基。是以《關雎》樂得淑女，以配君子，憂在進賢，不淫其色；哀窈窕，思賢才，而無傷善之心焉。是《關雎》之義也。

二、《尚书·牧誓》

（一）教学目标

1. 了解《尚书》体例、内容要点、史料价值及主要注本。

2. 掌握文选所述牧野之战的基本内容、战争形态、参加战争的民族构成及武王伐纣的理由。

3. 掌握重点词语的古义，掌握"惟……是……"的句式结构。

（二）育人目标

1. 通过文选内容的学习，了解商周之际的思想观念及政治、社会状况。

2. 从《牧誓》中学习如何为人处世。

3. 通过选文内容的学习，了解民族历史，了解汉语汉字。

（三）学习要点

1. 查找《尚书·牧誓》原文，结合古注翻译全文。

2. 阅读链接：阮元校刻《十三经注疏·尚书正义》，利用古注理解原文。目的是训练查阅原典文献的能力，利用古代注疏阅读文言文本的能力，了解古注体例，掌握古代注疏知识和内容。

3. 阅读要求：通过阅读了解古代的官制、军队建制及兵器等文化信息，理解牧野之战在古代史上的地位。

（四）思考题

1. 概述牧野之战的过程。

2. 简述武王伐纣的原因。

3. 认识《尚书·牧誓》的史料价值。

（五）《尚书·牧誓》原文附注文

武王戎車三百兩，兵車，百夫長所載。車稱兩。一車步卒七十二人，凡二萬一千人，舉全數。○車音居。《釋名》云："古者聲如居，所以居人也。今曰車，聲近舍，車舍也。"韋昭《辨釋名》云："古皆尺遮反，從漢始有音居。"長，丁丈反。卒，子忽反。虎賁三百人，勇士稱也，若虎賁獸，言其猛也。皆百夫長。○賁音奔。稱，尺證反。與受戰於牧野，作《牧誓》。牧誓至牧地而誓眾。○牧如字，徐一音茂，《說文》作坶，云："地名，在朝歌南七十里。"《字林》音母。時甲子昧爽，是克紂之月甲子之日，二月四日。昧，冥；爽，明；早，旦。○昧音妹。爽，明也。"昧爽"謂早旦也。馬云："昧，未旦也。"王朝至于商郊牧野，乃誓。紂近郊三十里地名牧。癸亥夜陳，甲子朝誓，將與紂戰。○陳，直刃反。王左杖黃鉞，右秉白旄，以麾。曰："逖矣，西土之人！"鉞，以黃金飾斧。左手杖鉞，示無事於誅。右手把旄，示有事於教。逖，遠也。遠矣，西土之人，勞苦之。○杖，徐直亮反。鉞音越，本又作戉。旄音毛，馬云："白旄，旄牛尾。"麾，許危反。逖，他歷反。王曰："嗟！我友邦冢君，同志爲友，言志同滅紂。御事：司徒、司馬、司空，治事三卿，司徒主民，司馬主兵，司空主土，指誓戰者。亞旅、師氏，亞，次。旅，眾也。眾大夫，其位次卿。師氏，大夫，官以兵守門者。千夫長、百夫長，師帥，卒帥。○帥，色類反，下同。及庸、蜀、羌、髳、微、盧、彭、濮人，八國皆蠻夷戎狄屬文王者國名。羌在西蜀叟，髳、微在巴蜀，盧、彭在西北，庸、濮在江漢之南。稱爾戈，比爾干，立爾矛，予其誓。"稱，舉也。戈，戟。干，楯也。○比，徐扶志，毗志二反。楯，食準反，又音允。王曰："古人有言曰：'牝雞無晨。言無晨鳴之道。○牝，頻引反，徐扶忍反。牝雞之晨，惟家之索。'索，盡也。喻婦人知外事，雌代雄鳴則家盡，婦奪夫政則國亡。○索，西各反。今商王受惟婦言是用，妲己惑紂，紂信用之。○妲，丹達反；己音紀；紂妻也。昏棄厥肆祀弗答，昏，亂。肆，陳。答，當也。亂棄其所陳祭祀，不復當享鬼神。○復，扶又反。昏棄厥遺，王父母弟不迪，王父，祖之昆弟。母弟，同母弟。言棄其骨肉，不接之以道。乃惟四方之多罪逋逃，是崇是長，言紂棄其賢臣，而尊長逃亡罪人，信用之。是信是使，是以為大夫卿士，士，事也。用爲卿大夫，典政事。俾暴虐于百姓，以姦宄于商邑。使四方罪人暴虐姦宄於都邑。○俾，必爾反，使也。今予發，惟恭行天之罰。今日之事，不愆于六步七步，乃止齊焉。今日戰事，就敵不過六步、七步，乃止相齊。言當旅進一心。夫子勖哉！不愆于四伐五伐六伐七伐，乃止齊焉。夫子謂將士，勉勵之。伐謂擊刺，少則四五，多則六七以爲例。○勖，許六反。刺，七亦反。勖哉夫子！尚桓桓，桓桓，武貌。如虎如貔，如熊如羆，于商郊，貔，執夷，虎屬也。四獸皆猛健，欲使士衆法之，奮擊於牧野。○貔，彼皮反，《爾雅》云："羆如熊，黃白文。"弗迓克奔，以役西土。商衆能奔來降者，不迎擊之，如此則所以役我西土之義。○迓，五嫁反，馬作禦，禁也。役，馬云："爲也。"爲，于僞反。勖哉夫子！爾所弗勖，其于爾躬有戮。"臨敵所安，汝不勉，則於汝身有戮矣。

三、《周易·系辭下》

（一）教學目標

1.掌握文選內容中的重點字詞及語法。
2.了解《易經》在中國文化史上的地位。

（二）育人目標

1.激發學生學習古漢語的興趣，促進其對祖國語言文字的熱愛。

2.通过文选内容的学习，了解《易经》相关内容，学习传统文化，树立学生的民族自信和文化自信。

（三）学习要点

1.查找《周易》所选内容的原文，并结合古注翻译。

2.阅读链接：问题解决途径——利用阮元主持校刻的《十三经注疏·周易正义》中的相关古注帮助理解原文内容。目的为训练阅读古典文献资料的能力，养成利用古代注疏学习的习惯，了解并熟悉古注的体例和方式，掌握注疏相关知识和内容。

3.阅读要求：通过阅读了解《周易》的内容体例，体会文献中所蕴含的中国古代哲学思想，并思考这些思想在中国文化史上的地位及影响。

（四）思考题

1.《周易·系辞（下）》第十二章中"乾"和"坤"的含义是指什么？

2.《周易·系辞（下）》第十二章中"吉人之辞寡，躁人之辞多。诬善之人其辞游，失其守者其辞屈"阐述了一个什么道理？

3.《周易·系辞（下）》第十二章的学习对于我们的生活有什么启示？

（五）《周易·系辞下》末章"夫乾，天下之至健也"至结尾原文附古注

夫乾，天下之至健也，德行恒易以知險；夫坤，天下之至順也，德行恒簡以知阻。能說諸心，能研諸侯之慮，諸侯，物主有爲者也。能說萬物之心，能精爲者之務。定天下之吉凶，成天下之亹亹者。是故變化云爲，吉事有祥；象事知器，占事未來。"夫變化云爲"者，行其吉事，則獲嘉祥之應；觀其象事，則知制器之方；玩其占事，則覩方來之驗也。天地設位，聖人成能；聖人乘天地之正，萬物各成其能。人謀鬼謀，百姓與能。人謀，況議於衆以定失得也；鬼謀，況寄卜筮以考吉凶也。

不役思慮，而失得自明；不勞探討，而吉凶自著。類萬物之情，通幽深之故，故百姓與能，樂推而不厭也。**八卦以象告**，以象告人。**爻象以情言**；辭有險易，而各得其情也。**剛柔雜居，而吉凶可見矣。變動以利言**，變而通之，以盡利也。**吉凶以情遷**；吉凶無定，唯人所動。情順乘理以之吉，情逆違道以陷凶，故曰"吉凶以情遷"也。**是故愛惡相攻而吉凶生**，泯然同順，何吉何凶？愛惡相攻，然後逆順者殊，故吉凶生。**遠近相取而悔吝生**，相取，尤相資也。遠近之爻，互相資取，而後有悔吝也。**情偽相感而利害生**。情以感物則得利，偽以感物則致害也。**凡《易》之情，近而不相得則凶**；近，況比爻也。易之情，剛柔相摩，變動相適者也。近而不相得，必有乖違之患。或有相違而無患者，得其應也；相順而皆凶者，乖於時也。存事以考之，則義可見矣。**或害之，悔且吝**。夫无對於物而後盡全順之道，豈可有欲害之者乎？雖能免濟，必有悔吝也。或，欲害之辭也。**將叛者其辭慙，中心疑者其辭枝，吉人之辭寡，躁人之辭多，誣善之人其辭游，失其守者其辭屈。**

四、《周礼·冬官·考工记》

（一）教学目标

1. 了解先秦官营手工业各个工种的设计规范和制造工艺，了解其中所反映的古人的思想观念，吸收借鉴古人的思想、经验，感受其聪明智慧。

2. 了解《周礼》。

（二）育人目标

1. 学习文选内容，联系实际启发学生感悟思考，了解、接受并认同传统文化中有价值的部分。

2.通过文选内容的学习，感受原典文化的魅力，激发学生的学习兴趣。

（三）学习要点

1.查找《周礼·冬官·考工记》所选内容的原文，并结合古注翻译。

2.阅读链接：问题解决途径——利用阮元主持校刻的《十三经注疏·周礼注疏》中的相关古注帮助理解原文内容。目的为训练学生阅读古典文献资料的能力，养成利用古代注疏理解文言文本的习惯，熟悉古注的体例和方式，掌握相关注疏知识和内容。

3.阅读要求：通过阅读了解古代社会的经济形态及各种器物的相关知识。

（四）思考题

1.《周礼·冬官·考工记》记载有多少个工种，可以分为几大类？

2.《周礼·冬官·考工记》通过"南橘北枳"说明了什么道理？

3.请举例说明《周礼·冬官·考工记》表现了古人怎样的设计思想？

4.简述《周礼·冬官·考工记》的现实意义。

（五）《周礼·冬官·考工记》（节选，"国有六职"至"周人上舆"原文附古注）

> 　　國有六職，百工與居一焉。百工，司空事官之屬。於天地四時之職，亦處其一也。司空，掌營城郭，建都邑，立社稷宗廟，造宮室車服器械，監百工者，唐虞已上曰共工。○輿，音預。監，古銜反。上，時掌反，凡言"以上"放此。共，音恭。或坐而論道，或作而行之，或審曲面埶，以飭五材，以辨民器，或通四方之珍異以資之，或飭力以長地財，或治絲麻以成之，言人德能事業之不同者也。論道，謂謀慮治國之政令也。作，起也。辨猶具也。資，取也。操也。鄭司農云："審曲面埶，審察五材曲直方面形埶之宜以治之及陰陽之面背是也。春秋傳曰：'天生五材，民並用之。'謂金、木、水、火、土也。"故書

"資"作"齊"。杜子春云："齊當為資，讀如冬資綌之資。"玄謂此五材，金、木、皮、玉、土。○埶，音勢。飭，音勒，下同。辨，皮莧反，具也，注及下同。長，丁丈反，下同。操，七曹反。**坐而論道，謂之王公。**天子、諸侯。**作而行之，謂之士大夫。**親受其職，居其官也。**審曲面埶，以飭五材，以辨民器，謂之百工。**五材各有工，言百，衆言之也。**通四方之珍異以資之，謂之商旅。**商旅，販賣之客也。《易》曰："至日商旅不行。"○販，甫萬反。**飭力以長地財，謂之農夫。**三農受夫田也。**治絲麻以成之，謂之婦功。**布帛，婦官之事。**粤無鎛，燕無函，秦無廬，胡無弓、車。**此四國者，不置是工也。鎛，田器，《詩》云"俶乃錢鎛"，又曰"其鎛斯趙"。鄭司農云：函讀如國君含垢之含。函，鎧也。《孟子》曰："矢人豈不仁於函人哉？矢人唯恐不傷人，函人唯恐傷人。"廬讀為纑，謂矛戟柄，竹櫕秘，或曰摩鋼之器。胡，今匈奴。○粤，音越。鎛，音悑，注及後同。燕，音煙。函，戶南反，後同。廬，魯吳反，下皆同，本或作蘆。俶，直里反。錢，子淺反。趙，音趙，一音大了反。垢，工口反。鎧，苦大反。纑，音盧，下同。櫕，才官反，李音纂。秘，音秘，劉音筆。鋼，力庶反。**粤之無鎛也，非無鎛也，夫人而能為鎛也；燕之無函也，非無函也，夫人而能為函也；秦之無廬也，非無廬也，夫人而能為廬也；胡之無弓車也，非無弓車也，夫人而能為弓車也。**言其丈夫人人皆能作是器，不須國工。粤地塗泥，多草薉，而山出金錫，鑄冶之業，田器尤多。燕近強胡，習作甲胄。秦多細木，善作矜秘。匈奴無屋宅，田獵畜牧，逐水草而居，皆知為弓車。○夫人，徐方無反，沈音扶。薉音穢，劉云："穢字之異者。"近，附近之近。矜，其巾反，李其京反。畜牧，許又反，下音木，又音木。**知者創物，**謂始闈端造器物，若《世本》作者是也。○知，音智。創，初亮反，依字作剙。闈，音開。**巧者述之，守之世，謂之工。**父子世以相教。**百工之事，皆聖人之作也。**事無非聖人所為也。**爍金以為刃，凝土以為器，作車以行陸，作舟以行水，此皆聖人之所作也。**凝，堅也。故書"舟"作"周"，鄭司農云："周當作舟。"○爍，徐、劉音余灼反，義當作鑠，始灼反。**天有時，地有氣，材有美，工有巧，合此四者，然後可以為良。**時，寒溫也。氣，剛柔也。良，善也。○合，如字，劉音閤。**材美工巧，然而不良，則不時、不得地氣也。**不時，不得天時。**橘踰淮而北為枳，鸜鵒不踰濟，貉踰汶則死，此地氣然也。**鸜鵒，鳥也。《春秋》昭二十五年，"有鸜鵒來巢"。傳曰："書所無也。"鄭司農云："不踰濟，無妨於中國有之。貉或為貃，謂善緣木之猴也。汶水在魯北。"○枳，古氏反。鸜，徐、劉音權，《公羊傳》同，本又作鸛，《左傳》同，其俱反。鵒，音欲。濟，子禮反，四瀆水。貉，戶各反，獸名，依字作貘。汶，音問，水名。猴，音矦。鄭之刀，宋之斤，魯之削，吳粵之劍，遷乎其地，而弗能為良，地氣然也。去此地而作之，則不能使良也。○削，如字。本思約、思詔二反。燕之角，荊之幹，妢胡之笴，吳粵之金、錫，此材之美者也。荊，荊州也。幹，柘也，可以為弓弩之幹。妢胡，胡子之國，在楚旁。笴，矢幹也。禹貢荊州貢櫄幹栝柏及箘簵楛。故書"笴"為"笱"。杜子春云："妢讀為焚，咸丘之焚書，或為邠。妢胡，地名也。笱當為笴，笴讀為稾，謂箭稾。"○妢，扶云反。笴，古老反，注作稾，同。幹，古旦反，或古早反。櫄，勑倫反。箘，其隕反，李其轉反。簵，音路。楛，音怙，尚書作楛，音同。邠，彼貧反。天有時以生，有時以殺，草木有時以生，有時以死，石有時以泐，水有時以凝，有時以澤，此天時也。言百工之事當審其時也。鄭司農云："泐讀如再扐而後卦之扐，泐謂石解散也。夏時盛暑大熱則然。"○泐，音勒。澤，音亦，李音釋。扐，音勒。卦，如字，又俱賣反。解，音蟹。凡攻木之工七，攻金之工六，攻皮之工五，設色之工五，刮摩之工五，搏埴之工二。攻猶治也。搏之言拍也。埴，黏土也。故書"七"為"十"，"刮"作"捖"。鄭司農云："十當為七。捖摩之工謂玉工也。捖讀為刮，其事亦是也。"○刮，古八反。搏，李音團，劉音博。埴，時職反。拍，普百反。黏，女廉反。捖，劉音刮，戚音完，李侯管反。攻木之工，輪、輿、弓、廬、匠、車、梓。攻金之工，築、冶、鳧、㮚、段、桃。攻皮之工，函、鮑、韗、韋、裘。設色之工，畫、繢、鍾、筐、㡛。刮摩之工，玉、柳、雕、矢、磬。搏埴之工，陶、旊。事官之屬六十，此識其五材三十工，略記其事耳。其曰某人者，以其事名官也。其曰某氏者，官有世功，若族有世業，以氏名官者也。廬，矛戟矜柲也。國語曰"侏儒扶廬"。梓，榎屬也。故書"雕"或為"舟"。鄭司農云："輪、輿、弓、廬、匠、車、梓，此七者攻木之工，官別名也。孟子曰'梓匠輪輿'。鮑讀為鮑魚之鮑，書或為鞄，蒼頡篇有鞄覺。韗讀為曆運之運。㡛讀為芒芒禹跡之芒。柳讀如巾櫛之櫛。旊為甫始之甫。埴，書或為植。"杜子春云："雕或為舟者，非也。"玄謂旊讀如放於此乎之放。○㮚，古栗字。段，徐丁亂反，劉徒亂反。韗，況萬反，劉音運，本或作韗，同。繢，戶對反，後同。筐，音匡。㡛，莫黃反。柳，側筆反。旊，甫岡反，又音甫。侏，音朱。榎，古馬反，字或作檟。鞄，匹學反，劉音僕。覺，如究反，柔革工。芒，莫黃反，下同。放，甫岡反，下同。

有虞氏上陶，夏后氏上匠，殷人上梓，周人上典。官各有所尊，王者相變也。舜至質，貴陶器，甒大瓦棺是也。禹治洪水，民降丘宅土，卑宮室，盡力乎溝洫而尊匠。湯放桀，疾禮樂之壞而尊梓。武王誅紂，疾上下失其服飾而尊典。

五、《左传·宋楚泓之战》

（一）教学目标

1. 掌握文选中的重点字词及语法现象。

2. 通过选文内容的学习，使学生体会做人的道理，学习为人处世的智慧。

3. 通过对宋襄公人物形象的分析，学会根据具体时代背景对历史人物做出客观公正的评价。

（二）育人目标

1. 通过文选内容及相关古注内容的学习，了解众多经学家对传统文化与语言研究所做的贡献，感受其文化素养及做学问的认真态度。

2. 通过文选内容的学习，感受古人智慧，吸取其教训，从中学习为人处世的态度。

（三）学习要点

1. 查找《左传·宋楚泓之战》原文，结合古注翻译全文。

2. 阅读链接：根据阮元主持校刻的《十三经注疏·春秋左传正义》，运用相关古注帮助理解原文内容。目的为训练学生阅读原典文献的能力，培养利用古代注疏内容的习惯，熟悉古注的体例和方式，掌握注疏相关知识和内容。

3. 阅读要求：通过阅读了解文章的内容，体会春秋笔法及相关的历史文化知识。

（四）思考题

1. 如何看待宋襄公？

2. 谈谈《左传·宋楚泓之战》的学习体会。

（五）《左传·宋楚泓之战》及注疏

三月，鄭伯如楚。夏、宋公伐鄭，子魚曰：“所謂禍在此矣。”怒鄭至楚，故伐之為下泓戰起。初，平王之東遷也，周幽王為犬戎所滅，平王嗣位，故東遷洛邑。辛有適伊川，見被髮而祭於野者，辛有，周大夫。伊川，周地。伊，水也。○被，皮寄反，下注同。曰：“不及百年，此其戎乎！其禮先亡矣。”被發而祭，有象夷狄。［疏］“其禮先亡矣”。○正義曰：其中國之禮先亡矣。秋，秦、晉遷陸渾之戎于伊川。允姓之戎居陸渾，在秦、晉西北。二國誘而徙之伊川，遂從戎號，至今為陸渾縣也。計此去辛有過百年，而云不及百年，傳舉其事驗，不必其年信。○渾，戶門反，一音胡困反。［疏］注“允姓”至“年信”。○正義曰：昭九年傳曰：“先王居檮杌于四裔，故允姓之姦居于瓜州。伯父惠公歸自秦，而誘以來。”是此戎為允姓也。彼注云“瓜州，今敦煌”。則陸渾是敦煌之地名也。徙之伊川，復以陸渾為名，故至今為陸渾縣。十一年傳稱“伊、洛之戎同伐京師”。則伊、洛先有戎矣。而以今始遷戎為辛有言驗者，蓋今之遷戎始居被髮祭野之處故耳。晉大子圉為質於秦，將逃歸，謂嬴氏曰：“與子歸乎？”嬴氏，秦所妻子圉，懷嬴也。○質音致。妻，七計反。對曰：“子，晉大子，而辱於秦，子之欲歸，不亦宜乎？寡君之使婢子侍執巾櫛，婢子，婦人之卑稱也。○櫛，側乙反。稱，尺證反，下之稱同。［疏］注“婢子婦人之卑稱”。○正義曰：《曲禮》云“夫人自稱於其君曰小童。世婦以下自稱曰婢子。”是婢子為婦人之卑稱。以固子也。從子而歸，弃君命也。不敢從，亦不敢言。”遂逃歸。傳終史蘇之占。富辰言於王曰：“請召大叔。富辰，周大夫。大叔，王子帶，十二年奔齊。○大叔音泰，注同。《詩》曰：‘協比其鄰，昏姻孔云。’《詩·小雅》，言王者為政，先和協近親，則昏姻甚相歸附也。鄰，猶近也。孔，甚也。云，旋也。○比，毗志反。〔疏〕“詩曰”至“孔云”。○正義曰：《詩·小雅·正月》之篇也。毛傳云：“洽，合。鄰，近。云，旋也。”言王者和合親比其近親，則昏姻甚迴旋而相歸附。其詩之意，欲令王親親以及遠。

　　吾兄弟之不協，焉能怨諸侯之不睦？”王說。王子帶自齊復歸于京師，王召之也。傳終仲孫湫之言也，為二十四年天王出居於鄭起。○焉，於虔反。說音悅。湫，子小反。邾人以須句故出師。公卑邾，不設備而禦之。卑，小也。○禦，本亦作御，音魚呂反。臧文仲曰：“國無小，不可易也。無備，雖眾不可恃也。《詩》曰：‘戰戰兢兢，如臨深淵，如履薄冰。’《詩·小雅》。言常戒懼。○易，以豉反，下同。兢，居陵反，本或作矜。又曰：‘敬之敬之，天惟顯思，顯，明也。思，猶辭也。命不易哉！’《周頌》。言有國宜敬戒，天明臨下，奉承其命甚難。〔疏〕“敬之”至“易哉”。○正義曰：《詩·周頌》羣臣進戒成王之辭。言為國君者宜敬之哉，敬之哉！天之道唯明見思，言天之臨下，善惡必察，奉承天命不易哉！言其承天命甚為難。先王之明德，猶無不難也，無不懼也，況我小國乎！君其無謂邾小，蠆蠆有毒，〔疏〕“蠆蠆有毒”。○正義曰：《說文》云：“蠆，飛蟲螫人者也。蠆，毒蟲也。”《方言》云：“燕趙謂蠆為蠔蠐，其小者謂之蠰蠐。”《通俗文》云：“蠆，長尾謂之蠍，蠍毒傷人曰蛆。張列反，字或作蜇。”而況國乎！弗聽。八月丁未，公及邾師戰于升陘，我師敗績。邾人獲公胄，縣諸魚門。胄，兜鍪。魚門，邾城門。○蠆，芳容反；本又作蜂，俗作蜂，皆同。蠆，劦邁反，一音劦戒反；《字林》作蠆，丑介反，又他割反。升陘，本亦作“登陘”。縣音玄。兜，丁侯反。鍪，莫侯反。〔疏〕注“胄，兜鍪”。○正義曰：《說文》云：“胄，兜鍪，首鎧也。”書傳皆云胄，無兜鍪之文。言兜鍪，舉今以曉古，蓋秦漢以來語。楚人伐宋以救鄭。宋公將戰，大司馬固諫曰“天之棄商久矣！”君將興之，弗可赦也已。大司馬固，莊公之孫公孫固也。言君興天所棄，必不可不如赦楚，勿與戰。弗聽。冬十一月己巳朔，宋公及楚人戰於泓。宋人既成列，楚人未既濟。未盡渡泓水。司馬曰：子魚也。“彼眾我寡，及其未既濟也，請擊之。”公曰：“不可。”既濟而未成列，又以告。公曰：“未可。”既陳而後擊之，宋師敗績。公傷股，門官殲焉。門官，守門者，師行則在君左右。殲，盡也。○陳，直覲反。殲，子廉反。〔疏〕注“門官”至“盡也”。正義曰:《周禮》:"虎賁氏掌先後王而趨以卒伍,軍旅、會同亦如之。舍則守王閒。王在國,則守王宮。國有大故,則守王門。"諸侯之禮亡,其官屬不可得而知。此門官,蓋亦天子虎賁氏之類,故在國,則守門;師行,則在君左右。近公,故盡死也。"殲,盡",《釋詁》文。舍人云:"殲,眾之盡也。"**國人皆咎公。公曰:"君子不重傷,不禽二毛。**二毛,頭白有二色。○咎,其九反。重,直用反,下同。**古之為軍也,不以阻隘也。**不因阻隘以求勝。○隘,於賣反。**寡人雖亡國之餘,**宋,商紂之後。**不鼓不成列。"**恥以詐勝。〔疏〕"不鼓不成列"。○正義曰:軍法鳴鼓以戰,因謂交戰為鼓。彼不成列而鼓以擊之,是詐以求勝,故注云"恥以詐勝"。**子魚曰:"君未知戰。勍敵之人,隘而不列,天贊我也。**勍,強也。言楚在險隘,不得陳列,天所以佐宋。○勍,其京反。**阻而鼓之,不亦可乎?猶有懼焉!**猶因阻擊之,猶恐不勝。**且今之勍者,皆吾敵也。**〔疏〕"且今"至"吾敵也"。○正義曰:用兵之法,前敵無問彊弱,不可遺留,且復若留,彊者還為己害,故曰"且今之"。陳上不被損傷,材力彊者,皆能與吾相敵,若其不殺,還來害我,是以雖及胡耇,獲則取之,何有恩義於二毛之人。**雖及胡耇,**〔疏〕雖及胡耇○正義曰:《諡法》"保民耆艾曰胡"。胡是老之稱也。《釋詁》云:"耇,壽也。"舍人曰:"耇,觀也。血氣精華觀竭,言色赤黑如狗矣。"孫炎曰:"耇,面如凍梨色,似浮垢老人壽徵也。"**獲則取之,何有于二毛!**今之勍者,謂與吾競者。胡耇,元老之稱。○耇音苟。**明恥教戰,求殺敵也。**明殺刑戮,以恥不果。**傷未及死,如何勿重?**言尚能害己。**若愛重傷,則如勿傷;愛其二毛,則如服焉。**言苟不欲傷殺敵人,則本可不須鬥。〔疏〕"若愛"至"服焉"。○正義曰:如,猶不如,古人之語然,猶似敢即不敢。若愛彼重傷,則不如本勿傷之。若愛其二毛,不欲傷害,則不如早服從之,何須與戰?**三軍以利用也,**为利興。○為,於偽反。**金鼓以聲氣也。**鼓以佐士眾之聲氣。〔疏〕"金鼓以"至"聲氣"。○正義曰:言金鼓以聲氣,謂金鼓佐士眾之聲氣。下文"聲盛致志"者,謂士眾由聞金鼓,聲氣滿盛,能致勇武之志以擊前敵,為此前敵,儻若未陳,鼓而擊之可也。注不言金,當以金有止眾之時,不是盡以聲氣故也。《周禮》:"鼓人掌教六鼓四金之音聲。以節聲樂,以和軍旅,以正田役。以金錞和鼓,以金鐲節鼓,以金鐃止鼓,以金鐸通鼓。"是錞、鐲、鐸皆助鼓以聲氣,其鐃則鳴之以止鼓。大司馬教戰法,亦云三刺之後,"乃鼓,退,鳴鐃且却"。哀十一年傳書曰:"此行也,吾聞鼓而已,不聞金矣。"杜云"鼓以進軍,金以退軍"。不聞金,言將死也。是金有止鼓之時,非盡用以聲氣。注不言金,見此意也。**利而用之,阻隘可**

也；声盛致志，鼓儳可也。"儳，岩，未整陈。○儳，仕衔反。又仕减反。陈，直觐反，又如字。

六、《孙子兵法·谋攻》

（一）教学目标

1.掌握文选中的重点字词及语法现象。

2.激发学生学习古汉语的兴趣，引导学生将文选内容与实际生活相结合。

（二）育人目标

了解古人指导战争的法则，联系自己的生活实际，明白"知己知彼，百战不殆"的重要性。

（三）学习要点

1.查找《孙子兵法·谋攻》原文，并标点，对照正确的标点来找出错误，归纳总结出错的原因，寻求改进的方法。

2.直译全文。

3.阅读要求：了解古代的军事理论，体会其中所蕴含的哲学思想。

（四）思考题

1.《孙子兵法·谋攻》中"谋攻"的含义是什么？

2.《孙子兵法·谋攻》中"全胜思想"的内涵是指什么？

3.通过《孙子兵法·谋攻》内容的学习，谈谈你对古代君主在战争中成败作用的认识。

（五）《孙子兵法·谋攻》

孙子曰：凡用兵之法，全國為上，破國次之；全軍為上，破軍次之；全旅為上，破旅次之；全卒為上，破卒次之；全伍為上，破伍次之。是故百戰百勝，非善之善者也；不戰而屈人之兵，善之善者也。

故上兵伐謀，其次伐交，其次伐兵，其下攻城。攻城之法為不得已。修櫓轒輼，具器械，三月而後成；距闉，又三月而後已。將不勝其忿，而蟻附之，殺士三分之一而城不拔者，此攻之災也。故善用兵者，屈人之兵而非戰也；拔人之城而非攻也；毀人之國而非久也，必以全爭於天下。故兵不頓而利可全，此謀攻之法也。

故用兵之法：十則圍之，五則攻之，倍則分之，敵則能戰之，少則能逃之，不若則能避之。故小敵之堅，大敵之擒也。夫將者，國之輔也，輔周則國必強；輔隙則國必弱。故君之所以患於軍者三：不知軍之不可以進而謂之進，不知軍之不可以退而謂之退，是謂縻軍；不知三軍之事，而同三軍之政者，則軍士惑也；不知三軍之權而同三軍之任，則軍士疑矣。三軍既惑且疑，則諸侯之難至矣。是謂亂軍引勝。

故知勝有五：知可以戰與不可以戰者勝；識眾寡之用者勝；上下同欲者勝；以虞待不虞者勝；將能而君不御者勝。此五者，知勝之道也。故曰：知彼知己，百戰不殆；不知彼而知己，一勝一負；不知彼，不知己，每戰必殆。

七、屈原《楚辞·橘颂》

（一）教学目标

1. 掌握并积累诗歌中的字词，由此深刻理解文意。

2. 了解屈原的生平、文学创作及其在中国文学史上的地位。

3. 激发学生对古汉语学习的兴趣及对古代诗歌的热爱。

（二）育人目标

1. 通过文选内容的学习，使学生不仅了解屈原和楚辞，而且能够体会中国古代诗歌语言的独特魅力，激发学生对汉语汉字的热爱。

2. 深切领会《橘颂》所讴歌和追求的思想品格及崇高精神。

3. 促进学生对中华文化所崇尚的思想品德有所认识，从而引导学生树立正确的世界观、人生观、价值观。

（三）学习要点

1. 查找《楚辞·橘颂》原文，并标点，对照正确的标点来找出理解的错误所在，归纳总结出错的原因，寻求改进的方法。

2. 直译全文。

3. 阅读要求：了解文章的历史背景，体会《楚辞》的押韵特点，分析文中所体现的楚文化特色。

（四）思考题

1. 找出通假字"徠""抟""离"的本字。

2. 比较《橘颂》和《离骚》两首诗思想感情的异同。

3. 简述诗歌所表达的思想品格和精神。

（五）屈原《楚辞·橘颂》及东汉王逸注

后皇嘉樹，橘徠服兮。后，后土也。皇，皇天也。服，習也。言皇天后土生美橘樹，異於衆木，來服習南土，便其風氣。屈原自喻才德如橘樹，亦異於衆也。便其風氣，一云便且遂也，一云便其性也。受命不遷，生南國兮。南國，謂江南也。遷，徙也。言橘受天命，生於江南，不可移徙。種於北地，則化而為枳也。屈原自比志節如橘，亦不可移徙。深固難徙，更壹志兮。屈原見橘根深堅固，終不可徙，則專一己志，守忠信也。綠葉素榮，紛其可喜兮。綠，猶青也。素，白也。言橘青葉白華，紛然盛茂，誠可喜也。以言己行清白，可信任也。榮，一作華。曾枝剡棘，圓果摶兮。剡，利也。棘，橘枝，刺若棘也。摶，圜也。楚人名圜為摶。言橘枝重累，又有利棘，以象武也。其實圓摶，又象文也。以喻己有文武，能方圓也。圓果，一作圓實。摶，一作榑。青黃雜糅，一作揉。文章爛兮。言橘葉青，其實黃，雜糅俱盛，爛然而明。以言己敏達道德，亦爛然有文章也。精色內白，類可任兮。精，明也。類，猶貌也。言橘實赤黃，其色精明，內懷潔白。以言賢者亦然，外有精明之貌，內有潔白之志，故可任以道，而事用之也。一云：類任道兮。紛縕宜脩，一作修。姱而不醜兮。紛縕，盛貌。醜，惡也。言橘類紛縕而盛，如人宜修飾，形容盡好，無有醜惡也。

嗟爾幼志，有以異兮。爾，汝也。幼，小也。言嗟乎衆臣，女少小之人，其志易徙，有異於橘也。獨立不遷，豈不可喜兮？屈原言己之行度，獨立堅固，不可遷徙，誠可喜也。深固難徙，廓其無求兮。蘇世獨立，橫而不流兮。蘇，寤也。言屈原自知為讒佞所害，心中覺寤，然不可變節，猶行忠直，橫立自持，不隨俗人也。閉心自慎，不終失過兮。言己閉心捐欲，敕慎自守，終不敢有過失也。一云：終不過兮。一云：終不失過兮。秉德無私，參天地兮。秉，執也。言己執履忠正，行無私阿，故參配天地，通之神明，使知之也。願歲并謝，與長友兮。謝，去也。言己願與橘同心并志，歲月雖去，年且衰老，長為朋友，不相遠離也。**淑離不淫，梗其有理兮。**淑，善也。梗，強也。言己雖設與橘離別，猶善持己行，梗然堅強，終不淫惑而失義也。**年歲雖少，可師長兮。**言己年雖幼少，言有法則，行有節度，誠可師用長老而事之。**行比伯夷，置以為像兮。**像，法也。伯夷。孤竹君之子也。父欲立伯夷，伯夷讓弟叔齊，叔齊不肯受，兄弟棄國，俱去之首陽山下。周武王伐紂，伯夷、叔齊扣馬諫之曰：父死不葬，謀及干戈，可謂孝乎？以臣弒君，可謂忠乎？左右欲殺之，太公曰：不可。引而去之。遂不食周粟而餓死。屈原亦自以脩飾潔白之行，不容於世，將餓餒而終。故曰：以伯夷為法也。

　　橘頌美橘之有是德，故曰頌。《管子》篇名有《國頌》。說者云：頌，容也。陳為國之形容。

附：扩展阅读篇目

1.《尚书·禹贡》

2.《周易·系辞上》开头"天尊地卑"至"吉无不利"

3.《周易·系辞上》末章"子曰：书不尽言"至结尾

4. 列御寇《列子·周穆王篇·蕉鹿梦》

5. 韩非《韩非子·五蠹》

6. 李斯《谏逐客书》

7. 贾谊《吊屈原赋》

8. 邹阳《狱中上梁王书》

9. 汉武帝（刘彻）《元狩二年报李广诏》

10. 司马谈《论六家要旨》

11. 司马迁《史记·六国年表序》

12. 司马迁《史记·货殖列传序》

13. 蔡邕《郭有道碑》（昭明文选有）

14. 曹操《求贤令》

15. 陈琳《为袁绍檄豫州文》

16. 陆机《文赋》

17. 王羲之《兰亭序》

18. 陶渊明《归去来兮辞（并序）》

19. 谢庄《月赋》

20. 刘勰《文心雕龙·神思》

21. 刘勰《文心雕龙·熔裁》

22. 萧统《文选序》

23. 沈约《宋书·谢灵运传论》

24. 江淹《别赋》

25. 江淹《恨赋》

26. 庾信《小园赋》

27. 庾信《哀江南赋序》

28. 韩愈《答李翊书》

29. 欧阳修《五代史记一行传叙》

30. 元好问《蒲桃酒赋·并序》

31. 袁宏道《虎丘》

32. 张岱《西湖七月半》

33. 倪元璐《题元佑党人碑》

34. 史宪之《复多尔衮书》

35. 黄宗羲《明儒学案·凡例》

36. 蒲松龄《聊斋志异·婴宁》

37. 蒲松龄《聊斋志异·聂小倩》

38. 姚鼐《复鲁絜非书》

附录　汉字常用部首构意解析

一、口部之类（共6部）

甘部　口部　欠部　舌部　言部　旨部

二、心部

三、目部之类（共2部）

见部　目部

四、页部之类（共6部）

页部　首部　面部　耳部　鼻部　齿部

五、肉部之类（共4部）

肉部　骨部　血部　身部

六、手部之类（共3部）

手部　又部　支部

七、足部之类（共6部）

行部　止部　走部　足部　彳部　行部

八、人部之类（共2部）

人部　儿部

九、大部之类（共2部）

大部　立部

十、士部、女部、子部、男部（共4部）

士部　女部　子部　男部

十一、鬼部之类（共2部）

鬼部　巫部

十二、示部

十三、疒部

十四、天文方面（共5部）

日部　月部　风部　雨部　气部

十五、地理方面（共6部）

土部　邑部　山部　厂部　石部　阜部

十六、宫室之类（共 5 部）

宀部　广部　尸部　门部　户部

十七、衣服器用方面（共 17 部）

衣部　巾部　黹部　革部　韦部　纟部　网部　从部　弓部　矢部　戈部　矛部　刀部　斤部　皿部　缶部　瓦部

十八、金玉财宝方面（共 3 部）

金部　玉部　贝部

十九、水部、火部（共 2 部）

水部　火部

二十、植物之类（共 7 部）

艹部　木部　竹部　禾部　米部　食部　酉部

二十一、动物之类（共 12 部）

马部　牛部　羊部　豕部　鹿部　犬部　鸟部　隹部　虫部　鱼部　鼠部　黾部

一、口部之类

（一）口部

【口】

1. 字形

甲骨文　　金文　　小篆　　楷书

2. 字形分析及构意确定

"口"是一个象形字。甲骨文字形像一个张开的嘴的形象。"口"的本义为嘴巴。可见象形字能够通过造意分析出较为具体的字义。

3. 《说文解字》

口，人所以言食也。象形，凡口之属皆从口。

词义关系分析：由字形分析可知"口"的本义为人嘴，因为每人只有一张嘴，所以"口"作量词是由名词引申而来的，即一人叫"一口"。

4. 总结

本义：嘴→一人叫一口。

（二）舌部

【舌】

1. 字形

舌 舌 舌 舌

甲骨文　　金文　　小篆　　楷书

2. 字形分析及构意确定

由"舌"的古文字字形可以看出，"舌"是一个象形字。甲骨文字形像张口伸舌之形。金文有口水溢出。小篆字形发生变化，许慎认为是形声字，从口，千声。原因是许慎未见过甲骨文、金文字形。所以"舌"的本义为舌头。

3.《说文解字》

舌，在口，所以言也，别味也。从干，从口，干亦声，凡舌之属皆从舌。

4. 总结

本义：舌头。

（三）甘部

【甘】

1. 字形

甲骨文	金文	小篆	楷书

2. 字形分析及构意确定

"甘"是一个指事字。甲骨文从口，其中一点指明口中含食物。所以"甘"的本义为甘美之物。

3.《说文解字》

甘，美也，从口含一。一，道也。凡甘之属皆从甘。

词义关系分析：由字形分析可知"甘"的本义为甘美之物，由此引申为甜，由甜引申为好吃、味美，由甜还引申为好听、动听。由味美又可引申为心里痛快，从而引申为甘心、情愿。

4. 总结

本义：甘美之物→甜→好吃、味美

好听、动听　心里痛快→甘心、情愿

（四）旨部

【旨】

1. 字形

甲骨文　　金文　　小篆　　楷书

2. 字形分析及构意确定

"旨"是一个会意字，小篆认作形声字。甲骨文从口从匕，会用匕将美味送入口中之意。金文在口中加点表示美味的食物。所以"旨"的本义为美味。

3.《说文解字》

旨，美也。从甘，匕声。凡旨之属皆从旨。

词义关系分析：由字形分析可知"旨"的本义是美味，引申为美味的，好吃的食物。因美味是在口中品味出来的，所以引申为意思、意义。再引申为上级的意见、主张，特指皇帝的诏令。

4. 总结

本义：美味→好吃的食物

　　　　　　↓

　　　意义、意思→上级的意见，主张→皇帝的命令

（五）言部

【言】

1. 字形

甲骨文　　金文　　小篆　　楷书

2. 字形分析及构意确定

"言"是一个形声字，从口，辛声。其自身本为《说文解字》部首，但其

字形从口，表示字义与"口"的功能有关。所以"言"的本义为说。

3.《说文解字》

言，直言曰言，论难曰语。从口，辛声。凡言之属皆从言。

词义关系分析：由字形分析可知"言"的本义是说，引申指谈问题，对某事表示意见。由说又引申为说出的话语及言论，再引申为一句话或一个字。

4. 总结

本义：说话，说→谈问题，对某事表示意见

　　　　↓

　　　说出的话语及言论→一句话或一个字

（六）欠部

【欠】

1. 字形

甲骨文　　金文　　小篆　　楷书

2. 字形分析及构意确定

由"欠"的古文字字形可看出，"欠"是个象形字。甲骨文字形为人打哈欠之形。所以"欠"的本义为张口打哈欠。

3.《说文解字》

欠，张口气悟也。象气从人上出之形。凡欠之属皆从欠。

4. 总结

本义：张口打哈欠。

二、心部

【心】

1. 字形

帅   心   心

金文   小篆   楷书

2. 字形分析及构意确定

"心"是一个象形字。金文、小篆像心脏的形象。所以"心"的本义为心脏。

3. 《说文解字》

心,人心,土藏,在身之中。象形,博士说以为火藏,凡心之属皆从心。

4. 总结

本义:心脏。

三、目部之类

(一)目部

【目】

1.字形

甲骨文　　金文　　小篆　　楷书

2.字形分析及构意确定

"目"是一个象形字。甲骨文像眼睛之形。所以"目"的本义为眼睛。

3.《说文解字》

人眼。象形。重童子也。凡目之属皆从目。

词义关系分析：由字形分析可知"目"的本义为眼，引申为注视或者以目示意，再引申为具体的条目。

4.总结

本义：眼→注视或者以目示意→条目。

（二）见部

【见】

1.字形

甲骨文　　金文　　小篆　　楷书

2.字形分析及构意确定

"见"是一个会意字，从目，从儿，"儿"即"人"，甲骨文字形则为一跪坐之人的形象。所以"见"的本义为看见。

3.《说文解字》

见，视也。从儿从目，凡见之属皆从见。

词义关系分析：由字形分析可知"见"的本义为看见，引申为见解、见识，由本义又引申为谒见、拜见，再由本义引申为被看见，出现。假借表示"被动"。

4.总结

本义：看见→见解、见识

↙　　　↘

谒见，拜见　被看见，出现

假借表示"被动"

四、页部之类

（一）页部

【页】

1.字形

甲骨文　　金文　　小篆　　楷书

2.字形分析及构意确定

"页"是个象形字。甲骨文字形下部为一跪坐之人的形象，上部突出一个人头的形象。所以"页"本义为人头。"页"是一个部首字，凡"页"的字都与头有关。

3.《说文解字》

页，头也。从百从几。古文稽首如此。凡页之属皆从页。百者，稽首字也。

4.总结

本义：头。

（二）首部

【首】

1. 字形

犬　　　𦣻　　　𦣻　　　首

甲骨文　　金文　　小篆　　楷书

2. 字形分析及构意确定

"首"是个象形字。甲骨文是人头的形象。金文稍变，突出了人的眉毛。篆文字形规整，分为上下两个部分。隶变后分别写作𦣻、百、首，三字与页同为人头之义。后字形规范为首。所以"首"的本义为头。

3.《说文解字》

首，百同。古文百也。巛象髪，谓之鬊，鬊卽巛也。凡𦣻之属皆从。

4. 总结

本义：头。

（三）面部

【面】

1. 字形

𡆧　　　𡇧　　　𡇩　　　面

甲骨文　　金文　　小篆　　楷书

2. 字形分析及构意确定

"面"是个象形字。甲骨文像人脸之形，外为脸的轮廓，因脸上最传神的是眼睛，故突出人眼睛的形象。篆文将目规整为（首）。隶变后写作"面"，所以"面"的本义为脸。

3.《说文解字》

面，颜前也。从𦣻，象人面形。凡面之属皆从面。

词义关系分析：由字形分析可知"面"的本义为脸，用作动词表示面对面，面向；又引申为当面。

4. 总结

本义：脸→面对面，面向→当面。

（四）耳部

【耳】

1. 字形

甲骨文	金文	小篆	楷书
⟨耳形⟩	⟨耳形⟩	⟨耳形⟩	耳

2. 字形分析及构意确定

"耳"是一个象形字。甲骨文是一只耳朵的形象，隶变之后写作"耳"。所以"耳"的本义为耳朵。

3.《说文解字》

耳，主听也。象形。凡耳之属皆从耳。

4. 总结

本义：耳朵。

语气词：而已、罢了。

语气词：表示肯定。

（五）鼻部

【鼻】

1. 字形

甲骨文	小篆	楷书
⟨鼻形⟩	鼻	鼻

2. 字形分析及构意确定

甲骨文是鼻子的象形，后因"自"被借为介词及代词，于是后造"鼻"。

"鼻"是一个会意字，篆文从自，从畀，表示鼻子有孔，通过鼻子进行呼吸。畀也兼表声。所以"鼻"的本义是指呼吸的器官，即鼻子。

3.《说文解字》

鼻，引气自畀也。从自、畀。凡鼻之属皆从鼻。

4.总结

本义：鼻子。

（六）齿部

【齿】

1.字形

甲骨文　　金文　　小篆　　楷书

2.字形分析及构意确定

甲骨文"齿"是一个象形字，是口中有门牙的形象，金文另外加上"止"声，篆文承接金文并整齐化，遂成为形声字。所以"齿"的本义为排列于唇前的牙。

3.《说文解字》

齿，口龂骨也。象口齿之形，止声。凡齿之属皆从齿。

词义关系分析：由字形分析可知"齿"的本义为排列于唇前的牙，引申泛指牙齿；人的牙齿的生长与脱落，标志着年龄的增长，所以"齿"又引申为岁数、年龄。排列于唇前的牙又引申为并列、排列；又引申为同类、类别。

4.总结

本义：排列于唇前的牙→牙→岁数、年龄

↘

并列、排列→同类、类别

五、肉部之类

（一）肉部

【肉】

1.字形

甲骨文	金文	小篆	楷书

2.字形分析及构意确定

甲骨文"肉"是个象形字。字形像一块切好的肉。金文和小篆写作"月"，与"月亮"的"月"成为同形构件。本义是指肉。

3.《说文解字》

肉，胾肉。象形。（胾：切成大块的肉）凡肉之属皆从肉。

4.总结

本义：肉。

（二）骨部

【骨】

1.字形

甲骨文	金文	小篆	楷书

2.字形分析及构意确定

"骨"的甲骨文字形是个象形字，像骨架之形。小篆字形上半部为骨架形的变体，因形特征不突出，故在其下部加一形符"月（肉）"进行衬托，使之表意更加明确。所以"骨"的本义为骨骼。

3.《说文解字》

骨，肉之核也。从冎有肉。凡骨之属皆从骨。

4.总结

本义：骨骼。

（三）血部

【血】

1.字形

甲骨文　　金文　　小篆　　楷书

2.字形分析及构意确定

甲骨文、金文、小篆都是器皿中盛着血的象形，所以"血"是个象形字。其本义为血液。

3.《说文解字》

血，祭所荐牲血也。从皿，一象血形。凡血之属皆从血。

4.总结

本义：血液。

（四）身部

【身】

1.字形

甲骨文　　金文　　小篆　　楷书

229

2.字形分析及构意确定

甲骨文的"身"是个象形字。是一个大肚子怀孕之人的形象。金文大致相同，篆文稍有变化，隶变后写作身，所以"身"的本义为怀孕。

3.《说文解字》

身，躬也。象人之身。从人厂声。凡身之属皆从身。

词义关系分析：由字形分析可知"身"的本义为怀孕，引申为躯干，又指身躯的全体；又引申为生命；又用于抽象的意义，表示本人的德行。用作副词表亲自。

4.总结

本义：怀孕→躯干→身躯的全体→生命→本人的德行

用作副词，表亲自。

六、手部之类

（一）手部

【手】

1.字形

金文　　小篆　　楷书

2.字形分析及构意确定

"手"是个象形字。金文像五指伸开的手掌。所以"手"的本义为腕以下的指掌部分。

3.《说文解字》

手，拳也。象形。凡手之属皆从手。

4. 总结

本义：手掌。

（二）又部

【又】

1. 字形

　ユ　　　ヨ　　　ヨ　　　又
甲骨文　　金文　　小篆　　楷书

2. 字形分析及构意确定

甲骨文的"又"是个象形字。为右手之形，金文相同，隶书变楷书后写作"又"，所以"又"的本义为右手。

3.《说文解字》

又，手也。象形。三指者，手之列，多略不过三也。凡又之属皆从又。

4. 总结

本义：右手。

（三）攴部

【攴】

1. 字形

　与　　　攴
小篆　　楷书

2. 字形分析及构意确定

"攴"本为象形字，表示以手持杖或执鞭之形。小篆析为形声字，从又，卜声。楷书中写作攵。所以"攴"的本义为轻轻地击打。

3.《说文解字》

攴，小击也。从又卜声。凡攴之属皆从攴。

4. 总结

本义：轻轻地击打。

七、足部之类

（一）足部

【足】

1. 字形

甲骨文　　金文　　小篆　　楷书

2. 字形分析及构意确定

"足"是一个象形字。甲骨文为一脚的形象。所以"足"的本义为脚。

3.《说文解字》

人之足也。在下。从止、口。凡足之属皆从足。

4. 总结

本义：脚。

（二）止部

【止】

1. 字形

甲骨文　　金文　　小篆　　楷书

2. 字形分析及构意确定

由"止"的古文字字形可看出，"止"是个象形字。甲骨文字形是一只脚的形象，从"止"的字都与脚有关，所以"止"本义为脚，即古时的足。

3. 《说文解字》

止，下基也。象草木出有址，故以止为足。凡止之属皆从止。

词义关系分析：由字形分析可知"止"的本义为足、脚，后来这个意义作"趾"。由本义引申为站住、不走了，引申为使动意义，表示阻止。又为留住，引申为停留，又引申为停止，进而引申为不做官。又虚化为副词表示"仅"，还表示语气词。《说文解字》把引申义当作本义，把本义当作引申义。

4. 总结

本义：足、脚→站住、不走了→不做官

　　　　　　　　↓

　　　停留←停止→留住→阻止

　　　副词，仅。

　　　语气词

（三）走部

【走】

1. 字形

金文　　小篆　　楷书

2.字形分析及构意确定

"走"是一个会意字,从"止",金文字形下部是脚之形,上部是人甩臂之形,表示人在跑;所以"走"的本义为跑。

3.《说文解字》

走,趋也。从夭、止。夭止者,屈也。凡走之属皆从走。

词义关系分析:由字形分析可知"走"的本义为跑,引申为奔向。

4.总结

本义:跑,逃跑→奔向。

（四）辵部

【辵】

1.字形

甲骨文　　小篆　　楷书

2.字形分析及构意确定

"辵"是一个会意字。甲骨文形为,是脚在道路上行走的象形。依王筠说,"辵"和"行"同义;所以"辵"的本义为走路。

3.《说文解字》

辵,乍行乍止也。从彳从止。凡辵之属皆从辵。

4.总结

本义:快步走路。

（五）彳部

【彳】

1.字形

亍　彳

小篆　　楷书

2.字形分析及构意确定

"彳"是行的一半，"行"的甲骨文字形是表示四通八达的道路，所以"彳"是个象形字。其本义仍为道路。

3.《说文解字》

彳，小步也。象人胫三属相连也。凡彳之属皆从彳。

《说文解字》的释义与古文字形不统一。

4.总结

本义：道路。

（六）行部

【行】

1.字形

㣚　　行　　行　　　行

甲骨文　　金文　　小篆　　楷书

2.字形分析及构意确定

"行"的甲骨文字形是一个十字路口的形象，所以"行"是个象形字。其本义为道路。

3.《说文解字》

行，人之步趋也。从彳从亍。凡行之属皆从行。户庚切。

词义关系分析：由字形分析可知"行"的本义为道路，由道路引申为行列。道路供行走，又引申为走、走路，再引申为走了，进而引申为实际的做、实施，引申为副词：将，快。由动词走引申为人的行为，一般指道德上的表现。

4. 总结

本义：道路→行列

    ↓

走路、走→走了→实际的做，实施，办→副词，将、快

    ↓

人的行为，一般指道德上的表现

八、人部之类

（一）人部

【人】

1. 字形

甲骨文 金文 小篆 楷书

2. 字形分析及构意确定

"人"是一个象形字，甲骨文为侧身而立的人形；所以"人"的本义为能制造并使用工具进行劳动的高等动物。

3.《说文解字》

人，天地之性最贵者也。比籀文。象臂胫之型，凡人之属皆从人。

4. 总结

本义：能制造并使用工具进行劳动的高等动物。

九、大部之类

（一）大部

【大】

1. 字形

甲骨文　　金文　　小篆　　楷书

2. 字形分析及构意确定

"大"是个象形字。甲骨文字形是一个正面站立的成人形象。《说文解字》："人，天地之性最贵者也"。即认为在天地间"人"是最大的。所以大的本义是与"小"相对的"大"的意思。

3. 《说文解字》

大，天大，地大，人亦大，故大象人形。

词义关系分析：由字形分析可知"大"的本义为"大，与"小"相对"，引申为副词，"大大的，非常，很"的意思。"大"与"太"还是"古今字"的关系。

4. 总结

本义：大，与小相对→副词，大大的→后来写作"太"为"古今字"的关系。

（二）立部

【立】

1.字形

甲骨文	金文	小篆	楷书
↑	⊼	立	立

2.字形分析及构意确定

立是一个象形字。从一，一表示地，用以表明一人站在地上，即表示站立。所以立的本义为站立。

3.《说文解字》

立，住也。从大立一之上。凡立之属皆从立。

词义关系分析：立的本义为"站立"。立也表示站立的地方，所以引申为"登上帝王或诸侯的位置"，用作副词，有立刻，马上的意思。

4. 总结

本义：站立不动

↓

登上帝王或诸侯的位置

用作副词：立刻，马上。

十、士部、女部、子部、男部

（一）士部

【士】

1.字形

甲骨文	金文	小篆	楷书
⼟	⼟	⼟	士

2. 字形分析及构意确定

"士"许慎析为会意字，从一，从十。是个象形字。甲骨文字形是雄性生殖器的形象，所以"士"本义为经过学习可以从事侍奉他人之人。

3.《说文解字》

士，事也。数始于一，终于十。从一从十。孔子曰："推十合一为士。"

词义关系分析：由字形分析可知"士"的本义是指"受过教育的一类人"，引申泛指为"男子"，且特指未婚的男子，又引申为"统治阶级的下层"。由本义又引申为"武士，甲士"，再引申为"狱官，执法官"。由本义可引申为"文士，读书人"。

4. 总结

本义：受过教育的一类人→男子→武士，甲士→狱官，执法官

↓   ↓

文士，读书人   统治阶级的下层

（二）女部

【女】

1. 字形

甲骨文　　金文　　小篆　　楷书

2. 字形分析及构意确定

"女"是个象形字。甲骨文字形是女子柔顺交臂跪坐的形象。所以"女"本义为女子。

3.《说文解字》

女，妇人也。象形。凡女之属皆从女。

词义关系分析：由字形分析可知"女"的本义是指"女子"，用作定语，表示女的，女性的。由"女的，女性的"可以引申为女儿。同时女是二十八星宿之

一，"牛女"连称时，女指织女星。读（rǔ），假借做第二人称代词，你，你们。

4.总结

本义：未嫁的女子→用作定语，表示女的，女性的→女儿。

星宿名，"牛女"连称时，女指织女星。

假借为第二人称代词：读（rǔ），你，你们。

（三）子部

【子】

1.字形

　　　　　　　　　　　　　　　　子

甲骨文　　金文　　小篆　　楷书

2.字形分析及构意确定

甲骨文的"子"字是襁褓中的婴孩的形象，所以"子"本义为孩子。

3.《说文解字》

子，十一月，阳气动，万物滋，人以为称。象形。凡子之属皆从子。

词义关系分析：由字形分析可知"子"的本义是指"孩子"，引申泛指为"儿女"，又引申为对男子的尊称，用来专指有德的人，等于"夫子"，再引申为对人的尊称，可译为现代汉语的"您"。在儒家著作中，"子"常专指孔子。"子"又谓子爵，五等爵的第四等，也借为地支的第一位。

4.总结

本义：孩子→儿女→男子的尊称→对人的尊称→在儒家著作中，"子"常专指孔子

　　　　　　　↓

　　　　子爵，五等爵的第四等

借为：地支的第一位。

十一、鬼部之类

（一）鬼部

【鬼】

1. 字形

甲骨文　　金文　　小篆　　楷书

2. 字形分析及构意确定

"鬼"是个象形字。甲骨文的字形是骷髅的形象。所以"鬼"本义为人死后的状态。

3.《说文解字》

鬼，人所归为鬼。从人，象鬼头。鬼阴气贼害，从厶。凡鬼之属皆从鬼。

4. 总结

本义：人死后的状态。

（二）巫部

【巫】

1. 字形

甲骨文　　金文　　小篆　　楷书

2. 字形分析及构意确定

"巫"甲骨文字形不明。小篆之形析为巫人按一定规矩与神沟通。所以"巫"的本义为巫祝。

3. 说文解字

巫，祝也。女能事无形，以舞降神者也。象人两袖舞形。与工同意。古者巫咸初作巫。凡巫之属皆从巫。

4. 总结

本义：巫祝。

十二、示部

【示】

1. 字形

丁　　示　　示　　示

甲骨文　　金文　　小篆　　楷书

2. 字形分析及构意确定

"示"是个象形字。甲骨文是祭台的形象。所以"示"的本义是神主。

3.《说文解字》

示，天垂象，见吉凶，所以示人也。从二。三垂，日、月、星也。关乎天文，以查时变。示，神事也。凡示之属皆从示。

4. 总结

本义：祭台神主。

十三、疒部

【疒】

1. 字形

忄　　　疒　　　疒

甲骨文　　小篆　　楷书

2. 字形分析及构意确定

"疒"是一个象形字，字形从"人"，甲骨文为人生病冒着虚汗躺在床上之形。篆文字形简化，象征意味减弱。所以"疒"的本义为病。

3.《说文解字》

疒，倚也。人有疾病，象倚箸之行。凡疒之属皆从疒。

4. 总结

本义：病。

十四、天文方面

（一）日部

【日】

1. 字形

⊟	⊝	⊟	日
甲骨文	金文	小篆	楷书

2. 字形分析及构意确定

"日"是个象形字。甲骨文字形是太阳的形象。所以"日"的本义是太阳。

3.《说文解字》

日，实也。太阳之精不亏。从口一，象形。凡日之属皆从日。

4. 总结

本义：太阳。

（二）月部

【月】

1. 字形

☽	☽	☽	月
甲骨文	金文	小篆	楷书

2. 字形分析及构意确定

"月"是个象形字。甲骨文字形像半月之形。所以"月"的本义为月亮。"月"作为部首，所代入的构意多与月亮有关。

3.《说文解字》

月，缺也。大阴之精。象形。凡月之属皆从月。

4. 总结

本义：月亮。

（三）风部

【风】

1. 字形

咏　　　圆　　　风

甲骨文　　小篆　　楷书

2. 字形分析及构意确定

"风"的甲骨文字形为凤鸟的象形，表明甲骨文中的"风"是借"凤"的字形来表示。小篆则为风，是一个形声字，繁体从虫，凡声。之所以从虫，《说文》释之为因风动而虫生。所以"风"的本义是地面之上流动着的空气。现简化为"风"。"风"作为部首，其构意往往与空气流动有关。

3.《说文解字》

风，八风也。东方曰明庶风，东南曰清明风，南方曰景风，西南曰凉风，西方曰阊阖风，西北曰不周风，北方曰广莫风，东北曰融风。风动虫生。故虫八日而化。从虫凡声。凡风之属皆从风。

4. 总结

本义：地面之上流动着的空气。

（四）雨部

【雨】

1. 字形

⻗　　　⻗　　　雨　　　雨

甲骨文　　金文　　小篆　　楷书

2. 字形分析及构意确定

"雨"是个象形字。甲骨文字形为从天而降之雨的形象。所以"雨"的本义为从云层中降向地面的水。"雨"作部首，其基础构意即为"雨"。

3.《说文解字》

雨，水从云下也。一像天，冂像云。水霝其间也。凡雨之属皆从雨。

4.总结

本义：从云层中降向地面的水。

（五）气部

【气】

1.字形

三　　气　　气　　气
甲骨文　　金文　　小篆　　楷书

2.字形分析及构意确定

"气"是个象形字，甲骨文字形像云层之形，所以本义为云气。实际上云就是水蒸气在空中漂浮。小篆有"气"和"气"两个字形，其字义有别。"云气""水气"的"气"本为"气"，"气"本为送人粮食之义，后做了"气"的繁体。赠送食物之义又造"饩"表示，现又简化作"气"。

3.《说文解字》

气，云气也。象形。凡气之属皆从气。

气，馈客刍米也。从米，气声。

4.总结

本义：云气。

十五、地理方面

（一）土部

【土】

1.字形

$$\Omega \quad \bullet \quad 土 \quad 土$$

甲骨文　　金文　　小篆　　楷书

2.字形分析及构意确定

"土"是一个象形字。甲骨文的土，一表示土地，一上像土堆块。所以"土"的本义为土地。"土"作为部首，其基础构意即为泥土，土地。

3.《说文解字》

土，地之吐生物者也。二，像地之下，地之中，物出形也。凡土之属皆从土。

4.总结

本义：土地。

（二）邑部

【邑】

1.字形

$$\text{甲骨文} \quad \text{金文} \quad \text{小篆} \quad 邑$$

甲骨文　　金文　　小篆　　楷书

2.字形分析及构意确定

"邑"是一个象形字，甲骨文字形为人所居住的地方。所以"邑"本义是人聚居的地方。"邑"作为部首，其基础构意即为城邑，故所从之字多与地域有关。

3.《说文解字》

邑，国也。从口；先王之制，尊卑有大小，从卩。凡邑之属皆从邑。

词义关系分析：由字形分析可知"邑"的本义是人所居住的地方。引申为国，又引申为国都。由国还可引申为政治区域之一种。

4. 总结

本义：城邑→国→政治区域之一种。

（三）山部

【山】

1. 字形

甲骨文	金文	小篆	楷书

2. 字形分析及构意确定

由"山"的古文字字形可以看出"山"是象形字。甲骨文字形像山及山峰之形。所以"山"的本义是山。"山"是汉字的一个部首，所以从山的字多与山有关。

3.《说文解字》

山，宣也。宣气散，生万物，有石而高。象形。凡山之属皆从山。

4. 总结

本义：山。

（四）厂部

【厂】

1. 字形

甲骨文	金文	小篆	楷书

2. 字形分析及构意确定

由"厂"的古文字字形可以看出"厂"是个象形字。甲骨文字形像山崖形。所以"厂"的本义是山崖。"厂"是汉字的一个部首，所以从厂的字多与山崖有关。

3.《说文解字》

厂，山石之厓岩，人可居。象形。凡厂之属皆从厂。

4. 总结

本义：山崖。

（五）石部

【石】

1. 字形

甲骨文　　金文　　小篆　　楷书

2. 字形分析及构意确定

由"石"的古文字字形可以看出"石"象形字。甲骨文字形像山石的形状。所以"石"的本义是岩石。"石"是汉字的一个部首，所以从石的字多与岩石有关。

3.《说文解字》

石，山石也。在厂之下；口，象形。凡石之属皆从石。

4. 总结

本义：岩石。

（六）阜部

【阜】

1. 字形

甲骨文　　金文　　小篆　　楷书

2. 字形分析及构意确定

由"阜"的古文字字形可以看出"阜"是一个象形字。甲骨文字形像崖岩。所以"阜"的本义为无石之山。"阜"是汉字的一个部首，因此，从阜的字多与山或高的意思有关。在现代楷书简化字中一般写作"阝"，与"邑"形成"同形构件"的关系，只是一个在字形的左（阜）边，一个在字形的右（邑）边。

3.《说文解字》

阜，大陆，山无石者。象形。凡自之属皆从自。

4. 总结

本义：无石之山。

十六、宫室之类

（一）宀部

【宀】

1. 字形

甲骨文　　小篆　　楷书

2. 字形分析及构意确定

由"宀"的古文字字形可看出，"宀"是个象形字。甲骨文字形是侧视的房屋的形象，所以"宀"本义为房屋。"宀"是汉字的一个部首，所以从宀的字多与房屋有关。

3.《说文解字》

宀，交覆深屋也。象形。凡宀之属皆从宀。

4. 总结

本义：房屋。

（二）广部

【广】

1. 字形

广　　广

小篆　　楷书

2. 字形分析及构意确定

"广"是个象形字，为棚屋的象形。所以"广"本义为房屋。"广"是汉字的一个部首，所以从"广"之字多与房屋有关。

3.《说文解字》（190）

广，因广为屋，象对剌高屋之形。凡广之属皆从广。

4. 总结

本义：房屋。

（三）尸部

【尸】

1. 字形

𝌆　　𝌆　　𝌆　　尸

甲骨文　　金文　　小篆　　楷书

2. 字形分析及构意确定

由"尸"的古文字字形可看出，"尸"是个象形字。甲骨文字形是一个人俯首曲背的形象，字形发展到小篆时有所变化。所以《说文解字》释义是据篆书所解。小篆"尸"的形体又像房屋之形，所以许慎在"屋"字释义中解说道："居也。从尸，尸所主也。一曰尸，象屋形。从至。至，所至止。

室、屋皆从至。"所以"尸"本义为祭祀时代表死者受祭的活人。

3.《说文解字》

尸，陈也。象卧之形。凡尸之属皆从尸。

4. 总结

本义：祭祀时代表死者受祭的活人。

（四）门部

【门】

1. 字形

甲骨文	金文	小篆	楷书

2. 字形分析及构意确定

"门"是一个象形字。甲骨文字形似两扇简易对开的门。所以"门"的本义为房门。简化作"门"。"门"是汉字的一个部首，所以从门的字都与门户有关。

3.《说文解字》

门，闻也。从二户。象形。凡门之属皆从门。

4. 总结

本义：房门。

（五）户部

【户】

1. 字形

甲骨文	金文	小篆	楷书

2.字形分析及构意确定

由"户"的古文字字形可看出，"户"是个象形字。甲骨文字形是单扇门的形象。所以"户"的本义为单扇门。以户为部首的字其字义多与门有关。

3.《说文解字》

户，护也。半门曰户，象形。凡户之属皆从户。

4.总结

本义：单扇门。

十七、衣服器用方面

（一）衣部

【衣】

1.字形

甲骨文	金文	小篆	楷书

2.字形分析及构意确定

由"衣"的古文字字形可看出，"衣"是个象形字。甲骨文字形为带大襟的上衣的形象，所以"衣"本义为带大襟的衣服。

3.《说文解字》

衣，依也。上曰衣，下曰裳。象覆二人之形。凡衣之属皆从衣。

词义关系分析：由字形分析可知"衣"的本义是指"带大襟的衣服"，有时特指上衣，又引申为"穿衣"，再引申为"给人穿衣"。

4. 总结

本义：带大襟的上衣服→有时特指上衣→穿衣→给人穿衣。

（二）巾部

【巾】

1. 字形

巾	巾	巾	巾
甲骨文	金文	小篆	楷书

2. 字形分析及构意确定

由"巾"的古文字字形可看出，"巾"是个象形字。甲骨文字形是一幅下垂的佩巾的形象，所以"巾"本义为佩巾。因"巾"为纺织品，所以其衍生构意往往表现为"纺织品、布帛"。

3.《说文解字》

巾，佩巾也。从冂，象丝也。凡巾之属皆从巾。

4. 总结

本义：佩巾。

（三）帛部

【帛】

1. 字形

帛	帛	帛	帛
甲骨文	金文	小篆	楷书

2. 字形分析及构意确定

"帛"是个形声字，字形从巾，表示字义与纺织品有关。所以"帛"的本义为未染之丝织品。

3.《说文解字》

帛，缯也。从巾白声。凡帛之属皆从帛。

4. 总结

本义：丝织品，绸子。

（四）黹部

【黹】

1. 字形

甲骨文　　金文　　小篆　　楷书

2. 字形分析及构意确定

由"黹"的古文字字形可看出，"黹"是个象形字，甲骨文金文字形都是缝缀的形象。所以"黹"的本义为用针线缝缀衣服。

3.《说文解字》

黹，箴缕所紩衣。从，丵省。凡黹之属皆从黹。

4. 总结

本义：用针线缝缀衣服。

（五）革部

【革】

1. 字形

甲骨文　　金文　　小篆　　楷书

2. 字形分析及构意确定

由"革"的字形可看出，"革"是个象形字。甲骨文字形为去了毛的兽皮的形象，字形分上中下三部分，兽的头、身、尾的形象，所以"革"本义为去了毛的兽皮。

3.《说文解字》

革，兽皮治去其毛，革更之。象古文革之形。凡革之属皆从革。

4. 总结

本义：去了毛的兽皮。

（六）韦部

【韦】

1. 字形

甲骨文　　金文　　小篆　　楷书

2. 字形分析及构意确定

"韦"是一个会意字，从口，从两"止"，甲骨文字形为人脚之形，是"围"的本字。小篆分化为两个字形，以"韦"现简化作"韦"，为"相悖"之义，现用"违"表示。"围"当"守"之义，即包围之义。因物可用兽皮包裹，故引申为"熟皮"义。于是"韦"作部首，其构意则体现为"皮革"。所以"韦"的本义为包围。围简化作"围"。

3.《说文解字》

韦，相背也。从舛口声。兽皮之韦，可以束枉戾相韦背，故借以为皮韦。凡韦之属皆从韦。

4. 总结

本义：包围。

（七）纟部

【纟】

1. 字形

甲骨文　　金文　　小篆　　楷书

2. 字形分析及构意确定

由"纟"的古文字字形可看出，"纟"为象形字。甲骨文字形是丝编织成绳线的形象，所以"纟"本义为细丝。

3.《说文解字》

纟，细丝也。像束丝之形。凡纟之属皆从纟。

4. 总结

本义：细丝。

（八）网部

【网】

1. 字形

甲骨文　　金文　　小篆　　楷书

2. 字形分析及构意确定

由"网"的古文字字形可看出，"网"是个象形字。甲骨文字形为一张网的象形，所以"网"本义为用绳线结成的用于渔猎的器具。后另加亡声写作罔，假借作否定词。再加纟旁分化出网。简化作网。

3.《说文解字》

网，庖牺所结绳以渔。从冂，下象网交文。凡网之属皆从网。

4. 总结

本义：用绳线结成的用于渔猎的器具。

（九）㫃部

【㫃】

1. 字形

甲骨文　　金文　　小篆　　楷书

2. 字形分析及构意确定

由"㫃"的古文字字形可看出，"㫃"是个象形字。甲骨文字形为旗帜飘动的形象，所以"㫃"本义为旗帜。

3. 《说文解字》

㫃，旌旗之游，㫃蹇之皃。从中，曲而下，垂㫃相出入也。读若偃。古人名㫃，字子游。凡㫃之属皆从㫃。及象旌旗之游。

4. 总结

本义：旗帜。

（十）弓部

【弓】

1. 字形

甲骨文　　金文　　小篆　　楷书

2. 字形分析及构意确定

由"弓"的古文字字形可看出，"弓"是个象形字。甲骨文字形是一张弓的形象，金文省去弦，是弓松弛时的样子。小篆字形从金文发展而来，但变化比较大。所以"弓"本义为射箭或发弹丸的工具。

3. 《说文解字》

弓，以近穷远。象形。古者挥作弓。《周礼》六弓：王弓、弧弓以授射甲革椹质；夹弓、庾弓，以授射豻侯鸟兽；唐弓、大弓，以授学射者。弓之属皆从弓。

4.总结

本义：射箭或发弹丸的工具。

（十一）矢部

【矢】

1.字形

| 甲骨文 | 金文 | 小篆 | 楷书 |

2.字形分析及构意确定

由"矢"的古文字字形可看出，"矢"是个象形字。甲骨文字形是一支箭的形象，所以"矢"的本义为箭。

3.《说文解字》

矢，弓弩矢也。从入，象镝栝羽之形。古者夷牟初作矢。凡矢之属皆从矢。

词义关系分析：由字形分析可知"矢"的本义是指"箭"，矢假借做誓，表"发誓"。

4.总结

本义：箭。

矢假借做誓，表"发誓"。

（十二）戈部

【戈】

1.字形

| 甲骨文 | 金文 | 小篆 | 楷书 |

2.字形分析及构意确定

由"戈"的字形可看出,"戈"是个象形字。甲骨文字像古代的一种兵器,长柄、横刃,所以"戈"本义为一种长柄、横刃的兵器。

3.《说文解字》

戈,平头戟也。从弋,一横之。象形。凡戈之属皆从戈。

4.总结

本义:一种长柄、横刃的兵器。

(十三)矛部

【矛】

1.字形

金文　小篆　楷书

2.字形分析及构意确定

由"矛"的字形可看出,"矛"是个象形字。金文字形为古兵器长矛的形象,所以"矛"本义为古代的一种直刺兵器。

3.《说文解字》

矛,酋矛也。建于兵车,长二丈。象形。凡矛之属皆从矛。

4.总结

本义:古代的一种直刺兵器。

(十四)刀部

【刀】

1.字形

甲骨文　　金文　　小篆　　楷书

2.字形分析及构意确定

由"刀"的字形可看出，"刀"是个象形字。甲骨文字形是镰刀的形象，所以"刀"本义为一种武器。

3.《说文解字》

刀，兵也。象形。凡刀之属皆从刀。

4.总结

本义：一种武器。

（十五）斤部

【斤】

1.字形

甲骨文　　金文　　小篆　　楷书

2.字形分析及构意确定

由"斤"的字形可看出，"斤"是个象形字。甲骨文字形是横刃锛斧的形象，所以"斤"本义为斧头。

3.《说文解字》

斤，斫木斧也。象形。凡斤之属皆从斤。

词义关系分析：由字形分析可知"斤"的本义是指斧头。用作量词，为称物的单位。词组斤斤表示明察的样子。

4.总结

本义：砍木头的横刃锛斧→斧子一类的工具。

（十六）皿部

【皿】

1. 字形

甲骨文　金文　小篆　楷书

2. 字形分析及构意确定

由"皿"的字形可看出，"皿"是个象形字。甲骨文字形像带底座的饮食器具的形象，所以"皿"本义为饮食器具。

3.《说文解字》

皿，饭食之用器也。象形。与豆同意。凡皿之属皆从皿。

4. 总结

本义：饮食器具。

（十七）缶部

【缶】

1. 字形

甲骨文　金文　小篆　楷书

2. 字形分析及构意确定

由"缶"的字形可看出，"缶"是个象形字。甲骨文字形为有盖的陶制的坛子形象，所以"缶"本义为陶瓦罐。

3.《说文解字》

缶，瓦器。所以盛酒浆。秦人鼓之以节歌。象形。凡缶之属皆从缶。

4. 总结

本义：陶瓦罐。

（十八）瓦部

【瓦】

1. 字形

ʔ   瓦

小篆   楷书

2. 字形分析及构意确定

由"瓦"的字形可看出,"瓦"是个象形字。小篆字形为房上屋瓦相扣的形象,因瓦片为陶制品,所以"瓦"本义为陶器的总称。

3.《说文解字》

瓦,土器已烧之总名也。象形。凡瓦之属皆从瓦。

4. 总结

本义:陶器的总称。

十八、金玉财宝方面

(一)金部

【金】

1. 字形

金   金   金

金文   小篆   楷书

2. 字形分析及构意确定

"金"的金文字形为象形字,像冶炼金属之形。小篆"金"则变为形声字。从土,今声,所以"金"本义为金属的总称。

3.《说文解字》

金,五色金也。黄为之长。久埋不生衣,百炼不轻,从革不违。西方之行。生于土，从土；左右注，象金在土中形；今声。凡金之属皆从金。

4. 总结

本义：金属的总称。

（二）玉部

【玉】

1. 字形

甲骨文　　金文　　小篆　　楷书

2. 字形分析及构意确定

由"玉"的字形可看出，"玉"是个象形字。甲骨文字形是以"丨"贯玉使之相连接的形象，所以"玉"本义为玉石。

3.《说文解字》

玉，石之美者。有五德：润泽以温，仁之方也；偲理自外，可以知中，义之方也；其声舒扬，尃以远闻，智之方也；不桡而折，勇之方也；锐廉而不技，絜之方也。象三玉之连。丨，其贯也。凡玉之属皆从玉。

4. 总结

本义：玉石。

（三）贝部

【贝】

1. 字形

甲骨文　　金文　　小篆　　楷书

2. 字形分析及构意确定

由"贝"的字形可看出，"贝"是个象形字。甲骨文字形是贝类水生动物展开的形象，所以"贝"本义为有介壳的水生软件动物。因"贝"在古代曾做过货币使用，故其衍生构意表示与财物有关。

3.《说文解字》

贝，海介虫也。居陆名猋，在水名蜬。象形。古者货贝而宝龟，周而有泉，至秦废贝行钱。凡贝之属皆从贝。

4. 总结

本义：有介壳的水生软体动物。

十九、水部、火部

（一）水部

【水】

1. 字形

$$象　　象　　象　　水$$

甲骨文　　金文　　小篆　　楷书

2. 字形分析及构意确定

由"水"的字形可看出，"水"是个象形字。甲骨文字形是水流的形象，所以"水"的本义为河流、水流。

3.《说文解字》

水，准也。北方之行。象众水并流，中有微阳之气也。凡水之属皆从水。

4. 总结

本义：河流、水流。

（二）火部

【火】

1. 字形

甲骨文　　金文　　小篆　　楷书

2. 字形分析及构意确定

由"火"的字形可看出，"火"是个象形字。甲骨文字形是火焰的形象，所以"火"本义为物体燃烧时产生的光和焰。

3.《说文解字》

火，毁也。南方之行，炎而上。象形。凡火之属皆从火。

4. 总结

本义：物体燃烧时产生的光和焰。

二十、植物之类

（一）艹部

【艹】

1. 字形

小篆　　楷书

2. 字形分析及构意确定

"艹"是一个象形字，为草的样子。所以"艹"的本义是草本植物的总称。"艹"是汉字的一个部首，所以从艹的字多与草本植物有关。

3.《说文解字》

艸，百芔也。从二屮。凡艸之属皆从艸。

4. 总结

本义：草本植物的总称。

（二）木部

【木】

1. 字形

屮	术	術	木
甲骨文	金文	小篆	楷书

2. 字形分析及构意确定

由"木"的字形可以看出"木"是个象形字。甲骨文字形像一棵树。所以"木"的本义是树木。"木"是汉字的一个部首，所以从木的字多与树木有关。

3.《说文解字》

木，冒也。冒地而生。东方之行。从屮，下象其根。凡木之属皆从木。

词义关系分析：由字形分析可知"木"的本义是树、树木。由此引申为木材。又转指为八音之一，指木制的乐器。

4. 总结

本义：树木→木材

　　　　↓

　　　　八音之一，指木制的乐器

（三）竹部

【竹】

1.字形

𝄙𝄙　　竹

小篆　　楷书

2.字形分析及构意确定

由"竹"的古文字字形可以看出"竹"是个象形字。篆文字形像竹叶下垂的形象。所以"竹"的本义是竹子。"竹"是汉字的一个部首，所以从竹的字多与竹子有关。

3.《说文解字》

竹，冬生艸也。象形。下垂者，箁箬也。凡竹之属皆从竹。

词义关系分析：由字形分析可知"竹"的本义是竹子。由此引申转指八音之一，即箫笛之类。

4.总结

本义：竹子→八音之一。

（四）禾部

【禾】

1.字形

　　　　　　　　　　　　禾

甲骨文　　金文　　小篆　　楷书

2.字形分析及构意确定

由"禾"的字形可以看出"禾"是个象形字。甲骨文字形上像下垂的禾穗，中像叶子，下像根部。所以"禾"的本义是谷类植物的统称。"禾"是汉字的一个部首，所以从禾的字多与农作物有关。

3.《说文解字》

禾，嘉谷也。二月始生，八月而孰，得时之中，故谓之禾。禾，木也。木王而生，金王而死。从木，从𠂹省。𠂹象其穗。凡禾之属皆从禾。

4. 总结

本义：谷类植物的统称。

（五）米部

【米】

1. 字形

甲骨文　　小篆　　楷书

2. 字形分析及构意确定

由"米"的字形可以看出"米"是个象形字。甲骨文字形上下像众米粒之形。所以"米"的本义是米粒，即谷类或其他作物去壳后的子实。"米"是汉字的一个部首，所以从米的字多与米有关。

3.《说文解字》

米，粟实也。像禾实之形。凡米之属皆从米。

4. 总结

本义：谷类或其他作物去壳后的子实。

（六）食部

【食】

1. 字形

甲骨文　　金文　　小篆　　楷书

2. 字形分析及构意确定

"食"是一个象形字，甲骨文字形下边像盛食物的器皿，上边像盖。所以"食"的本义是指可吃的东西。"食"是汉字的一个部首，所以从食的字多与食物、吃有关。

3.《说文解字》

食，一米也。从皂亼声。或说亼皂也。凡食之属皆从食。

词义关系分析：由字形分析可知"食"的本义是可吃的东西。用作动词，指吃，使动用法指给吃，用作名词指饭。

4. 总结

本义：可吃的东西→吃→给吃→饭。

（七）酉部

【酉】

1. 字形

甲骨文　　金文　　小篆　　楷书

2. 字形分析及构意确定

由"酉"的字形可以看出"酉"是一个象形字。甲骨文字形像盛酒的坛子。所以"酉"的本义是酒。"酉"是汉字的一个部首，从酉的字都与酒有关。

3.《说文解字》

酉，就也。八月黍成，可为酎酒。象古文酉之形。凡酉之属皆从酉。

4. 总结

本义：酒。

二十一、动物之类（与部首所举的动物同一类或是有关）

（一）马部

【马】

1.字形

甲骨文　金文　小篆　楷书

2.字形分析及构意确定

由"马"的字形可看出，"马"是个象形字。甲骨文字形是马的形象，所以"马"本义为马。

3.《说文解字》

马，怒也。武也。象马头髦尾四足之形。凡马之属皆从马。

4.总结

本义：马。

（二）牛部

【牛】

1.字形

甲骨文　金文　小篆　楷书

2.字形分析及构意确定

由"牛"的字形可看出，"牛"是个象形字。甲骨文字形是牛头部的形象，所以"牛"本义为牛。

3.《说文解字》

牛，大牲也。牛，件也；件，事理也。象角头三、封尾之形。凡牛之属皆从牛。

4. 总结

本义：牛。

（三）羊部

【羊】

1. 字形

V　　羊　　羊　　羊

甲骨文　　金文　　小篆　　楷书

2. 字形分析及构意确定

由"羊"的字形可看出，"羊"是个象形字。甲骨文字形是两角弯曲的羊的形象，所以"羊"本义为羊。

3.《说文解字》

羊，祥也。从㠯，象头角足尾之形。孔子曰："牛羊之字以形举也。"凡羊之属皆从羊。

4. 总结

本义：羊。

（四）豕部

【豕】

1. 字形

豕　　豕　　豕　　豕

甲骨文　　金文　　小篆　　楷书

2.字形分析及构意确定

由"豕"的字形可看出,"豕"是个象形字。甲骨文字形是猪的形象,长嘴圆腹短尾,所以"豕"本义为猪。

3.《说文解字》

豕,彘也。竭其尾,故谓之豕。象毛足而后有尾。读与豨同。按:今世字,误以豕为彘,以彘为豕。何以明之?为啄琢从豕,蠡从彘。皆取其声,以是明之。凡豕之属皆从豕。

4.总结

本义:猪。

(五)鹿部

【鹿】

1.字形

甲骨文　　金文　　小篆　　楷书

2.字形分析及构意确定

由"鹿"的古文字字形可看出,"鹿"是个象形字。甲骨文字形是一只鹿的形象,所以"鹿"本义为鹿。

3.《说文解字》

鹿,兽也。象头角四足之形。鸟鹿足相似,从匕。凡鹿之属皆从鹿。

4.总结

本义:鹿。

(六)犬部

【犬】

1. 字形

甲骨文　　金文　　小篆　　楷书

2. 字形分析及构意确定

由"犬"的古文字字形可看出，"犬"是个象形字。甲骨文字形是腹瘦尾长的动物形象，是狗的形象，所以"犬"的本义为狗。

3.《说文解字》

犬，狗之有悬蹄者也。象形。孔子曰："视犬之字如画狗也。"凡犬之属皆从犬。

4. 总结

本义：狗。

（七）鸟部

【鸟】

1. 字形

甲骨文　　金文　　小篆　　楷书

2. 字形分析及构意确定

由"鸟"的字形可看出，"鸟"是个象形字。甲骨文字形是长尾飞禽的形象，描画了鸟的喙、羽、爪，所以"鸟"本义为鸟。

3.《说文解字》

鸟，长尾禽总名也。象形。鸟之足似匕，从匕。凡鸟之属皆从鸟。

4. 总结

本义：鸟。

（八）隹部

【隹】

1. 字形

隹　　　隹　　　隹　　　隹
甲骨文　　金文　　小篆　　楷书

2. 字形分析及构意确定

由"隹"的字形可看出，"隹"是个象形字。甲骨文字形是鸟的象形，所以"隹"本义为鸟。

3.《说文解字》

隹，鸟之短尾总名也。象形。凡隹之属皆从隹。

4. 总结

本义：鸟。

（九）虫部

【虫】

1. 字形

虫　　　虫　　　虫　　　虫
甲骨文　　金文　　小篆　　楷书

2. 字形分析及构意确定

由"虫"的甲骨文字形可以看出，"虫"是个象形字。甲骨文字形是蛇的形象，所以"虫"的本义为蛇。

3.《说文解字》

虫，一名蝮，博三寸，首大如擘指。象其卧形。物之微细，或行，或毛，或蠃，或介，或鳞，以虫为象。凡虫之属皆从虫。

4. 总结

本义：蛇。

（十）鱼部

【鱼】

1. 字形

甲骨文　　金文　　小篆　　楷书

2. 字形分析及构意确定

由"鱼"的字形可看出，"鱼"是个象形字。甲骨文字形是鱼的形象，所以"鱼"本义为鱼，是一种生活在水中、用腮呼吸的脊椎动物。需要注意的是楷书字形"灬"是古文字形鱼尾的形象，此形与古文字形的"火"形近，于是演变为楷书则与"火"的变体"灬"成为同形构件。"鱼"是个象形字，"灬"在字形中并非火的构意，而是鱼尾的形变。明确现代字形的理据，务必参照古文字形。

3.《说文解字》（242）

鱼，水虫也。象形。鱼尾与燕尾相似。凡鱼之属皆从鱼。

4. 总结

本义：鱼。

（十一）鼠部

【鼠】

1. 字形

甲骨文　　金文　　小篆　　楷书

2. 字形分析及构意确定

由"鼠"的古文字字形可看出，"鼠"是个象形字。甲骨文字形就是老鼠的形象，所以"鼠"本义为老鼠。记录动物名称的字形往往都是通过直接描摹动物形象来体现造诣的，所以象形字居多。

3.《说文解字》

鼠，穴虫之总名也。象形。凡鼠之属皆从鼠。

4. 总结

本义：老鼠。

（十二）黾部

【黾】

1. 字形

甲骨文　　金文　　小篆　　楷书

2. 字形分析及构意确定

由"黾"的字形可看出，"黾"是个象形字。甲骨文字形是一只蛙的形象，所以"黾"本义为蛙的一种。

3.《说文解字》

黾，蛙黾也。从它，象形。黾头与它头同。凡黾之属皆从黾。

4. 总结

本义：蛙的一种。